Hauptschule Germering

Wittelsbacherstr. 19 - 82110 Germering
Tel. (089) 846262 · Fax 8401336
hswittel@mnet-online.de

D1672130

Schuljahr	Klasse	Zustand			Unterschrift
09/10	9b	1	2	3	Janine Arnold
13/14	9b	O	2	3	André.d
14/15	9a	1	2	3	Xenia S.
15/16	9a	1	2	3	Ana Maria
2017 2018	9b	1	2	3	R. Celina

PULT-Exemplar

18/19 9a Sebi Kellerer

20/21 9a Esra

NATUR PLUS

Physik/Chemie/Biologie

9. Jahrgangsstufe

Schroedel

NATUR PLUS

Physik/Chemie/Biologie
9. Jahrgangsstufe

Inhalte speziell für Schülerinnen und Schüler von M-Klassen sind mit einem ★ Stern-Symbol gekennzeichnet.

Herausgegeben von:
Dr. Karl-Heinz Scharf

Bearbeitet von:	**Grafik:**	**Grundlayout:**
Dr. Bernd Grunwald	Brigitte Karnath	Tom Menzel
Markus Herfert	Liselotte Lüddecke	
Thomas Lamp	Tom Menzel	**Umschlaggestaltung:**
Franz Morawietz	Heike Möller	Creativ Design, Thomas Kern
Waltraud Müller	Kerstin Ploß	
Dr. Karl-Heinz Scharf	Thilo Pustlauk	
Walfred Schlicker		

unter Mitarbeit der Verlagsredaktion

© 2009 Bildungshaus Schulbuchverlage Westermann Schroedel Diesterweg Schöningh Winklers GmbH, Braunschweig
www.schroedel.de

Druck A [2] / Jahr 2009
Alle Drucke der Serie A sind im Unterricht parallel verwendbar.

Satz: Bock Mediengestaltung, Hannover
Druck und Bindung: Westermann Druck GmbH, Zwickau

ISBN 978-3-507-76326-5

Inhaltsübersicht

Sicheres Experimentieren

1. Fachräume dürfen nur in Gegenwart einer Aufsichtsperson betreten werden. In Chemieräumen darf nicht gegessen und getrunken werden.

2. Alle Experimente sollten mit einer **Schutzbrille** ausgeführt werden! Beim Umgang mit offenen Flammen sind die Haare so zu tragen, dass sie nicht in die Flammen geraten.

3. Die Versuchsanleitung muss vor Beginn eines Versuchs sorgfältig gelesen oder besprochen werden. Sie muss genau befolgt werden.

4. Alle benötigten Geräte und Chemikalien werden vor der Durchführung des Versuches bereitgestellt. Ohne Erlaubnis dürfen Geräte, Chemikalien und Versorgungseinrichtungen nicht berührt werden.

5. Die Geräte müssen in sicherer Entfernung von der Tischkante standfest aufgebaut werden. Der Arbeitsplatz soll sauber und aufgeräumt sein. Die Geräte werden nach jedem Versuch gereinigt und wieder weggeräumt.

6. Geschmacksproben dürfen nur bei Lebensmitteln durchgeführt werden. Den Geruch stellt man nur auf besondere Weise durch vorsichtiges Zufächeln fest. Chemikalien fasst man nicht mit den Fingern an.

7. Chemikalien dürfen nur in Gefäßen aufbewahrt werden, die eindeutig und dauerhaft beschriftet sind und die vorgeschriebenen **Gefahrensymbole** aufweisen. Gefäße, die üblicherweise zur Aufnahme von Speisen oder Getränken bestimmt sind, dürfen auf keinen Fall für Chemikalien verwendet werden.

8. Bei chemischen Versuchen arbeitet man möglichst mit wenig Chemikalien (wie in der Versuchsanleitung angegeben). Die Versuche gelingen dann besser und sind gefahrloser. Nach dem Gebrauch werden Chemikaliengefäße sofort wieder verschlossen.

9. Chemikalienreste gibt man nicht in die Vorratsgefäße zurück. Sie werden in besonderen Abfallbehältern gesammelt (Behälter B1–B4).

T-+ sehr giftig / T giftig	Xn gesundheits-schädlich / Xi reizend	C ätzend	F-+ hochentzündlich / T leichtentzündlich	O brandfördernd	E explosions-gefährlich	N umwelt-gefährdend

Umweltgerechte Entsorgung

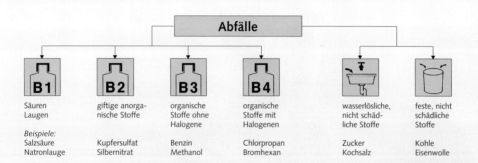

B1	**B2**	**B3**	**B4**		
Säuren Laugen	giftige anorganische Stoffe	organische Stoffe ohne Halogene	organische Stoffe mit Halogenen	wasserlösliche, nicht schädliche Stoffe	feste, nicht schädliche Stoffe
Beispiele: Salzsäure Natronlauge	Kupfersulfat Silbernitrat	Benzin Methanol	Chlorpropan Bromhexan	Zucker Kochsalz	Kohle Eisenwolle

In dieser Schulbuchreihe wird dir vor Versuchsbeschreibungen manchmal eine Reihe mit farbigen Kästchen auffallen. Es handelt sich hierbei um die **Sicherheitsleiste**. Sie gibt Hinweise über *mögliche Gefahren* beim Experimentieren und über die *umweltverträgliche Entsorgung* der Reste.

Das erste, farblose Kästchen der Sicherheitsleiste gibt an, ob es sich um einen Schülerversuch (SV) oder einen Versuch für die Lehrerin oder den Lehrer (LV) handelt. Die beiden orangefarbigen Kästchen enthalten im Falle von **Gefahrstoffen** die jeweiligen *Gefahrensymbole*. Sie sind auf der Seite 6 abgebildet. Man findet diese Symbole auf den Etiketten der Chemikalienbehälter. Sie geben an, ob von den Chemikalien eine Gefahr ausgeht.
Falls für einen Versuch besondere *Sicherheitsvorkehrungen* notwendig sind, dann findest du deren Symbole in den drei violetten Kästchen.
Auf welche Weise die Chemikalienreste entsorgt werden, ersiehst du aus den grünen Kästchen.

Wir alle wollen unsere Umwelt schützen. Gerade bei chemischen Experimenten fallen jedoch manchmal umweltschädliche Chemikalienreste an. Diese darf man nicht einfach in den Abfalleimer oder in den Ausguss geben, da sie sonst die Mülldeponie oder die Kläranlage mit Schadstoffen belasten würden.

Besser ist es natürlich, Abfälle mit schädlichen Stoffen erst gar nicht zu erzeugen. Doch manchmal lässt sich das nicht vermeiden. Deshalb sollen Versuche, bei denen umweltschädliche Stoffe anfallen, mit möglichst geringen Mengen durchgeführt werden.

Chemikalienreste müssen nach einem bestimmten Schema sortiert und gesammelt werden. Du findest es oben abgebildet. Nur so können diese Stoffe umweltgerecht entsorgt werden.

Erläuterung der Symbole:

SV	Schülerversuch
LV	Versuch für Lehrkräfte
	Abzug benutzen
	Schutzbrille tragen
	Schutzhandschuhe tragen
	Entsorgung über Ausguss bzw. Abfalleimer verboten
	Entsorgung über Ausguss bzw. Abfalleimer möglich

Lebensgrundlage Energie

Mobilität:
Etwa 15 500 Tankstellen versorgen Fahrzeuge in Deutschland mit chemischer Energie, die als Erdöl vor Millionen von Jahren im Erdreich konserviert wurde. Diese Energiequelle macht uns mobil: Im Urlaub reisen wir bis an das andere Ende der Welt, Lebensmittel erreichen uns aus allen Ecken der Erde. Der Umwelt tut dies allerdings selten gut. Umso wichtiger ist umweltbewusstes Verhalten!

Lebensmittel:
Nahrung bedeutet für unseren Körper Energie. Wir benötigen sie, um zu wachsen, um uns zu bewegen und zu arbeiten. Wir müssen täglich chemisch gespeicherte Energie in Form von Kohlenhydraten, Fetten und Eiweißen zu uns nehmen, die unser Körper verarbeitet und unseren Zellen zur Verfügung stellt.

Freizeit:
Mechanische Energie nutzen wir auch für sportliche Aktivitäten. Beim Bungee-Sprung nutzen wir die Energie, die wir durch das Hinaufklettern zur Absprunghöhe als Lageenergie gespeichert haben.

Energiefressern auf der Spur:
Mit einem Energiesparkoffer
könnt ihr den Energiebedarf
eurer Schule selbst untersuchen.
Wo wird verantwortungsvoll mit
Energie umgegangen und wo
könnte noch Energie eingespart
werden? Findet es heraus!
Schulen, die mit ihren Gemeinden
das Modell „fifty – fifty" verein-
baren, profitieren direkt von
diesen Einsparergebnissen.

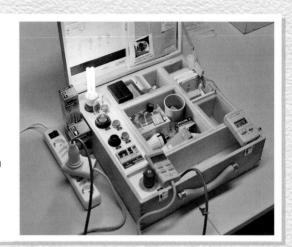

Elektrizität:
1 240 öffentliche Kraftwerke versorgen unser energiehungriges
Deutschland mit über 500 Milliarden Kilowattstunden Strom pro
Jahr. Die Sonne verteilt mehr als
die doppelte Energiemenge auf
unser Land – und das kostenlos!
Wenn wir diese Energie direkt nutzen könnten, wäre unser Energie-
problem ein für allemal gelöst.

Licht und Wärme:
Weltweit werden jährlich 10 Milli-
arden Glühlampen verbraucht. Die
Glühlampe wurde 1880 von Thomas
Alva EDISON entwickelt und wan-
delt elektrische Energie in Licht um.
Dabei entsteht auch eine Menge
Wärme – wie du sicher weißt, wenn
du bereits einmal gegen eine leucht-
ende Glühlampe gestoßen bist.

1 Energie und Leistung

1.1 Unser Körper braucht Energie

Wenn du hungrig bist, möchtest du etwas essen. Chemisch gesehen verlangt dein Körper nach neuer Energie. Diese Energie ist in den Lebensmitteln **chemisch gespeichert.** Du nimmst sie auf und verwertest sie. Durch sie bist du in der Lage, dich zu bewegen und Sport zu betreiben. Selbst im Schlaf benötigt dein Herz, Gehirn und die Atmung Energie. Auch deine Körpertemperatur muss aufrechterhalten werden. Bei einem gesunden Menschen beträgt die Körpertemperatur etwa 37 °C. Dein Körper strahlt dabei etwa die gleiche Wärme ab wie eine 60 Watt-Glühlampe. Diesen Wärmeverlust muss der Körper immer wieder ausgleichen.

Die verschiedenen Lebensmittel haben einen unterschiedlichen Energiegehalt. Er wird als **Brennwert** auf jeder Lebensmittelverpackung angegeben, meist in Kilojoule (sprich: Kilodschul, abgekürzt kJ) bezogen auf eine Menge von 100 Gramm. Auch die alte Energieeinheit Kilokalorie (abgekürzt: kcal) steht oft daneben. Unser Körper benötigt bei mäßiger körperlicher Betätigung etwa 10 000 kJ pro Tag. Je mehr man sich bewegt, desto mehr Energie braucht man auch. Spitzensportler wie die Radfahrer der Tour de France benötigen bis zu 60 000 kJ!

Die Sonne steht immer am Anfang. Doch woher stammt die Energie aus unserer Nahrung? Pflanzen sind die Grundlage der menschlichen *Nahrungskette.* Pflanzen wiederum benötigen Wasser, Mineralstoffe und Kohlenstoffdioxid. Diese Stoffe erhalten sie aus dem Boden oder der Umgebungsluft. Das allein reicht aber nicht. Alle Pflanzen benötigen außerdem Sonnenlicht oder besser: Sonnenenergie, um wachsen zu können! Mit Hilfe der Sonnenenergie stellen sie energiehaltige Stoffe wie Kohlenhydrate, Eiweiße oder Fette her. Die Sonne ist also die Voraussetzung aller Lebensvorgänge.

Nahrung als Energieträger. Um alle Körperfunktionen aufrecht zu erhalten, benötigt dein Körper Energie. Er nimmt dazu mit der Nahrung Energieträger auf: Fette, Kohlenhydrate (Zucker und Stärke) und Eiweiße. Stärke und Zucker werden in chemischen Vorgängen in unseren Körperzellen langsam zu Kohlenstoffdioxid und Wasser umgewandelt. Dabei wird Energie für unseren Körper frei.

1 Die Sonne ist die wichtigste Energiequelle

100 g enthalten:	Energie (kJ pro 100 g)
Äpfel	250
Blumenkohl	110
Schokolade	2100
Pizza	1050
Pommes	1130
Nudeln	1500
Vollkornbrot	970
Milch	270
Limonade	190
Mineralwasser	0

1 Energiegehalt einiger Lebensmittel

190 kJ   1050 kJ   0 kJ   250 kJ   270 kJ   1130 kJ

Bewegung benötigt Energie. Je anstrengender ein Sport ist, desto mehr Energie verbrennt man auch. Es kommt aber auch darauf an, wie alt und wie schwer du bist, ob du trainiert bist oder nicht, und wie intensiv deine sportliche Betätigung ist. Oft überschätzt man allerdings die Energie, die man beim Sport benötigt. Eine 100 Gramm Tafel Schokolade ist schnell gegessen. Um diese Energie wieder zu verbrennen, muss man aber fast eine Stunde ohne Pause Fußball spielen oder in mittlerem Tempo schwimmen.

Merke:

- Unsere Nahrung ist ein Energieträger.
- Die Energie in Lebensmitteln ist chemisch gespeichert.
- Nährstoffe werden in unserem Körper in Energie umgewandelt.
- Die Sonne steht am Anfang jeder Energieform auf der Erde.

1 **Fragen zum Text: a)** Aus welchen drei Nährstoffen gewinnt unser Körper Energie?
b) Nenne Nahrungsmittel, die besonders viel Energie enthalten.
c) Was bedeuten die Nährwertangaben auf Lebensmittelverpackungen?

2 Nimm Stellung zu der Aussage „Da Butter und Öl sehr viel Energie enthalten, würde es reichen, wenn wir uns nur davon ernähren."

3 Schreibe einen Tag lang auf, was und wie viel du gegessen hast. Notiere dir auch die Brennwertangaben auf der Lebensmittelverpackung. Berechne, wie viele Kilojoule du zu dir genommen hast.

4 Wie lange musst du mit dem Fahrrad fahren, um die Energie einer Tafel Schokolade umzusetzen? Vergleiche dazu die beiden Tabellen dieser Seite. Stelle weitere Vergleiche auf.

Soviel Energie verbennst du stündlich beim Sport:	
Volleyball	840 kJ
Langsames Radfahren	1100 kJ
Wandern in ebenem Gelände	1350 kJ
Ski fahren (Abfahrt)	1500 kJ
Radfahren im mittleren Tempo	1700 kJ
Inline skaten	1900 kJ
Brustschwimmen im mittleren Tempo	2000 kJ
Skilanglauf in ebenem Gelände	2000 kJ
Schnelle Ballspiele (Fußball, Handball)	2400 kJ
Schnelles Schwimmen (Brust, Kraulen)	2700 kJ
Skilanglauf in hügeligem Gelände	4700 kJ

2 Stündlicher Energiebedarf beim Sport

1 Brennstoffe enthalten Energie

3 Lageenergie wird umgewandelt

1.2 Verschiedene Energieformen

Mechanische Energie. Getreidemühlen oder das Hammerwerk einer Schmiede wurden früher mithilfe eines Wasserrades betrieben. Die Energie, die fließendes Wasser und jeder andere Gegenstand in Bewegung besitzt, nennt man **Bewegungsenergie**. Heute nutzen Wasserkraftwerke die Energie des Wassers, um Strom zu erzeugen. Fahrzeuge besitzen während ihrer Fahrt eine große Menge Bewegungsenergie. Bei einem Unfall ist diese Energie in der Lage, zerstörende Kräfte freizusetzen.

Wenn ein Bogenschütze den Bogen spannt, erhält dieser **Spannenergie**. Hindert der Schütze den Bogen daran, in seine Ausgangslage zurückzugehen, kann er die Spannenergie speichern. Diese Spannenergie ist in der Lage, im Moment des Loslassens einen Pfeil auf etwa 200 $\frac{km}{h}$ zu beschleunigen.

Energie lässt sich auch als **Lageenergie** oder **Höhenenergie** speichern. Sobald ein Gegenstand entgegen der Schwerkraft nach oben gehoben wird, nimmt seine Lageenergie zu. Bei einer Achterbahn wird dem Wagen Energie zugeführt, indem ihn ein Motor nach oben schiebt. Die Lageenergie reicht jetzt aus, um die Strecke über einige Steigungen ohne Motor bis ganz nach unten zu fahren.

Bewegungsenergie, Spannenergie und Lageenergie sind verschiedene Formen von **mechanischer Energie**. Sie kann einem Körper zugeführt werden, indem man ihn anstößt, verformt oder anhebt.

Elektrische Energie. Der Mensch hat erst im letzten Jahrhundert gelernt, **elektrische Energie** zu erzeugen. Der Strom aus der Steckdose wird im Kraftwerk durch die Bewegungsenergie an den Generatoren erzeugt. Elektrische Energie kann in Stromkabeln über große Entfernungen transportiert und dann vor Ort in eine beliebige Energieform umgewandelt werden.

Thermische Energie. Der Mensch hat in seiner Entwicklung gelernt Feuer zu entfachen. Diese Energie-

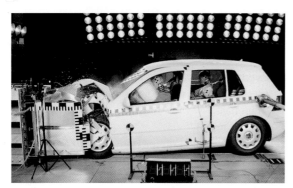

2 Bewegungsenergie wird umgewandelt

4 Ein Bogenschütze nutzt die Spannenergie

quelle hat ihn von äußeren Wetterbedingungen unabhängig gemacht. Aber Wärme entsteht nicht nur durch Feuer. Auch Glühlampen und Herdplatten werden mit Hilfe des elektrischen Stroms heiß. Diese Energieform nennt man **thermische Energie**.

Strahlungsenergie. Wenn man sich einem Ofen nähert, braucht man ihn nicht zu berühren, um zu bemerken, dass er heiß ist. Der Ofen gibt seine thermische Energie in Form von Strahlung ab. Strahlungen treten nicht nur bei Wärme auf, auch Licht oder Mikrowellen strahlen. Ärzte nutzen die Energie von Röntgenstrahlen, in Rundfunk und Fernsehen werden Strahlen zur Informationsübertragung eingesetzt. Auch Handys nutzen Strahlungsenergie für die Übermittlung von Nachrichten.

Für alle Lebewesen der Erde ist die Strahlungsenergie die wichtigste Energieform. Ohne die Strahlungsenergie der Sonne wäre es bei uns minus 200 °C kalt. Pflanzen brauchen die Sonnenstrahlen, um zu wachsen und Energievorräte anzulegen. 150 Millionen Kilometer Entfernung zwischen Sonne und Erde durch den leeren Raum kann nur durch Strahlung überwunden werden. Die Strahlung der Sonne benötigt dazu etwa 8 Minuten.

Energie – chemisch gespeichert. Wenn es im Winter unangenehm kalt ist, freut man sich auf eine gemütlich geheizte Wohnung. Erdöl, Erdgas oder Holz sorgen für eine warme Stube. Die Energie ist in den Brennstoffen chemisch gespeichert und wird beim Verbrennungsvorgang in Form von Wärme freigesetzt.

Treibstoffe für Fahrzeuge wie Benzin, Dieselkraftstoff oder Kerosin für Flugzeuge sind weitere chemische Energiespeicher. Da diese Treibstoffe flüssig sind, lassen sie sich in Tanks leicht transportieren. Auch Batterien und Akkus speichern Energie in chemischer Form.

> **Merke:**
>
> - Energie ist eine wichtige Lebensgrundlage.
> - Energie tritt ín vielen Formen auf. Es gibt mechanische Energie, elektrische Energie, thermische Energie, Strahlungsenergie oder auch chemische Energie.

1 **Fragen zum Text: a)** In welchen Stoffen ist die Energie chemisch gespeichert?
b) Wozu benutzen wir die Bewegungsenergie?
c) Was geschieht, wenn ein Bogenschütze den Bogen spannt?
d) Wozu verwendet der Mensch elektrische Energie?
e) Welche Energieformen spielen beim Handy eine Rolle?
f) Warum ist die Sonne so wichtig für uns?

2 **a)** Du möchtest an deinem Computer arbeiten. Welche Energieformen benötigst du? Beachte dabei auch den Bildschirm, die Laufwerke, die Tastatur, den Drucker und die Lautsprecher.
b) Bei welchen Aktivitäten kannst du selbst die Lageenergie nutzen?
c) Hast du auch schon einmal Spannenergie genutzt? Wobei?

1 Elektrische Energie legt weite Strecken zurück

2 Strahlungsenergie wärmt Essen in der Mikrowelle

Expertenpuzzle

Die Methode eignet sich, um Themen mit mehreren Bereichen selbstständig zu erarbeiten.

Das Expertenpuzzle beginnt in der Basisgruppe. Hier erarbeitet ihr zusammen die Inhalte des vorgegebenen Themas. Ihr sammelt Informationen, macht euch Notizen und entwickelt eine Präsentation, zum Beispiel einen Vortrag oder ein Poster. Jetzt bist du Experte für „dein" Thema.

2 Expertengruppe

1 Basisgruppe

Anschließend trefft ihr euch in der Expertengruppe. In dieser Gruppe ist jeder ein Experte für ein anderes Thema. Nacheinander präsentiert ihr euch eure Themen. Als Zuhörer solltest du dir während jeder Präsentation Notizen machen. Nach jeder Präsentation dürfen die Zuhörer Fragen stellen, die der jeweilige Experte dann beantwortet.

Basisgruppe 4:
Energie in Körpern

- Informiert euch über die Möglichkeiten, Körper Energie zuzuführen.
- Erstellt gemeinsam ein Info-Plakat.
- Erarbeitet gemeinsam einen zweiminütigen Vortrag, den jeder in der Expertengruppe halten muss.

Basisgruppe 1:
Energie bei Brennstoffen

- Informiert euch über gängige Brennstoffe.
- Notiert eure Informationen dazu.
- Erarbeitet gemeinsam einen zweiminütigen Vortrag, den jeder in der Expertengruppe halten muss.

Basisgruppe 2:
Energie bei der Ernährung

- Informiert euch über Nährstoffe und deren Energiegehalt.
- Macht gemeinsam stichpunktartige Notizen.
- Erarbeitet gemeinsam einen zweiminütigen Vortrag, den jeder in der Expertengruppe halten muss.

Expertengruppen

Basisgruppe 3:
Energie bei elektrischem Strom

- Informiert euch über Nutzungsmöglichkeiten des elektrischen Stroms.
- Erstellt gemeinsam eine Stoffsammlung.
- Erarbeitet gemeinsam einen zweiminütigen Vortrag, den jeder in der Expertengruppe halten muss.

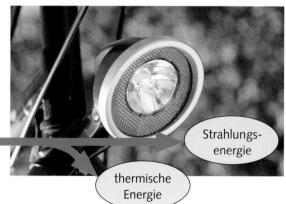

1 Energieflussdiagramm

1.3 Energieumwandlung

Energie kann nicht verloren gehen. Sie wandelt sich allerdings ständig von einer Form in eine andere um. Nicht jede Art von Energie ist dabei für den Menschen nutzbar. Daher bauen Menschen **Energiewandler,** um eine Energieform in eine andere umzuwandeln. Ein Beispiel: Wind besitzt Bewegungsenergie. Mit Wind allein lässt sich allerdings kein Fernsehgerät betreiben, wir können Windenergie also nicht direkt nutzen. Daher setzen wir sie mithilfe von Windkraftanlagen in elektrische Energie um. Mit elektrischer Energie wiederum können wir unseren Fernseher laufen lassen. Oft ist eine Reihe von Energieumwandlungen beteiligt, bis wir eine Energieform nutzen. So stammt die Strahlungsenergie unserer Fahrradlampe letztendlich aus der Strahlungsenergie der Sonne. Der Weg der Energie von ihrer Quelle bis hin zu ihrer Nutzung kann in einem **Energieflussdiagramm** beschrieben werden.

Strahlungsenergie wird in chemische Energie umgewandelt. Pflanzen nutzen die Lichtenergie der Sonnenstrahlen, um energiehaltige Nährstoffe in Form von Kohlenhydraten, Fetten und Eiweißen zu erzeugen. In ihnen ist chemische Energie gespeichert, die von Tieren und Menschen mit der Nahrung aufgenommen wird.

Chemische Energie wird in Bewegungsenergie umgewandelt. Wenn wir Fahrrad fahren, wandelt unser Körper die chemische Energie der Nahrung in den Muskelzellen in Bewegungsenergie um. Als Nebenprodukt entsteht in unserem Körper viel Wärme, die wir in unsere Umgebung abstrahlen.

Bewegungsenergie wird in elektrische Energie umgewandelt. Der Dynamo am Fahrrad erzeugt durch seine Bewegung elektrische Energie. Doch schon durch die Reibung des Rädchens am Fahrradmantel wird Bewegungsenergie in Wärmeenergie umgewandelt – Energie, die an die Umwelt abgegeben wird und für uns als nutzbare Energie verloren ist. Auch der Dynamo selbst wird durch die Stromerzeugung erwärmt und thermische Energie wird frei.

Elektrische Energie wird in Strahlungsenergie umgewandelt. Strom bringt einen dünnen Draht in der Lampe zum Glühen, elektrische Energie wandelt sich in Strahlungsenergie um. Hier ist der Verlust von nutzbarer Energie besonders hoch. Nur 5 % der elektrischen Energie erzeugen sichtbares Licht! Die restlichen 95 % werden als Wärmestrahlung abgegeben.

Merke:

- **Energiewandler wandeln Energie von einer Form in eine andere um. Bei Energieumwandlungen entsteht neben nutzbarer Energie auch immer thermische Energie.**
- **Energieflussdiagramme beschreiben den Weg der Energie von der Quelle bis zur Nutzung.**

1 **Fragen zum Text: a)** Welches Nebenprodukt entsteht bei der Umwandlungen von einer Energieform in eine andere?
b) Warum versucht man die Wärmeentwicklung in Energiewandlern möglichst klein zu halten?
c) Warum sind Glühlampen regelrechte Energieverschwender?

2 Erstelle ein Energieflussdiagramm zu einer solarbetriebenen Taschenlampe.

Exkurs

Energie

Hersteller
Modell

Niedriger Energieverbrauch

A
B
C
D
E
F
G

Hoher Verbrauch

Energieverbrauch kWh/Jahr
(Auf der Grundlage von Ergebnissen der Normprüfung über 24 h)

Der tatsächliche Energieverbrauch hängt von der Nutzung und vom Standort des Gerätes ab.

Nutzinhalt Kühlteil l
Nutzinhalt Gefrierteil l

Geräusch
dB(A) re 1 pW

Ein Datenblatt mit weiteren Geräteangaben ist in den Prospekten enthalten.

Norm EN 153, Ausgabe Mai 1990
Kühlgeräte-Richtlinie 94/2/EG

Kühlschrank	
Logo ABC 123	A+
123	
123	
123	
12	

1 Energiespar-Etikett eines Kühlschranks

Energiespar-Etikett

Haushaltsgeräte wie Kühlschränke, Backöfen, Waschmaschinen, aber auch Lampen müssen europaweit mit dem Energiespar-Etikett gekennzeichnet werden. Dieses Etikett zeigt dem Käufer wie energieeffizient das Gerät arbeitet, ob es also verhältnismäßig viel oder eher wenig Strom verbraucht.

Ursprünglich wurden die Haushaltsgeräte in 7 Effizienzklassen eingeteilt. Ein sparsames Gerät fällt in Klasse A, Geräte in Klasse G sind wahre Stromfresser. Weil Techniker und Ingenieure mit der Zeit immer sparsamere Geräte entwickelt haben, ist die Effizienzklasse A aber schon nicht mehr die beste Klasse. Einige Geräte fallen daher sogar in die Klasse A+ oder A++. Achtung: Oft fallen gerade die günstigen Haushaltgeräte in eine der unteren Effizienzklassen!

1 **a)** Besucht einen Elektronikfachhandel und findet heraus, welche Geräte ein Energiespar-Etikett besitzen und welche nicht.
b) Vergleicht die Effizienzklassen von normalen Glühlampen, Energiesparlampen und Leuchtstoffröhren.

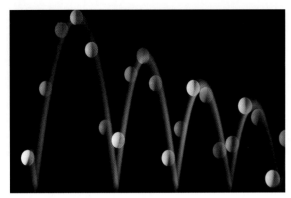

1 Ein Ball springt nicht ewig

1.4 Energieentwertung

Ein Ball springt. Hältst du einen Ball in der Hand und lässt ihn los, fällt er aufgrund der Schwerkraft nach unten. Dabei wird er immer schneller und seine **Bewegungsenergie** nimmt zu. Je weiter er nach unten fällt und je mehr seine Bewegungsenergie zunimmt, desto kleiner wird seine **Lageenergie (Höhenenergie).** Sobald er den Boden berührt, hat er keine Lageenergie mehr, aber die größte

Bewegungsenergie. Beim Aufprall am Boden wird seine Geschwindigkeit schlagartig gebremst. Die frei werdende Energie verformt den Ball und die Bewegungsenergie wird in **Spannenergie** umgewandelt. Der Ball kann sich wieder sofort nach oben entspannen und springt wieder hoch: Die Spannenergie wird wieder in Bewegungsenergie umgewandelt. Der Ball bewegt sich nach oben, bis sich die Bewegungsenergie vollständig in Lageenergie umgewandelt hat. Hier hat der Ball seinen höchsten Punkt erreicht und beginnt wieder zu fallen.

Reibung führt zu Energieverlust. Wäre dies der tatsächliche Bewegungsablauf eines hüpfenden Balles, würde dieser ewig springen. Macht er aber nicht! Nach ein paar Sprüngen bleibt er am Boden liegen. Was ist mit seiner Energie passiert? Wir wissen bereits, dass die nutzbare Energie mit jeder Energieumwandlung abnimmt und **thermische Energie** als Nebenprodukt entsteht. Springt der Ball durch die Luft, reibt er sich an den Luftteilchen. Verformt der Ball sich beim Aufprall, reiben sich die Bestandteile des Balls aneinander. In beiden Fällen wird Bewegungsenergie in thermische Energie umgewandelt.

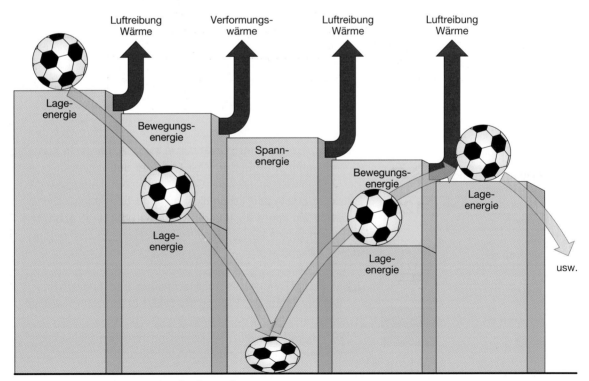

2 Energieumwandlung beim hüpfenden Ball

Hörst du auf ebener Strecke auf, in die Pedale deines Fahrrads zu treten, wird es immer langsamer. Auch die Geschwindigkeit deines Mofas nimmt ab, wenn du es ohne Motor weiterrollen lässt. Die Bewegungsenergie des Fahrzeugs wird durch die Reibung der Reifen auf der Straße in Wärmeenergie umgewandelt. Auch der Luftwiderstand sorgt für eine Erwärmung von Luft und Fahrzeug. Nach einer Weile hat sich die Bewegungsenergie des Fahrzeugs vollständig in Wärme umgewandelt, es bleibt stehen.

Thermische Energie. Energiewandler können eine Energieform niemals vollständig in eine andere Energieform umwandeln. Bei jeder Energieumwandlung entsteht thermische Energie, auch wenn sie so gering ist, dass man sie nicht spüren kann. Oft können wir diese Wärme nicht mehr einfangen und nutzbar machen. Wir können sie auch nicht mehr in eine andere Energieform umwandeln, um sie zu nutzen. Man spricht in diesem Zusammenhang von **Energieentwertung.** Weitere Beispiele, in denen wir auf entwertete Energie treffen, sind heiße Bremsscheiben im Auto, das warme Ladegerät beim Handy oder die heiße Glühlampe. Ein Energiewandler ist umso effizienter, je mehr nutzbare Energie und weniger thermische Energie er erzeugt. Elektromotoren oder Solarzellen arbeiten effizienter als Glühlampen. Techniker und Ingenieure entwickeln Energiewandler, die immer weniger Wärme produzieren.

> **Merke:**
>
> - Bei Energieumwandlungen entsteht neben nutzbarer Energie auch immer thermische Energie.
> - Durch Reibung wandelt sich Bewegungs- oder Spannenergie in thermische Energie um.
> - Entsteht bei der Umwandlung von einer Energieform in eine andere Energieform nicht nutzbare thermische Energie, nennt man das Energieentwertung.

1 **Fragen zum Text: a)** In welche Energieformen wird die Lageenergie eines Balles umgewandelt? **b)** Erkläre, warum ein Fahrrad auf gerader Strecke immer langsamer wird, wenn man nicht in die Pedale tritt. **c)** Welche Energieform steht am Ende jeder Energieumwandlung?

2 Warum ist ein Fahrrad mit wenig Luft in den Reifen schwerer zu fahren als mit aufgepumpten Reifen?

3 Die Vorgänge der Energieumwandlung kannst du mit einer Kugel, die in einer gebogenen Rinne rollt, nachvollziehen. Lass die Kugel oben los und beobachte ihren Lauf. Beschreibe ihre Bewegung. Welche Energieformen treten auf?

4 Beschreibe die Bewegung der Trampolinspringer. Welche Energieformen treten hier auf?

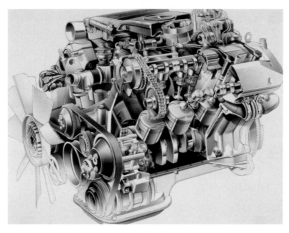

1 So kompliziert sind Verbrennungsmotoren aufgebaut

1.5 Kraftstoff wird zu Bewegung

Energie im Tank. Ein Auto muss regelmäßig betankt werden, damit es fahren kann. Aber was passiert eigentlich mit dem Treibstoff? Mit einem kleinen Versuch kann man die Vorgänge im Motor nachspielen: In eine Papphülse gibt man ein paar Tropfen Benzin und verschließt sie von beiden Seiten mit einem Deckel. Das Benzin verdampft und ein hochexplosives Benzin-Luftgemisch entsteht. Wird es entzündet, verbrennt das Gemisch schlagartig. Durch die Hitzeausdehnung der Gase wird der Deckel weggeschleudert. Ähnlich funktioniert die Verbrennung im Automotor.

Der Verbrennungsmotor. Ein Verbrennungsmotor besitzt mehrere *Zylinder* aus Metall. Der Kraftstoff gelangt durch eine elektronisch gesteuerte *Einspritzpumpe* in den Zylinder des Motors. Über *Ventile* strömt außerdem frische Luft in den Zylinder, das Benzin-Luftgemisch entsteht. Der elektrische Funken einer *Zündkerze* lässt das Gasgemisch explodieren. Es entsteht heißes Gas, das sich schlagartig ausdehnt und durch diesen Druck einen **Kolben** nach unten drückt. Der Kolben ist mit einer **Pleuelstan-**

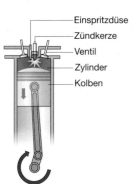

Einspritzdüse
Zündkerze
Ventil
Zylinder
Kolben

2 Bauteile eines Zylinders im Verbrennungsmotor

ge an der **Kurbelwelle** befestigt. Die Kurbelwelle macht aus der Auf- und Abbewegung der Zylinderkolben eine Drehbewegung. Über das *Getriebe* wird die Drehbewegung auf die Reifen übertragen. Auch beim Fahrradfahren entsteht aus der Auf- und Abbewegung der Beine an den Pedalen eine Drehbewegung.

Eine Maschine mit Wärmekraft. Im Prinzip ist der Verbrennungsmotor eine Wärmekraftmaschine. Er wandelt die im Treibstoff chemisch gespeicherte Energie zuerst in Wärmeenergie um. Diese sorgt für eine Ausdehnung der Gase im Zylinder, die wiederum in Bewegungsenergie überführt werden kann. Allerdings kann nur ein kleiner Teil der Energie des Treibstoffes in Bewegung umgewandelt werden. Etwa 80 % der Energie gehen als nicht verwertbare Wärme verloren.

Der Erfinder. Verbrennungsmotoren werden auch immer wieder Ottomotoren genannt, denn sie wurden von dem deutschen Tüftler Nicolaus August OTTO erfunden. OTTO war der Sohn eines Bauern und hatte nie studiert. 1862 baute er die ersten Viertaktmotoren. Sie wurden nicht mit einem Flüssigtreibstoff wie Benzin, sondern mit Gas angetrieben. Dabei handelte es sich um einen Flugkolbenmotor, der mit unseren heutigen Motoren wenig gemein hatte. 1876 gelang es ihm einen Motor

3 Nicolaus August OTTO

zu bauen, der verdichtetes Gas entzündete. 1884 erfand er die elektrische Zündung. Jetzt konnte man Fahrzeuge auch mit flüssigen Treibstoffen antreiben.

Merke:
- Ein Verbrennungsmotor wandelt chemische Energie erst in Wärme- und dann in Bewegungsenergie um.
- Durch die Pleuelstange und die Kurbelwelle wird die Auf- und Abwärtsbewegung des Kolbens in eine Drehbewegung umgewandelt.

1 **Fragen zum Text: a)** Was wird im Zylinder eines Verbrennungsmotors zur Explosion gebracht? **b)** Was erzeugen die heißen Explosionsgase im Zylinder? **c)** Welche mechanischen Teile machen aus einer Auf- und Abbewegung eine Drehbewegung? **d)** Was kann eine Wärmekraftmaschine?

2 Erkundige dich, welche Unterschiede es zwischen Otto- und Dieselmotoren gibt.

3 Auf welche Arten kann man ein Auto noch antreiben?

Exkurs

Hubraum – was ist das?

„Unser Auto hat 3 Liter Hubraum!" prahlt Thomas. Cemal kann sich darunter nichts vorstellen. Was ist der Hubraum?

Auf vielen Autos kannst du am Heck Zahlen wie 1,6 oder 2,0 lesen. Sie beschreiben den Hubraum des Verbrennungsmotors, sprich seine Größe. Der Hubraum wird in Liter (L) oder Kubikzentimeter (ccm) angegeben. Er gibt das Volumen an, das ein Zylinderkolben zwischen seinem untersten und obersten Bewegungspunkt im Zylinder verdrängt. Bei Mehrzylindern werden die Hubräume aller

Zylinder addiert. Die meisten Pkws haben heute einen Hubraum zwischen einem und drei Litern, Sportwagen und größere Modelle sogar bis zu 8 Liter. Je mehr Hubraum ein Fahrzeug besitzt, desto mehr Leistung hat es und desto mehr Treibstoff verbraucht es.

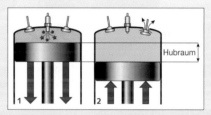

Der Hubraum muss zur Berechnung der Kfz-Steuer angegeben werden.

Praktikum

Was passiert in einem Verbrennungsmotor?

V1. Die Explosion im Pappzylinder

Material: Stabile Pappröhre mit zwei Kunststoffdeckeln; zerkleinerter Korken; Reinigungsbenzin; Schraubenzieher; Streichhölzer.

Durchführung: Man nimmt eine Pappröhre, die oben und unten einen abnehmbaren Kunststoffdeckel besitzt und stößt mit einem Schraubenzieher 5 cm vom unteren Ende ein Loch in die Seite. Man verschließt die Röhre unten und gibt die Korkstückchen hinein. Dann tröpfelt man etwa 10 Tropfen Reinigungsbenzin von oben dazu, setzt den zweiten Deckel auf und schüttelt die Röhre. Jetzt hält man ein brennendes Streichholz kurz gegen das Loch.

Achtung: Schutzbrille tragen! Die Röhre darf niemals gegen andere Personen oder Gegenstände gerichtet werden! Die Röhre muss immer auf einer festen Unterlage stehen.

Aufgaben: a) Beschreibe deine Beobachtung.
b) Erkläre die Beobachtung.
c) Erkläre den Zusammenhang zwischen dem Versuch und einem Verbrennungsmotor.

Nockenwelle: Sie öffnet über Umlenkhebel die Ventile zum richtigen Zeitpunkt.

Einspritzpumpe (nicht im Bild): Sie spritzt im richtigen Moment eine bestimmte Menge Treibstoff fein zerstäubt in den Zylinder.

Zündkerze: Die Zündkerze gibt im richtigen Moment einen Zündfunken ab, der das Gasgemisch im Zylinder zur Explosion bringt.

Ventile: Wenn sie geöffnet werden, entweichen die Abgase aus dem Verbrennungsraum (Zylinder) und frische Luft kann nachströmen.

Getriebe (nicht im Bild): Es untersetzt die schnellen Drehungen des Motors in langsamere nutzbare Drehungen.

Pleuelstange: Sie nimmt die abwärts gerichtete Kraft des Kolbens auf und überträgt sie auf die Kurbelwelle.

Kolben: Er läuft beweglich im Zylinder auf und ab und wird durch die Explosion des Gasgemisches nach unten gedrückt.

Zylinder: Hier findet die Verbrennung des Gasgemisches statt.

Kurbelwelle: Sie verwandelt die senkrechten Bewegungen der Kolben in eine rotierende Bewegung. Die Kurbelwelle überträgt die Rotationsenergie auf das Getriebe und somit auf die Räder von Fahrzeugen.

1 Bau eines Viertaktmotors

★ 1.6 So arbeitet ein moderner Viertaktmotor

Der Viertaktmotor. In einem Motor verbrennt ein Luft-Kraftstoffgemisch explosionsartig in dem Zylinder. Die dabei entstehenden Gase dehnen sich stark aus und geben ihre Energie an den Kolben weiter. Die chemische Energie des Kraftstoffs wird erst in thermische Energie, dann in Bewegungsenergie umgewandelt. Die Vorgänge in einem Zylinder laufen dabei in vier sich ständig wiederholenden **Takten** ab. Jeder Takt ist ein Kolbenhub, also eine Aufwärts- oder eine Abwärtsbewegung des Kolbens. Die Abgase werden erst entfernt **(Ausstoßen)**, anschließend wird neue Luft mit Treibstoff angesaugt **(Ansaugen)** und komprimiert **(Komprimieren)**, bevor die neue Zündung **(Arbeiten)** erfolgt. Ein Motor, der auf diese Weise arbeitet, heißt daher **Viertaktmotor.**

Laufeigenschaften. Die meisten Motoren für Automobile besitzen vier Zylinder. Wie in einem gesungenem Kanon arbeiten die Zylinder gegeneinander versetzt. Bei einer Umdrehung der Kurbelwelle werden dabei immer zwei Zylinder gezündet, bei der nächsten Umdrehung die anderen beiden.

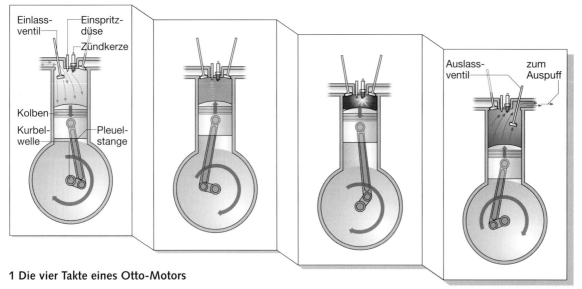

1 Die vier Takte eines Otto-Motors

1.Takt: Ansaugen
Das Einlassventil öffnet sich. Der Kolben bewegt sich im Zylinder nach unten und saugt Luft an. Wenn der Kolben den tiefsten Punkt erreicht hat, schließt sich das Ventil.

2. Takt: Komprimieren
Der Kolben bewegt sich nach oben und presst die Luft zusammen. Es entsteht dabei eine Temperatur von 200 °C. Nun wird Benzin fein zerstäubt eingespritzt.

3. Takt: Arbeiten
Ein Funke an der Zündkerze entzündet das Benzin-Luftgemisch. Es verbrennt explosionsartig. Der Kolben wird nach unten gedrückt.

4. Takt: Ausstoßen
Das Auslassventil öffnet sich. Der Kolben bewegt sich nach oben und drückt die Verbrennungsgase aus dem Zylinder. Danach schließt sich das Auslassventil.

Damit der Motor **laufruhig** (erschütterungsarm) läuft, werden die Zylinder in versetzter Reihenfolge gezündet. Gängig ist die Zündfolge: Zylinder 1, Zylinder 3, dann Zylinder 4 und schließlich Zylinder 2. Generell gilt: Je mehr Zylinder ein Motor hat, desto ruhiger läuft er.

Vergaser oder Einspritzpumpe. Vergaser, die den Kraftstoff in der angesaugten Luft fein zerstäuben, findet man nur noch in Motorrädern oder alten Autos. Neue PKW-Motoren besitzen eine Einspritzpumpe, die den Kraftstoff direkt und dosiert in den Zylinder einspritzt. Das hat gegenüber dem Vergaser den Vorteil, dass der Kraftstoffverbrauch sinkt und das Luft-Kraftstoffgemisch optimal verbrennt. Dadurch wiederum lässt sich ein geregelter Katalysator zur Schadstoffverminderung in den Abgasstrom des Motors einbauen. Unzureichend verbrannter Kraftstoff würde den Katalysator zerstören.

Merke:

- Im Verbrennungsmotor wird die chemische Energie des Treibstoffes erst in thermische Energie, dann in Bewegungsenergie umgewandelt.
- Der Viertakt-Otto-Motor arbeitet in vier Takten: Ansaugen, Komprimieren, Arbeiten und Ausstoßen.

1 **Fragen zum Text: a)** Aus welchen Teilen besteht ein Viertaktmotor?
b) Welche Energie wird in Bewegungsenergie umgewandelt?
c) Nenne die vier Takte des Viertaktmotors und beschreibe sie.
d) Wie oft muss sich die Kurbelwelle zwischen zwei Zündungen eines Zylinders drehen?
e) Was macht die Einspritzpumpe?

✱ 1.7 Das System Kraftfahrzeug

Lenkung

Die meisten Fahrzeuge besitzen bereits eine Servolenkung, die den Fahrer beim Lenken unterstützt und die vom Fahrer aufgebrachte Kraft zum Lenken verstärkt. Das Fahrzeug lässt sich dadurch leicht lenken. Das Wort *servo* ist lateinisch und bedeutet dienen.

Es gibt zwei Systeme der Servolenkung: Das *elektrische System,* bei dem die Lenkung über einen Elektromotor unterstützt wird, und das *hydraulische System*, bei dem komprimiertes Öl durch Druck das Lenken vereinfacht. In beiden Fällen wird von außen Energie in das System zugeführt.

Elektronische Ausstattung (nicht sichtbar)
Lichtanlage, Zentralverriegelung, Sitzheizung, elektrisch verstellbare Außenspiegel, Unterhaltungselektronik wie das Autoradio, elektrische Fensterheber und vieles mehr sind bequeme Einrichtungen, die dem Autofahrer das Fahren angenehm machen. Die dazu nötige elektrische Energie stammt aus der Lichtmaschine, die durch den Verbrennungsmotor angetrieben wird. Die Lichtmaschine lädt auch den Bleiakkumulator (Batterie) auf, mit dessen Energie man den Motor startet.

Motor und Getriebe
Die viel zu hohe Drehzahl des Motors kann nicht direkt auf die Räder übertragen werden. Das Getriebe, das zwischen Motor und Antriebsrädern sitzt, verringert (untersetzt) die Umdrehungszahl mit Hilfe von Zahnrädern. Die Bewegungsenergie, die der Motor auf das Getriebe überträgt, wird auf die Räder übertragen. Da die Drehzahl aber geringer ist, erhöht sich die Kraft, mit der die Räder angetrieben werden. Mit den unterschiedlichen Gängen passt der Kraftfahrer die Drehzahl des Motors an die Geschwindigkeit seines Fahrzeuges an. Wenn er schneller fahren will, muss er in einen höheren Gang schalten.

Auspuffanlage und Katalysator

Die Auspuffanlage eines Fahrzeuges hat zwei Aufgaben: Zunächst müssen die lauten Abgasgeräusche, die durch die Explosionen im Motor entstehen mit Hilfe eines Schalldämpfers reduziert werden. Ist die Auspuffanlage zum Beispiel durch Rostschäden beschädigt und hat ein Loch, wird das Auto deutlich lauter.

Außerdem verringert die Auspuffanlage den schädlichen Ausstoß von giftigen Verbrennungsgasen. Dies geschieht im Katalysator, durch den die Abgase über eine große Oberfläche geleitet und chemisch umgewandelt werden. Dazu muss der Kraftstoff optimal verbrannt werden. Die Lambdasonde misst im Auspuff direkt hinter dem Motor die Zusammensetzung der Abgase. Mit diesen Werten regelt eine Steuerung über die Einspritzpumpe die Kraftstoffzufuhr im Motor.

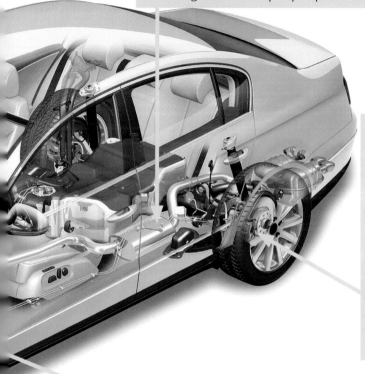

Bremsanlage

Betätigt der Kraftfahrer das Bremspedal, dann drückt ein Kolben Bremsflüssigkeit in ein Leitungssystem, das zu den einzelnen Bremsen an jedem Rad führt. Dort drückt die Bremsflüssigkeit einen Kolben mit den Bremsbacken gegen eine Trommel oder eine Bremsscheibe.

Seit etwa 25 Jahren gibt es kein Fahrzeug ohne Bremskraftverstärker mehr. Durch einen Bremskraftverstärker benötigt man weniger Kraft, um das Fahrzeug zu bremsen. Die dafür notwendige Energie entzieht der Bremskraftverstärker dem Verbrennungsmotor.

Fahrgestell mit Radaufhängung und Federung

Ein gutes Fahrgestell muss auch bei schlechten Straßenverhältnissen komfortables Fahren ermöglichen. Um das zu erreichen, ist meistens jedes Rad einzeln aufgehängt, das heißt jedes Rad ist einzeln abgefedert. Das gesamte Gewicht des Fahrzeugs liegt auf diesen Federn, die dadurch gespannt sind. Fährt ein Rad in ein Schlagloch, wird die Energie dieses Schlages zuerst von den Federn aufgenommen und nicht direkt an das Fahrzeug weitergegeben. Ohne weitere Hilfsmittel würden die Federn nun schwingen und das Fahrzeug auf- und abhüpfen lassen. Mit Öl gefüllte Zylinder, die Stoßdämpfer, verlangsamen daher die Federbewegung und verhindern das Hüpfen.

1 Aufdruck auf einer Glühlampe

3 Typenschild eines Elektrogerätes

1.8 Elektrische Leistung

Auf Glühlampen und elektrischen Geräten findest du ein Typenschild, das die elektrische Spannung angibt, bei dem das Gerät betrieben werden darf. Außerdem wird auch immer die **elektrische Leistung** in **Watt (W)** angegeben. Eine typische Glühlampe darf zum Beispiel bei einer maximalen Spannung von 230 Volt betrieben werden und hat eine elektrische Leistung von 60 Watt.

Leistung, Spannung, Stromstärke. Eine Glühlampe mit 100 Watt kann in einer bestimmten Zeit mehr elektrische Energie in Licht umwandeln als eine Glühlampe mit 25 Watt. Ihre elektrische Leistung ist also größer. Obwohl beide Lampen mit der gleichen Spannung von 230 Volt arbeiten, fließt durch eine Lampe mit höherer Leistung auch eine höhere Stromstärke. Es muss also ein Zusammenhang zwischen der **Spannung U**, der **Stromstärke I** und der **Leistung P** bestehen. Es gilt:

$$\text{Leistung} = \text{Spannung} \cdot \text{Stromstärke}$$
$$P = U \cdot I$$
Beispiel $\quad 100\ \text{W} = 230\ \text{V} \cdot 0{,}44\ \text{A}$

Die elektrische Leistung wird in **Voltampere (VA)** gemessen. 1 VA entspricht 1 W (Watt).

Liegt an einer Glühlampe die Spannung von 1 Volt an und fließt ein Strom von 1 Ampere, nimmt die Glühlampe die elektrische Leistung von 1 Voltampere oder auch 1 Watt auf. Weitere Einheiten der Leistung sind **Milliwatt (mW)**, **Kilowatt (kW)**, **Megawatt (MW)** und **Gigawatt (GW)**:

1000 mW = 1 W
1000 W   = 1 kW
1000 kW = 1 MW
1000 MW = 1GW

Verbraucher	Elektrische Leistung
Glühlampe	0,5 – 1000 W
Föhn	1400 W – 2000 W
Fernseher	200 W
Computer	200 W – 400 W
Staubsauger	1200 W – 2000 W

4 Elektrische Leistung einiger Verbraucher

Merke:

- **Die elektrische Leistung ist das Produkt aus Spannung U und Stromstärke I.**
- **Es gilt die Formel: P = U • I**
- **Die Einheit der elektrischen Leistung P ist Voltampere (VA) oder Watt (W).**

1 **Fragen zum Text: a)** Erläutere den Unterschied zwischen einer Glühlampe mit 40 W und einer Glühlampe mit 100 W.
b) Wie kann man die elektrische Leistung berechnen?

2 Zwei Lampen im Vergleich

1 Wer leistet mehr?

★ 1.9 Mechanische Leistung

Hebst du eine 100 Gramm-Tafel Schokolade mit der Gewichtskraft von 1 Newton um 1 Meter an, erhält die Tafel Schokolade die Energie von **1 Newton-meter (Nm)** oder **1 Joule (J)**. Wenn du das in einer Sekunde schaffst, dann leistest du **1 Newtonmeter pro Sekunde (Nm/s)** oder **1 Watt (W)**.

Alex und Erik heben Kisten mit Wasser auf die Ladefläche eines LKWs. Dabei erhalten die Kisten Lageenergie. Wenn jeder fünf Kisten auf die Lade-fläche gehoben hat, haben beide gleich viel Ener-gie übertragen. Eine Wasserkiste wiegt 15 kg. Das entspricht der Gewichtskraft von etwa 150 Newton (N). Die Höhe der Ladefläche beträgt 1,5 Meter.

Wir berechnen die Energie, die Alex und Erik den fünf Wasserkisten zuführen:

Gesamtgewichtskraft: 5 Kisten • 150 N = 750 N

$$\begin{aligned} \text{Kraft} \cdot \text{Weg} &= \text{Energie} \\ \text{Gewichtskraft} \cdot \text{Höhe} &= \text{Energie} \\ F_G \cdot s_h &= W \\ 750\,\text{N} \cdot 1{,}5\,\text{m} &= 1125\,\text{Nm (oder auch J)} \end{aligned}$$

Die Energie von 1125 J ist jetzt als Lageenergie gespeichert. Erik braucht für das Heben von fünf Kisten 30 Sekunden Hebezeit, Alex benötigt 50 Se-kunden. Erik hat daher eine größere **mechanische Leistung** erbracht als Alex. Die mechanische Leistung wird genau wie die elektrische Leistung mit dem Formelzeichen **P** abgekürzt.

Wir berechnen, wie viel Energie Erik und Alex die beiden pro Sekunde jeweils umsetzen.

$$\frac{\text{umgewandelte Energie}}{\text{Zeit}} = \text{mechanische Leistung}$$

$$\frac{W}{t} = P$$

Erik: $\dfrac{1125\,\text{Nm}}{30\,\text{s}} = 37{,}5\,\dfrac{\text{Nm}}{\text{s}} = 37{,}5\,\text{W}$

Alex: $\dfrac{1125\,\text{Nm}}{50\,\text{s}} = 22{,}5\,\dfrac{\text{Nm}}{\text{s}} = 22{,}5\,\text{W}$

Je mehr Energie du in einer bestimmten Zeit um-wandeln kannst, desto mehr leistest du. Die Leis-tung hängt also von der **Energiemenge W** und der dazu benötigten **Zeit t** ab.

> **Merke:**
> - Die Masse von 100 Gramm entspricht der Gewichtskraft von 1 Newton.
> - Es gilt die Formel: Energie = Kraft • Weg
> - Leistung ist umgewandelte Energie pro Zeit und wird mit dem Zeichen P abgekürzt.
> - Die Einheit der mechanischen Leistung ist $\dfrac{\text{Nm}}{\text{s}}$ oder W.

1 **Fragen zum Text: a)** Wie lauten die Einheiten der Leistung?
b) Wovon hängt die Leistung ab?
c) Wie berechnest du die mechanische Leistung?

2 Alex benötigt 40 Sekunden, um fünf 20 Kilo-gramm schwere Kisten auf eine 1,20 Meter hohe Ablage zu stellen. Berechne seine Leistung.

3 Thomas bewältigt bei einer Bergwanderung ei-nen Höhenunterschied von 600 Metern. Dazu benötigt er 4 Stunden. Er trägt einen Rucksack mit 12 Kilogramm.
a) Was kannst du mit diesen Angaben berechnen?
b) Führe die möglichen Berechnungen durch.

1 Jeder Haushalt hat einen Stromzähler

1.10 Die Energiemenge und ihre Einheiten

Strom kostet Geld. Zuhause haben wir jederzeit Strom zur Verfügung. Einfach den Föhn in die Steckdose stecken, anstellen und schon haben wir warme Luft, um unsere Haare zu trocknen. Doch der Strom ist nicht kostenlos, für elektrische Energie müssen wir zahlen. Energieversorgungsunternehmen messen die Menge der Energie, die ihre Kunden genutzt haben. Dazu ist in jedem Haushalt ein **Stromzähler** angebracht.

Stromzähler. Du kannst am Stromzähler selbst ablesen, wie viel Energie euer Haushalt benötigt. Im Stromzähler sitzt eine Drehscheibe mit einer roten Markierung. Sobald ein Gerät eingeschaltet wird, beginnt sich die Scheibe zu drehen. Sie dreht sich umso schneller, je mehr elektrische Energie im Haus genutzt wird. Die Drehscheibe ist mit einem Zählwerk verbunden, auf dem man die genutzte Energiemenge ablesen kann.

Die Angabe $75 \frac{U}{kWh}$ auf dem Typenschild besagt, dass nach 75 Umdrehungen (U) der Drehscheibe die Energiemenge von **1 Kilowattstunde (kWh)** geflossen ist. Die Stromzähler in großen Industriebetrieben oder Kraftwerken rechnen dagegen in größeren Einheiten wie **Megawattstunde (MWh)** oder **Gigawattstunde (GWh)**. Einmal im Jahr lesen die Energieversorgungsunternehmen die genutzte Energiemenge ab und stellen sie in Rechnung. Der Preis für 1 Kilowattstunde Energie beträgt zurzeit etwa 20 Cent.

Von der Wattsekunde zur Kilowattstunde. Leuchtet eine 100 W-Glühlampe eine Stunde lang, nutzt man die Energiemenge von 100 Watt mal 3600 Sekunden, also 360 000 **Wattsekunden (Ws)** oder **Joule (J)**. Die Einheit Wattsekunde ist jedoch zu klein, um sie mit Geld zu bezahlen. Wattsekunden werden daher in Kilowattstunden oder auch Kilojoule umgerechnet:

$$1000 \text{ Ws} = 1 \text{ kWs} = 1000 \text{ J} = 1 \text{ kJ}$$

Eine Stunde ist 3600 Sekunden lang, 3600 Ws ergeben also 1 Kilowattstunde (kWh). Nun lässt sich auch leicht berechnen, wie lange die 100 W-Glühlampe mit der Energie von 1 Kilowattstunde leuchten kann: 100 W = 0,1 kW. Die Lampe benötigt also 0,1 Kilowatt, um 1 Stunde zu leuchten.

$$1 \text{ kWh} = 0,1 \text{ kW} \cdot x \text{ h} \Downarrow x \text{ h} = \frac{1 \text{kWh}}{0,1 \text{kW}} = 10 \text{ h}$$

Die Lampe leuchtet 10 Stunden für 1 kWh.

Merke:

- **Energieversorgungsunternehmen messen die elektrischen Energie in der Einheit Kilowattstunde (kWh).**
- **Weitere Einheiten sind Wattsekunden (Ws), Joule (J), Kilojoule (kJ), Megawattstunde (MWh) und Gigawattstunde (GWh).**
- **Stromzähler zählen die im Haushalt genutzte Energie.**

1 **Fragen zum Text: a)** Wozu braucht man einen Stromzähler?
b) In welcher Einheit wird der Wert beim Stromablesen notiert?
c) Wie kann man die Wattsekunde in Kilowattstunden umrechnen?

2 Schließe eine Kochplatte über einen Stromzähler an das Stromnetz an. Fülle Wasser in den Topf, schalte die einzelnen Stufen für die Kochplatte jeweils für eine Minute ein und beobachte dabei die Zählscheibe. Was stellst du fest?

Exkurs E

So sieht eine Stromrechnung aus

Einmal im Jahr erhält jeder Haushalt eine Stromrechnung. Sie listet die jährlich genutzte Energie auf, die als „Verbrauch" bezeichnet wird. Man zahlt nun aber nicht die ganze Summe auf einmal: Der Stromanbieter berechnet auf Grund der Vorjahresrechnung den voraussichtlichen Energiebedarf und stellt eine monatliche Abschlagszahlung in Rechnung. Am Ende des Jahres wird in der Endabrechnung überprüft, ob man zu viel oder zu wenig gezahlt hat. Wer zu viel gezahlt hat, also

weniger Energie als angenommen genutzt hat, bekommt eine Gutschrift und muss im nächsten Jahr weniger zahlen. Wenn zu viel Energie genutzt wurde, muss eine Nachzahlung geleistet werden und die Abschlagszahlungen werden höher.

1 Lasse dir von deinen Eltern eine Stromrechnung zeigen und lese ab, wie viel Kilowattstunden euer Haushalt im Jahr genutzt hat.

2 Herr Mustermann muss 28,52 € nachzahlen. Warum?

Datumsangabe und Abrechnungszeitraum geben dem Kunden die Auskunft, wann er die Energie genutzt hat.

Der Vergleich zum Vorjahr gibt dem Kunden einen Überblick über seine genutzte Energie. Er kann damit einschätzen, ob er sparsamer oder eher verschwenderisch mit der Energie umgegangen ist.

Seite 3, 01. 02. 2008 – Ihr Vertragskonto 12345678901234567890

Berechnungsnachweis zur Rechnung vom 01.02.2008
Rechnungsnummer 624 000 198 392, Abrechnungszeitraum 01.01.2007 bis 31.12.2007

Verbrauchsstelle: Musterstr. 13, 12345 Musterhausen, Heinrich Mustermann

Ihre Verbrauchsübersicht:	**Jahr 2006**	Verbrauch	Tage	**Jahr 2007**	Verbrauch	Tage
	Eintarif	2.372 kWh	365	Eintarif	2.544 kWh	365

Daten aus Messung und Ablesung
Zahlpunkt: DE00001234R1D0000000023456000
Zahler: 176 108 (Eintarif)

Art	Zeitraum	Tage	Zählerstand alt/neu	Differenz	= Menge kWh
3	01.01.07 bis 31.12.07	365	178707,5 / 181251,2	2.543,7	= 2.544,0

Abrechnung aus Messwerten

Abrechnungsgrundlage: (Avanza)

Arbeitspreis (01.01.2007 bis 31.12.2007)	13,98 Ct/kWh x 2.544 kWh	=	355,65 €
Grundpreis (01.01.2007 bis 31.12.2007)	Jahresbetrag	=	100,92 €
Abrechnungsbetrag netto			456,57 €
19,0 % Umsatzsteuer			86,75 €
Abrechnungsbetrag Brutto			**543,32 €**

Die genutzte Energie bezeichnen die Stromanbieter fälschlicherweise als „Verbrauch". Hier sind die genutzten Kilowattstunden als Differenz der Zählerstände aufgelistet.

Der Strompreis pro Kilowattstunde in Cent ist hier ohne die Mehrwertsteuer von 19 % angeführt. Mit der Mehrwertsteuer kostet 1 kWh 16,6362 Cent.

Zur genutzten Energie ist noch eine Gebühr für den Stromanschluss zu zahlen, der sogenannte Grundpreis. Er ist je nach Tarif unterschiedlich.

Folgende Abschlagsbeiträge haben wir von Ihnen erhalten:	
Abschlag Januar / Februar	85,80 €
Abschlag März / April	85,80 €
Abschlag Mai / Juni	85,80 €
Abschlag Juli / August	85,80 €
Abschlag September / Oktober	85,80 €
Abschlag November / Dezember	85,80 €
Erhaltene Abschlagszahlung insgesamt	**514,80 €**

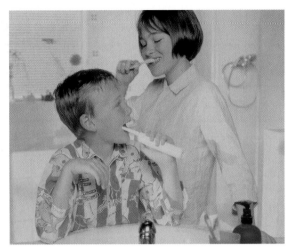

1 Zähne putzen mit elektrischer Energie

1.11 Was hat Energie mit Leistung zu tun?

Leistung und Betriebsdauer. Eine elektrische Zahnbürste reinigt die Zähne nicht nur gründlich, sondern auch bequem. Die Arbeit, die der Mensch bei einer herkömmlichen Zahnbürste aufwenden muss, übernimmt ein Elektromotor, der den Bürstenkopf antreibt. Dazu benötigt man elektrische Energie. Je länger das Gerät in Betrieb ist, desto mehr Energie benötigt man. Der Energiebedarf hängt also von der **Betriebsdauer** ab.

Unterschiedliche Leistung. Zum täglichen Ritual im Bad gehört auch das Föhnen der Haare. Ein Föhn mit 1000 W hat aber eine wesentlich höhere Leistung als eine elektrische Zahnbürste mit der Leistung von 10 W. Betreibt man den Föhn genauso lang wie die elektrische Zahnbürste, benötigt er 100-mal mehr Energie als die Zahnbürste. Die benötigte elektrische

---

Mit der Energie von 1 Kilowattstunde kannst du ...

← 1 Stunde lang die Haare föhnen
← 10,8 Liter Wasser zum Kochen bringen
← Eine 100 Watt-Glühlampe 10 Stunden brennen lassen
← 12 Stunden fernsehen
← 3 Stunden am Computer arbeiten

Energie hängt also von der **Leistung** des Gerätes und der Betriebsdauer, also der **Zeit** ab. Daraus lässt sich diese Formel bilden:

$$\text{Energie} = \text{Leistung} \cdot \text{Zeit}$$
$$W = P \cdot t$$

Beispielaufgabe. Für drei Minuten föhnen benötigt man also folgende Energie:

$$W = 1000\ W \cdot 180\ s = 180\,000\ Ws \quad \text{oder}$$
$$W = 1\ kW \cdot 0,05\ h = 0,05\ kWh$$

Für drei Minuten Zähneputzen heißt das:

$$W = 10\ W \cdot 180\ s = 1800\ Ws \quad \text{oder}$$
$$W = 0,01\ kW \cdot 0,05\ h = 0,0005\ kWh$$

Merke:

- **Die benötigte Energie hängt von der Betriebszeit ab.**
- **Die benötigte Energie hängt von der Leistung des Gerätes ab.**
- **Die Energie W ist Leistung P mal Zeit t.**

---

1 Fragen zum Text: a) Aus welchen Größen errechnet sich die elektrische Energie? Gib die Formel an.
b) Woran erkennst du, wie viel Energie ein Gerät verbraucht?

2 a) Wie lange kann ein 200 Watt-Strahler leuchten, bis er die Energie von 1 kWh genutzt hat?
b) Wie teuer ist es, einen Topf mit Wasser auf einer Herdplatte mit 2500 Watt 10 Minuten lang zu erhitzen? Die Kilowattstunde kostet 20 Cent.

3 a) Ermittle zuhause die Leistungen einiger Haushaltsgeräte. Lege dazu eine Tabelle an.
b) Berechne, wie lange du die Geräte jeweils betreiben kannst, bis sie die Energie von 1 kWh genutzt haben.

Messen mit dem Energiemessgerät

Energiesparen schont den Geldbeutel. Fernseher, Stereoanlage, DVD-Player – viele Geräte in unserem Haushalt sind nie richtig ausgeschaltet und laufen immer betriebsbereit im Stand-by-Betrieb. Doch auch im Stand-by-Betrieb fließt weiterhin Strom durch die Geräte. Im privaten Haushalt könnten jährlich zwischen 50 € und 120 € Stromkosten gespart werden, wenn diese Geräte vollständig ausgeschaltet werden.

Energiesparen entlastet die Umwelt. Vielen Menschen ist gar nicht bewusst, dass auch bei der Erzeugung von elektrischer Energie viele Abgase entstehen. Jede erzeugte Kilowattstunde produziert im Schnitt 0,6 Kilogramm Kohlenstoffdioxid – das entspricht einem Volumen von 300 Litern, die in unsere Umgebungsluft abgegeben werden.

1 Energiemessgerät

V1. Dem Stand-by-Betrieb auf der Spur

Material: Energiemessgerät; Geräte mit Stand-by-Betrieb.
Durchführung: Schließe die Geräte jeweils über das Energiemessgerät an das Stromnetz an und lasse sie eine Stunde im Stand-by-Betrieb laufen.
Aufgaben: a) Erstelle eine Tabelle: Wie viel Energie benötigt jedes Gerät im Stand-by-Betrieb innerhalb einer Stunde?
b) Ermittle den Energiebedarf der Geräte für ein Jahr, wenn sie täglich 24 Stunden im Stand-by-Betrieb laufen.
c) Ermittle die Gesamtkosten für den Stand-by-Betrieb der Geräte in eurem Haushalt.

2 Verschiedene Lampen

V2. Glühlampen und Sparlampen

Glühlampen wandeln 95 % der genutzten Energie in Wärme um. Nur 5 % erzeugen Licht. Energiesparlampen benötigen 20 % weniger Energie und leben bis zu 8-mal länger.

Material: Energiemessgerät; 11 W-Energiesparlampe; 60 W-Glühlampe.
Durchführung: Messe jeweils vier Stunden lang die benötigte Energie einer 60 W-Glühlampe und einer 11 W-Sparlampe.
Aufgaben: a) Beschreibe das Versuchsergebnis. Wie viel Energie kann im Jahr eingespart werden?
b) Liste auf: Welche Glühlampen können bei dir zu Hause durch Sparlampen ersetzt werden?

V3. Wasserkochen

Material: Energiemessgerät; verschiedene Geräte zum Wasserkochen; Stoppuhr.
Durchführung: Schließe an jedem Gerät ein Energiemessgerät an und bringe jeweils 0,5 Liter Wasser zum Kochen. Messe auch die Zeit, die das Gerät dazu benötigt.
Aufgabe: a) In welcher Zeit bringen die einzelnen Geräte das Wasser zum Kochen und wie viel Energie benötigen sie dazu?
b) Überlege dir, warum es sinnvoll ist, nur die benötigte Wassermenge zu erhitzen.

Trainer · Trainer · Trainer · Trainer · Trainer · Trainer · Trainer · Trainer · Trainer

1 Nenne Energieträger, die unseren Körper mit Energie versorgen.

2 In welchen Einheiten wird Energie gemessen?

3 Welche Energieformen gibt es? Zähle auf!

4 Energie wird umgewandelt. Welche Energieformen treten hier beim Skater in der Halfpipe auf? Beschreibe die Umwandlung der Energieformen.

5 Warum kann man die Sonne als den Ursprung aller Energiequellen bezeichnen?

6 ★ Erstelle ein Energieflussdiagramm von der Sonne bis zur leuchtenden Glühlampe. Überlege dabei, welche Energieformen auf dem Weg von der Sonnenenergie zum elektrischen Licht nötig sind.

7 ★ Energieentwertung spielt in der Technik eine große Rolle. Wie versucht man bei Fahrzeugen die Energieentwertung möglichst klein zu halten? Überlege dir mehrere Möglichkeiten.

8 Nenne einzelne Bauteile eines Verbrennungsmotors.

9 ★ Welche Energiearten spielen beim System „Kraftfahrzeug" eine Rolle? Zähle auf.

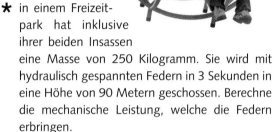

10 ★ Diese Kugel in einem Freizeitpark hat inklusive ihrer beiden Insassen eine Masse von 250 Kilogramm. Sie wird mit hydraulisch gespannten Federn in 3 Sekunden in eine Höhe von 90 Metern geschossen. Berechne die mechanische Leistung, welche die Federn erbringen.

11 a) Was ist elektrische Leistung?
b) Nenne die beiden Größen, aus denen sie berechnet wird, die Formel und die Einheit der elektrische Leistung.

12 Durch einen Halogenstrahler mit 12 V fließt ein Strom von 2,92 A. Was kannst du aus diesen beiden Werten berechnen? Berechne.

13 ★ Warum ist der Begriff „Stromzähler" eigentlich falsch? Wie müsste dieses Gerät richtig heißen?

14 a) Was ist der Unterschied zwischen elektrischer Energie und elektrischer Leistung?
b) Wie berechne ich die Leistung aus der Energie?
c) Wie berechne ich die Energie aus der Leistung?

15 Viele Energieversorger werben mit der Aussage „Sauberer Strom". Was meinen sie damit?

16 Nenne Möglichkeiten, elektrische Energie zu sparen.

Auf einen Blick

- Die Sonne ist die Quelle aller Energieformen auf der Erde.

- Unser Körper nimmt die benötigte Energie in Form von Fetten, Kohlenhydraten und Eiweiß auf.

- Energie tritt in verschiedenen Formen auf: Mechanische Energie, elektrische Energie, thermische Energie, Strahlungsenergie und chemische Energie.

- Energieformen können in eine andere Energieform übergehen. Dabei können wir sie nutzen.

- Wird Energie in Wärme umgewandelt, die wir nicht mehr nutzen können, spricht man von Energieentwertung.

- Verbrennungsmotoren wandeln die chemische Energie des Treibstoffes zuerst in Wärme um, die dann im Motor Bewegungsenergie erzeugt.

- Die Einheit der elektrischen Energie ist die Wattsekunde (Ws) oder die Kilowattstunde (kWh).

- Die elektrische Energie W ist die Leistung P mal der Zeit t.
$$W = P \cdot t$$

- Die mechanische Energie W ist die Kraft F mal den Weg s.
$$W = F \cdot s$$

- Die Leistung P ist umgewandelte Energie pro Zeit. Wird dieselbe Energie in weniger Zeit umgesetzt, ist die Leistung höher.
$$P = \frac{W}{t}$$

- Die Einheit der Leistung P ist Watt (W) oder Kilowatt (kW).

- Elektrische Leistung ist das Produkt aus Spannung U und der Stromstärke I.
$$P = U \cdot I$$

Die Größen Energie, Leistung und Zeit hängen zusammen:

	Bezeichnung	Wortgleichung	Gleichung	Einheiten
Energie	W	Leistung mal Zeit	$W = P \cdot t$	Ws, kWh, Nm, J
		Kraft mal Weg (Höhe)	$W = F_G \cdot s_h$	
Leistung	P	Spannung mal Stromstärke	$P = U \cdot I$	W, kW
		Energie pro Zeit	$P = \frac{W}{t}$	
Zeit	t	Energie durch Leistung	$t = \frac{W}{P}$	s, h

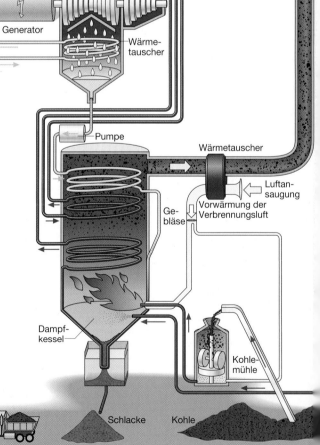

Hochspannungsleitungen

Trafo

Nebel

Fein gemah-
lene Kohle wird in
den Verbrennungsofen des
Kraftwerks geblasen und dort mit
Luftsauerstoff verbrannt. Dabei entstehen
Rauchgase mit einer Temperatur von über
1500 °C. Diese steigen auf, lassen Wasser verdampfen und erhitzen den *Wasserdampf* auf über
500 °C. Der Wasserdampf steht unter hohem Druck
und strömt durch Rohrleitungen zu den *Turbinen*.

Der komprimierte Dampf treibt die mehrstufigen
Turbinen an und versetzt diese in eine *Drehbewegung*. Die rotierende Turbine überträgt ihre
Bewegung auf einen *Generator*, der die Drehbewegung in elektrische Energie umwandelt.
Sie fließt zum *Transformator*, der die Spannung
zunächst auf 380 000 V erhöht. Über *Hoch-*

Turbinen

Wärme-
tauscher

Kühlturm   Generator

Pumpe

Pumpe   Wärmetauscher

Luftan-
saugung

Ge-
bläse   Vorwärmung der
Verbrennungsluft

➡ Täglich verwendest du deinen Computer oder
andere Elektrogeräte. Dazu steckst du einfach
den Stecker in die Steckdose oder betätigst den
Einschaltknopf – und schon funktioniert alles.
Woher aber kommt eigentlich diese Energie?

2. Energieumwandlung
   im Kraftwerk

2.1 So arbeitet ein Wärmekraftwerk

Kohlekraftwerke sind Energiewandler. Im Kohlekraftwerk wird die **chemische Energie** der Kohle zunächst
in **Wärme** (thermische Energie) umgewandelt, dann
in **Bewegungsenergie** (kinetische Energie)
und diese schließlich in
Elektrizität, also **elektrische Energie.**

Dampf-
kessel

Kohle-
mühle

Schlacke   Kohle

spannungsleitungen gelangt der elektrische Strom in *Umspannwerke* in der Nähe der Wohnorte. Dort wird die Spannung auf 230 V transformiert und gelangt dann in die Haushalte.

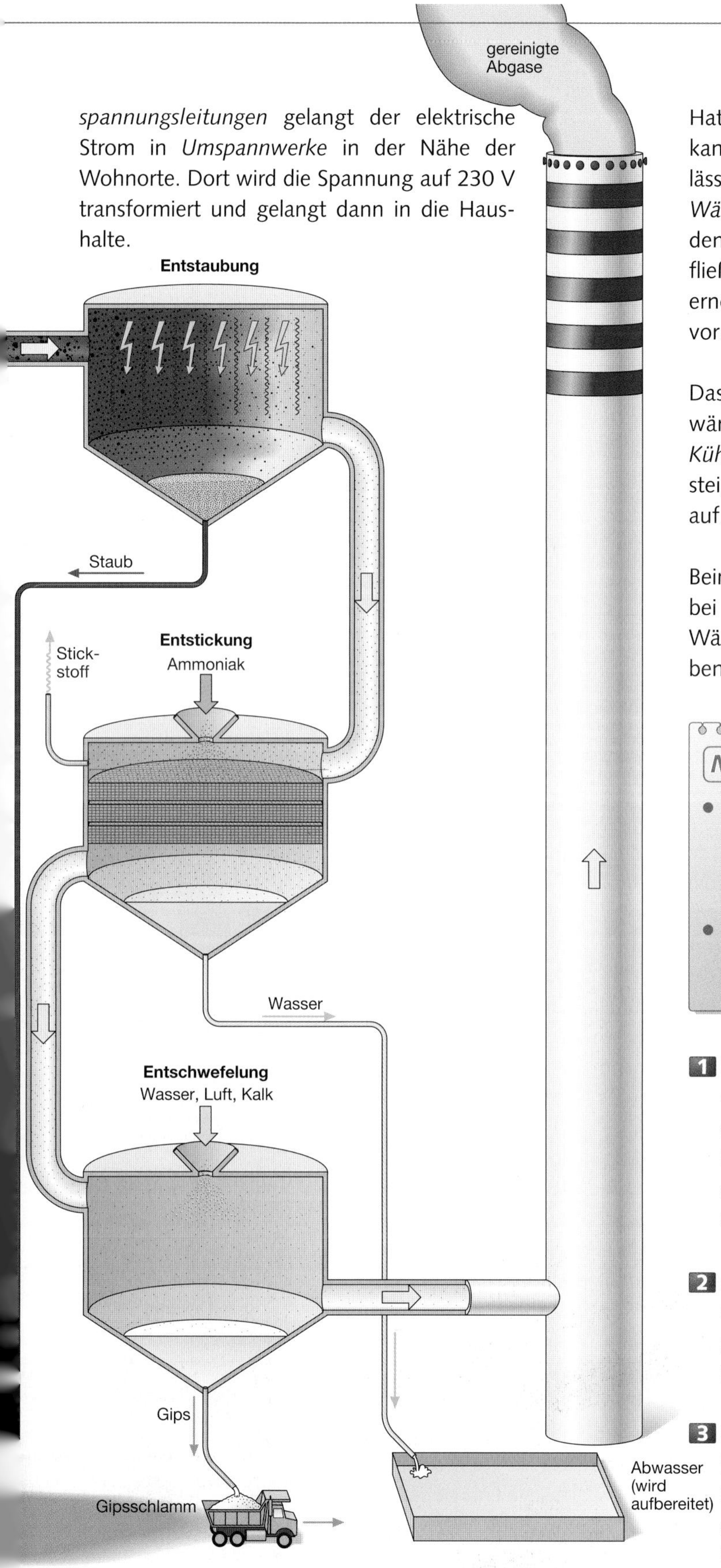

Entstaubung

Staub

Stickstoff

Entstickung
Ammoniak

Wasser

Entschwefelung
Wasser, Luft, Kalk

Gips

Gipsschlamm

gereinigte Abgase

Abwasser (wird aufbereitet)

Hat der Dampf die Turbine angetrieben, kann er sich ausdehnen und sein Druck lässt nach. Der Dampf gelangt in einen *Wärmetauscher*. Hier kühlt er ab und kondensiert wieder zu Wasser. Das Wasser fließt zurück in den Dampfkessel und wird erneut erhitzt. Der Kreislauf beginnt von vorn.

Das *Kühlwasser* im Wärmetauscher erwärmt sich und fließt zum Abkühlen in den *Kühlturm*. Dort wird es versprüht. Dabei steigen Nebelwolken aus dem Kühlturm auf.

Beim Abkühlen des Kühlwassers, aber auch bei der Nutzung der Rauchgase wird viel Wärme ungenutzt an die Umwelt abgegeben. Diese Wärme nennt man **Abwärme**.

Merke:

- **In einem Kohlekraftwerk wird die chemische Energie der Kohle über Wärme und Bewegungsenergie in elektrische Energie umgewandelt.**
- **Bei dieser Form der Umwandlung geht viel Wärmeenergie über Abwärme verloren.**

1 **Fragen zum Text: a)** Welche Energieumwandlungen finden in der Feuerung, in der Turbine und im Generator statt?
b) Wie wird aus Dampf Strom erzeugt?
c) Was ist Abwärme?

2 Moderne Kohlekraftwerke wandeln etwa 30 bis 40 % der chemischen Energie in Strom um. Was passiert mit der restlichen Energie?

3 Erkundigt euch nach Kohlekraftwerken in eurer Nähe und informiert euch über ihre technische Arbeitsweise. Gibt es eventuell Besonderheiten? Erstellt eine Übersicht.

2.2 Energieträger im Überblick

Fossile Energieträger. Kohle, Erdöl und Erdgas sind aus pflanzlichen und tierischen Überresten entstanden. Sie stehen uns nur in begrenztem Umfang zur Verfügung, da sie sich in menschlichen Zeiträumen nicht erneuern können. Durch die Verbrennung von fossilen Energieträgern entstehen Luftverschmutzungen und große Mengen an Treibhausgasen.

Kohle wird entweder als *Steinkohle* oder *Braunkohle* abgebaut. Steinkohle ist mit einem Brennwert von 36 MJ/kg hochwertiger als Braunkohle, deren

Brennwert durch ihren hohen Wasseranteil nur 25 MJ/kg beträgt. Steinkohle wird zur Stahlherstellung und Gewinnung von Energie in Kraftwerken eingesetzt, Braunkohle dient allein zur Verfeuerung in Kohlekraftwerken. Zum Heizen in Privatwohnungen hat Kohle heute ihre Bedeutung verloren.

Erdöl ist der derzeit wichtigste Rohstoff der modernen Industriegesellschaften. Er ist der Treibstoff fast aller Verkehrs- und Transportmittel. Der Brennwert beträgt 42 MJ/kg. Da viele Lagerstätten in der politisch unsicheren Golfregion liegen, ist der Zugang nicht immer gewährleistet. Auch die Ausbeutung der Lager ist energieaufwändig und durch Transportrisiken wie Tankerunfälle für die Umwelt sehr problematisch.

Erdgas wird häufig in Gasturbinenkraftwerken eingesetzt. Diese Anlagen werden vor allem zur Deckung von Spitzenlast verwendet, da die dort

genutzten Gasturbinen eine hohe Schnellstartfähigkeit besitzen und daher als Betriebsreserve für die weniger schnell einsetzbaren Dampfkraftwerke dienen. Erdgas wird auch immer häufiger zum Heizen eingesetzt und seit einigen Jahren verstärkt als Kraftstoff für Kraftfahrzeuge verwendet. Der Brennwert liegt bei 32 MJ/kg.

Erneuerbare Energieträger. Erdwärme, Wasser, Wind und Sonne sind Energieträger, die nach menschlichen Maßstäben unerschöpflich sind. Sie sind umweltfreundlich, weil bei ihrer Nutzung keine zusätzlichen Treibhausgase wie Kohlenstoffdioxid freigesetzt werden.

Solarenergie gelangt von der Sonne als Strahlung zur Erde und ist über Hunderte von Jahren annähernd konstant. Sie kann fast überall genutzt werden. Dazu gibt es derzeit zwei Techniken: *Sonnenkollektoren* erwärmen Wasser. Es wird entweder direkt genutzt oder treibt als Dampf Gasturbinen an und erzeugt auf diese Weise Strom. *Fotovoltaik-Anlagen* setzen Sonnenenergie direkt in elektrische Energie (Strom) um. Sonnenenergie kann allerdings noch nicht effektiv gespeichert werden.

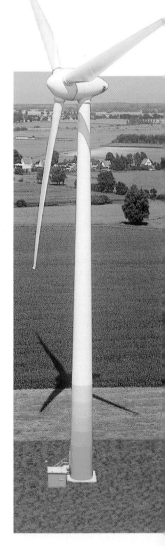

Windenergie wird seit Jahrtausenden als Antrieb für Segelschiffe und Windmühlen genutzt. In Windkraftanlagen wird die Bewegungsenergie des Windes in elektrische Energie umgewandelt. Die Bewegungsenergie der Windströmung versetzt den Rotor in eine Drehbewegung. Der Rotor treibt einen Generator an, der elektrischen Strom erzeugt.

Windenergieanlagen können in allen Klimazonen, auf See und auf dem Land eingesetzt werden. Da Wind aber nicht immer gleichmäßig weht, kann die mit Windenergieanlagen gewonnene elektrische Energie nur im Verbund mit anderen Energiequellen genutzt werden.

1 Energie aus Wasserkraft

2 Hier lässt sich Erdwärme hautnah erleben

Wasserkraft nutzt die Energie der Bewegung des abfließenden Wassers. Sie wird auf eine Wasserturbine übertragen. Der Generator wandelt die mechanische Energie dann in elektrischen Strom um. Wasserkraftanlagen bedeuten auch immer einen Eingriff in die Ökostruktur und können zu starken Beeinträchtigungen und Schäden in der Natur führen.

Bioenergie wird vor allem aus Holz oder Stroh, aber auch aus Algen gewonnen. Bei der Bildung von Biomasse nutzen Pflanzen die Energie der Sonnenstrahlung und speichern sie in Form von organischem Material. Wird die Biomasse verbrannt, setzt sie nur so viel Kohlenstoffdioxid frei, wie sie während ihres Wachstums gebunden hat.
Bioenergie kann allerdings nur in Kleinanlagen oder zur Abdeckung von Spitzenlasten eingesetzt werden. Weil für den Anbau von Biomasse große landwirtschaftliche Flächen erforderlich sind, hätte ein Ausbau der Bioenergie nicht nur ökologisch negative Auswirkungen, sondern würde auch die Anbaufläche von Nahrungsmitteln verringern.

Je tiefer man in den Erdboden bohrt, desto wärmer wird es. **Geothermie** nutzt diese Erdwärme. Dazu werden die heißen Wasservorräte in 2000 – 3000 m Tiefe entweder direkt verwendet oder man leitet Wasser in das etwa 200 °C heiße Tiefengestein ein. Das Wasser verdampft und treibt in Kraftwerken Turbinen an, die elektrischen Strom erzeugen.

Mit den Vorräten, die in den oberen 3 Kilometern der Erdkruste gespeichert sind, könnte der weltweite Energiebedarf theoretisch für über 100 000 Jahre gedeckt werden. Um diese Energie nutzen zu können, sind jedoch teure Bohrungen und aufwändige Anlagen erforderlich. Daher wird Geothermie derzeit vor allem in vulkanischen Gebieten verwendet.

> **Merke:**
>
> - Fossile Energieträger sind Kohle, Erdöl und Erdgas. Sie sind endlich und nicht erneuerbar.
> - Fossile Energieträger belasten bei der Verbrennung die Umwelt mit Kohlenstoffdioxid und tragen somit zur Erhöhung des Treibhauseffekts bei.
> - Erneuerbare Energieträger nutzen die Energie von Sonne, Wind, Wasser, Biomasse und Erdwärme.
> - Erneuerbare Energieträger setzen kein zusätzliches Kohlenstoffdioxid frei.

1 **Fragen zum Text: a)** Wodurch sind erneuerbare Energieträger gekennzeichnet?
b) Welche Merkmale haben fossile Energieträger?
c) Die Sonne scheint überall auf der Erde. Doch warum kann Solarenergie alleine die Energieprobleme der Menschheit nicht lösen?

2 Wie und wo sind Biogasanlagen sinnvoll?

3 Erkläre, warum auch erneuerbare Energieformen die Umwelt belasten können.

Exkurs

Kraftwerke mit Zukunft (1): Solarkraftwerke

Von kleinen Solarkochern, in denen man auch ohne Strom Wasser kochen kann, bis hin zu großen Sonnenkraftwerken, die für viele Haushalte Strom und Wärme liefern: Es gibt viele Verfahren die Energie der Sonneneinstrahlung auf der Erde zu nutzen. Dabei bietet die Sonnenenergie zwei Möglichkeiten: Entweder man verwendet die Wärme der Sonnenstrahlung oder nutzt das sichtbare Licht. Beide Verfahen benötigen viel Platz, helfen aber auch, in dünn besiedelten Gebieten oder Entwicklungsländern ohne Stromversorgung Energie und Wärme zu erzeugen.

In Kraftwerken, die auf Basis der *Sonnenwärme* funktionieren, werden Sonnenstrahlen mithilfe von gewölbten Spiegeln gebündelt. Die gebündelten Sonnenstrahlen erhitzen eine Flüssigkeit wie Wasser, Öl oder flüssiges Salz. Die heiße Flüssigkeit lässt wie in dem Dampfkreislauf eines Kohlekraftwerks Wasser verdampfen und über eine Turbine den Stromgenerator antreiben.

Eine Möglichkeit, die Sonnenstrahlen zu bündeln, sind *Parabolrinnen-Kollektoren*. Sie haben ein in der Brennlinie verlaufendes Absorberrohr, auf das die Sonnenstrahlen gebündelt werden. Die Kollektoren sind in Nord-Süd-Richtung angeordnet und verfolgen den Sonnenweg im Tagesverlauf von Ost nach West. Je nach Standort und Sonnenscheindauer können solche Anlagen einen Wirkungsgrad von 80 % erreichen!

Photovoltaikanlagen nutzen das *Sonnenlicht*, um Strom zu erzeugen. Die elektromagnetische Strahlung der Sonne fällt auf eine hauchdünne Solarzelle und löst dort einen Stromfluss aus. Die so gewonnene elektrische Energie kann entweder direkt verwendet oder in das öffentliche Stromnetz eingespeist werden. Mittlerweile werden Anlagen mit einer Spitzenleistung von mehreren Megawatt gebaut und betrieben.

2 Eine Solarzelle

Photovoltaik-Anlagen haben allerdings einen nur geringen Wirkungsgrad von bis zu 20 %. Auch die Herstellung der Solarzellen ist kostenintensiv. Sie ist ein komplizierter chemischer Prozess, der viel Energie benötigt. Im Gegensatz zu Sonnenkollektoren lohnen sie sich aber auch in sonnenärmeren Gebieten und haben geringere Wartungskosten.

3 Bei Leipzig wird die größte Photovoltaik-Anlage der Welt gebaut

1 Parabolrinnenkraftwerk in Kalifornien

Kraftwerke mit Zukunft (2): Geothermiekraftwerke

Energiequelle Geothermie. Unter der Erdoberfläche schlummert ein gewaltiges Energiepotenzial. 99 % der Erdmasse sind heißer als 1000 °C. Mit zunehmender Tiefe in der Erdkruste steigt die Temperatur an. Die Erdwärmereserven (Geothermie) sind praktisch überall vorhanden und nach menschlichen Maßstäben unerschöpflich. Trotzdem wurde diese Energiequelle bis heute kaum genutzt. Die Förderbedingungen waren zu schwierig, die Stromproduktion daher unwirtschaftlich. Durch neue Technologien könnten in Deutschland zukünftig alle Wohnungen mit Erdwärme geheizt werden.

Erdwärmeanlagen benötigen nur wenig Platz, da sich der größte Teil der Anlage unter der Erde befindet. Dazu ist die Erdwärmenutzung äußerst umweltfreundlich, es werden keine Abgase und auch kein klimaschädliches Kohlenstoffdioxid freigesetzt.

Tiefengeothermie. Im Durchschnitt beträgt die Temperaturerhöhung 35 - 40° C pro Kilometer Eindringtiefe. Besonders interessant sind aber Vulkangebiete wie zum Beispiel auf Island: Hier können die Temperaturen schon in geringer Tiefe mehrere hundert Grad betragen. Solche Lagerstätten werden weltweit zur Stromerzeugung genutzt.

Erdwärmesonden und *hydrothermale Systeme* sind zwei Möglichkeiten, die Erdwärme zu nutzen. Mithilfe von Erdwärmesonden wird eine Trägerflüssigkeit in den Erdboden geleitet, dort erhitzt und dann für die Erzeugung von Wasserdampf genutzt. Dieser kann dann über eine Turbine einen Stromgenerator antreiben.

Die hydrothermale Stromerzeugung nutzt das heiße Tiefenwasser direkt. Das Geothermie-Kraftwerk in Unterhaching bei München bezieht seine Energie aus 122 °C heißem Tiefenwasser aus über 3300 Meter Tiefe. Ein Teil des heißen Dampfes wird zur Stromerzeugung genutzt, die restliche Wärme heizt die Häuser des Ortes.

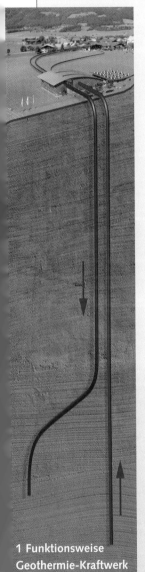

2 Geothermie-Kraftwerk in Unterhaching

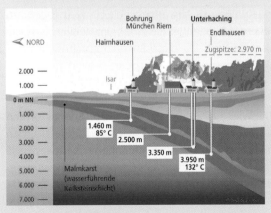

3 Geothermie in Bayern

1 Funktionsweise Geothermie-Kraftwerk

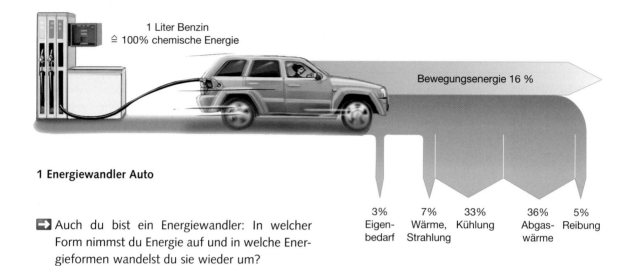

1 Liter Benzin
≙ 100% chemische Energie

Bewegungsenergie 16 %

1 Energiewandler Auto

3%	7%	33%	36%	5%
Eigen-bedarf	Wärme, Strahlung	Kühlung	Abgas-wärme	Reibung

➡ Auch du bist ein Energiewandler: In welcher Form nimmst du Energie auf und in welche Energieformen wandelst du sie wieder um?

2.3 Energieentwertung und Wirkungsgrad

Natürlich wäre es wünschenswert, wenn man die gesamte Energie, die im Kraftstoff als chemische Energie gespeichert ist, in mechanische Energie umwandeln könnte. Doch ein mechanisches System wie das Auto hat viele bewegte Teile, die Reibung erzeugen. Im Verbrennungsraum entsteht Wärme, die den Motorblock erhitzt und als heißes Abgas durch den Auspuff entweicht. Auch die Kühlung des Autos benötigt Energie, die anschließend entwertet ist.

Für die Fortbewegung des Autos werden nur 16 % der ursprünglichen Energie aufgewendet. Etwa 76 % der zugeführten Energie werden über Abgase und Kühlung als Abwärme an die Umwelt abgeführt, weitere 8 % benötigt das Auto, um Reibungsverluste auszugleichen. Da diese Energieformen nicht mehr nutzbar sind und für uns „keinen Wert mehr" haben, spricht man von **Energieentwertung.**

Oft wird die Umwandlung von Energieformen mit dem Verlust von Energie gleichgesetzt. Man spricht in diesem Zusammenhang beispielsweise von *Energieverbrauch, Energieverschwendung, Energiesparen* und *Energieverlust*. Diese Begriffe sind im physikalischen Sinn aber falsch, weil Energie nicht verbraucht oder vernichtet werden kann. Sie wird von einer nutzbaren in eine nicht mehr nutzbare

Energieform umwandelt. Die Summe der entwerteten und der genutzten Energie ist immer gleich der Energie, die in das System zugeführt wurde:

$$E_{\text{zugeführt}} = E_{\text{genutzt}} + E_{\text{entwertet}}$$

Dieser **Satz der Energieerhaltung** gilt für jeden Energiewandler.

Bei keiner Energieumwandlung wird die zugeführte Energie vollständig in die gewünschte Energieform umgewandelt. Je größer der Anteil der genutzten Energie ist, desto größer ist der **Wirkungsgrad** der Maschine. Abgekürzt wird er mit dem griechischen Buchstaben η (sprich: eta).

$$\text{Wirkungsgrad } \eta = \frac{\text{genutzte Energie}}{\text{zugeführte Energie}}$$

Hat zum Beispiel ein Wärmekraftwerk einen Wirkungsgrad von 0,42, heißt das: 42 % von den 100 % der zugeführten chemischen Energie wurden in die gewünschte elektrische Energieform umgewandelt. Häufig wird der Wirkungsgrad auch gleich als Prozentzahl angegeben. Die höchsten Wirkungsgrade werden mit der Umwandlung von mechanischer in elektrische Energie erzielt.

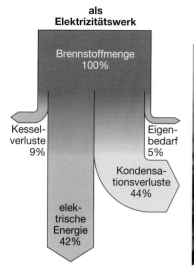

als
Elektrizitätswerk

Brennstoffmenge
100%

Kessel-
verluste
9%

Eigen-
bedarf
5%

Kondensa-
tionsverluste
44%

elek-
trische
Energie
42%

Wärmekraftwerk
1 kg Steinkohle
enthält 33 MJ Energie

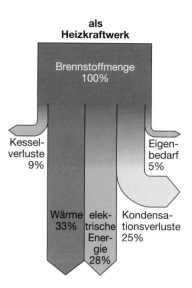

als
Heizkraftwerk

Brennstoffmenge
100%

Kessel-
verluste
9%

Eigen-
bedarf
5%

Wärme
33%

elek-
trische
Ener-
gie
28%

Kondensa-
tionsverluste
25%

1 Energiewandler Wärmekraftwerk

Kraft-Wärme-Kopplung. Heizkraftwerke mit Kraft-Wärme-Kopplung nutzen die bei der Stromerzeugung frei werdende Wärme auch zum Heizen und erhöhen so ihren Wirkungsgrad auf bis zu 70 %. Dabei erzeugen Heizkraftwerke aber weniger elektrische Energie als Elektrizitätswerke. In Elektrizitätswerken hat der Wasserdampf, nachdem er die Stromgeneratoren angetrieben hat, eine Temperatur von etwa 80 °C. Für die weitere Nutzung als Heizwärme ist das zu wenig, hierfür muss der Dampf etwa 130 °C heiß sein. Daher wird in Heizkraftwerken ein kleinerer Teil der Bewegungsenergie des Wasserdampfes für die Stromerzeugung verwendet.

Merke:

- **Genutzte Energie** ist der Anteil der zugeführten Energie, der den gewünschten Effekt erzeugt.
- **Entwertete Energie** ist der Anteil der zugeführten Energie, der nicht nutzbar ist.
- **Wirkungsgrad** η ist das Verhältnis von genutzter Energie zu zugeführter Energie.
- Der **Energieerhaltungssatz** besagt: Es geht keine Energie verloren. Energieformen werden ineinander übergeführt.

Energiewandler	ungefährer Wirkungsgrad
Glühlampe	5 %
Solarzelle	14 %
Leuchtstofflampe	20 %
Windenergieanlage	30 %
Kernkraftwerk	40 %
Kohlekraftwerk	42 %
Heizkraftwerk	61 %
Wasserkraftwerk	87 %
Trockenbatterie	90 %
Großer Elektromotor	93 %
Elektrogenerator	99 %
Tauchsieder	100 %

1 **Fragen zum Text: a)** Erkläre den Begriff „entwertete Energie".
b) „Mein Computer verbraucht viel zu viel Energie!" Was ist an diesem Satz falsch? Wie müsste er richtig heißen?
c) Was ist der Wirkungsgrad?
d) Wie arbeiten Kraftwerke mit Kraft-Wärme-Kopplung?

2 Welche Energieform steht am Ende einer Energieumwandlung?

3 Begründe, weshalb ein Tauchsieder einen Wirkungsgrad von 100% besitzt.

2.4 Rauchgasreinigung –
Die Chemiefabrik im Kohlekraftwerk

Fossile Brennstoffe erzeugen umweltbelastende Abgase. Bei der Verbrennung von fossilen Energieträgern entstehen umweltschädliche Abgase. Besonders in Kohlkraftwerken muss das entstehende Rauchgas von Staub, Stickstoffoxiden und Schwefeldioxid gereinigt werden. Dazu wird eine eigene Chemiefabrik benötigt, die größer und teurer ist als das eigentliche Kraftwerk. Die schädlichen Rauchgase werden in der Anlage so weit gereinigt, dass nur noch 2 % der ursprünglich im Rauchgas vorhandenen Schadstoffe in die Luft gelangen.

1 Modernes Kohlekraftwerk mit Rauchgasreinigung

Entstickung des Rauchgases. Im Kraftwerk entstehen bei der Verbrennung der Kohle Temperaturen um 1500 °C. Bei dieser Hitze reagieren die Luftbestandteile Stickstoff und Sauerstoff zu giftigen Stickstoffoxiden. In der Entstickungsanlage wird dem Rauchgas Ammoniak zugeführt. Mit Hilfe von

Katalysatoren reagieren die Stickoxide mit dem Ammoniak zu ungefährlichem Stickstoff und Wasserdampf. Pro Stunde werden hierzu 100 kg Ammoniak benötigt!

Entstaubung des Rauchgases. Kohle ist kein reiner Kohlenstoff und hat auch nicht brennbare Bestandteile. Die Abgase enthalten daher feine Staubteilchen. Der Staub wird in *Elektrofiltern* zurückgehalten. In einem elektrischen Feld mit einer Spannung von über 50 000 Volt laden sich die Staubteilchen mit Elektronen von der negativen Elektrode auf. Sie werden dadurch selbst negativ geladen und schlagen sich an der positiven Elektrode als Staub nieder. Pro Tag füllt der anfallende Staub 10 Lastkraftwagen! Dieser Staub wird vor allem in der Bauindustrie als Zuschlagstoff im Zement verwendet.

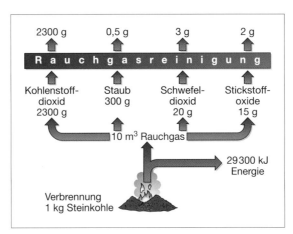

2 Rauchgasreinigung in einem Kohlekraftwerk. A Saubere Luft?; **B** Schema

Entschwefelung des Rauchgases. Oft enthält Kohle Schwefel oder Schwefelverbindungen, die man vor dem Verbrennen nicht abtrennen kann. Das bei der Kohleverbrennung entstehende Schwefeldioxid muss dann in einer *Rauchgasentschwefelungsanlage (REA)* entfernt werden. Dabei wird dem Rauchgas wässriger Löschkalk entgegengesprüht. Zusammen mit Luft reagiert der Kalk mit dem Schwefeldioxid zu Gips (Calciumsulfat). Da die Temperaturen höher als 100 °C liegen, verdunstet das Wasser und der Gips rieselt zu Boden. Pro Tag fallen auf diese Weise etwa 150 Tonnen trockener Gips an. Dieser REA-Gips wird im Baugewerbe, hauptsächlich in Form von Gipskartonplatten, verwendet. Durch das Auswaschen von Schwefeldioxid enthalten die gereinigten Abgase viel Wasserdampf, was am weißen Nebel über dem Schornstein zu erkennen ist.

> **Merke:**
> - **Bei der Verbrennung fossiler Brennstoffe in Kraftwerken entstehen umweltbelastende Abgase.**
> - **In Kohlekraftwerken wird das Rauchgas weitgehend von Stickoxiden (Entstickung), von Staub (Entstaubung) und von Schwefeldioxid (Entschwefelung) befreit.**

1 Fragen zum Text: a) Welche Schadstoffe entstehen bei der Verbrennung von Kohle im Kraftwerk?
b) Beschreibe das Verfahren zur Entfernung von Schwefeldioxid aus dem Rauchgas.
c) Über den Schornsteinen der Kohlekraftwerke sind oft dichte, weiße Nebel zu sehen. Woher können diese Nebel kommen?

2 Erkläre, weshalb die Entschwefelung nach der Entstaubung erfolgt und nicht umgekehrt.

Exkurs

Das CO$_2$-arme Kohlekraftwerk – nur Zukunftsmusik?

CO$_2$-frei? Teure Pläne für den Klimaschutz bei Kohlekraftwerken

Kohlekraftwerke pusten es jeden Tag tonnenweise in die Luft: Kohlenstoffdioxid, das Klimagas Nr. 1! Weitgehend „klimaneutral" sind angeblich Kohlekraftwerke, die Kohlenstoffdioxid nicht in die Luft blasen, sondern unterirdisch lagern. Was steckt dahinter?

Zeitungsnotiz vom 9. Februar 2008

Verbrennt man eine Tonne reinen Kohlenstoff, entstehen 3,7 Tonnen Kohlenstoffdioxid (CO$_2$). Kohlenstoffdioxid trägt zur Erwärmung der Erde bei. Die EU-Staaten wollen daher bis zum Jahr 2020 den Ausstoß von Kohlenstoffdioxid in Kraftwerken jährlich um 3 % senken. Um diese Ziele umzusetzen, muss entweder weniger CO$_2$ produziert werden oder man verhindert, dass einmal entstandenes CO$_2$ in die Atmosphäre gelangt. Eine Möglichkeit ist die Abtrennung und anschließende Lagerung von CO$_2$ in geeigneten Bodenschichten.

In Pilotprojekten wird die Kohle mit dem sogenannten Oxyfuel-Verfahren in einer Atmosphäre aus reinem Sauerstoff verbrannt. Dabei entstehen Wasserdampf und CO$_2$. Wasserdampf kondensiert und kann als Wasser abgeleitet werden. Das CO$_2$ dagegen wird verflüssigt und in unterirdische Lager gepresst. Was einfach klingt, ist aber teuer. Umweltschutzverbände kritisieren außerdem unkalkulierbare Risiken bei der Lagerung von Millionen Tonnen Kohlenstoffdioxid. „CO$_2$-frei" sind solche Kraftwerke übrigens nicht, bei der Verbrennung von Kohle entsteht zwangsläufig Kohlenstoffdioxid.

1 Abgasuntersuchung

➡️ Auf dem vorderen Kennzeichen jedes Autos befindet sich eine farbige Plakette. Erkundige dich, welche Bedeutung sie hat.

2.5 Abgasreinigung im Auto

Beim Verbrennen des Kraftstoffs im Automotor entstehen giftige Bestandteile wie *Kohlenstoffmonooxid* und *Stickstoffoxide,* in Dieselmotoren entsteht zusätzlich auch *Ruß.* Um die Umwelt zu schonen, gibt es daher bestimmte Abgaswerte, die nicht überschritten werden dürfen. Ob die Fahrzeuge die Werte auch tatsächlich einhalten, wird in regelmäßigen Abständen bei der *Abgasuntersuchung (AU)* untersucht. Sind die Werte in Ordnung, erhält das Auto eine Plakette auf das vordere Kennzeichen. Sie zeigt auch den Termin für die nächste Untersuchung an.

Katalysatoren sorgen für saubere Luft. Seit Mitte der 80er Jahre werden in Autos **Abgaskatalysatoren** eingebaut. Sie sind zwischen Motor und Schalldämpfer angebracht und bestehen aus einem Keramikkörper, der von vielen feinen Kanälen durchsetzt ist. Auf der Oberfläche dieser Kanäle befindet sich eine hauchdünne Schicht einer Platin-Rhodium-Legierung, der eigentliche Katalysator. Er wandelt Kohlenstoffmonooxid in Kohlenstoffdioxid und Stickstoffoxide in Stickstoff um. Dies funktioniert allerdings nur bei einem optimalen Kraftstoff-Luft-Gemisch im Motor. Dafür sorgt die *Lambdasonde (λ-Sonde),* die ständig die Zusammensetzung des Abgases prüft und die Daten an das Einspritzsystem meldet.

Partikelfilter vermindern Feinstaub. Moderne Dieselfahrzeuge sind mit *Rußpartikelfiltern* ausgestattet. Das Abgas durchströmt die winzigen Poren des Filters, die Rußteilchen bleiben hängen und brennen vollständig ab.

Vor allem in den Zentren der größeren Städte werden die Grenzwerte für den gesundheitsschädlichen Feinstaub immer wieder überschritten. Hierzu tragen neben anderen Verursachern vor allem auch ältere Kraftfahrzeuge bei. Deshalb haben eine Reihe von Städten *Umweltzonen* eingerichtet, die nur noch von Fahrzeugen mit entsprechenden Feinstaubplaketten befahren werden dürfen.

Merke:

- Beim Betrieb eines Verbrennungsmotors werden schädliche Stoffe freigesetzt.
- Katalysator und Rußpartikelfilter vermindern den Schadstoffausstoß.

1 Fragen zum Text: **a)** Gib an, welche Bedeutung die farbige Plakette auf dem vorderen Kennzeichen eines Kraftfahrzeugs hat.
b) Beschreibe, wo im Kraftfahrzeug der Katalysator eingebaut ist.
c) Zu welchen Stoffen werden die giftigen Gase Kohlenstoffmonooxid und Stickstoffdioxid umgesetzt?

2 Beschreibe die Aufgabe der Lambdasonde.

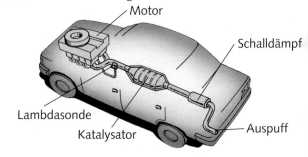

2 Abgaskatalysator und Lambdasonde

Trainer · Trainer · Trainer · Trainer · Trainer · Trainer · Trainer · Trainer · Trainer

1 Wie arbeitet ein Wärmekraftwerk? Erkläre den Aufbau und die Wirkungsweise.

2 Beschreibe den Unterschied zwischen fossilen und erneuerbaren Energieträgern. Nenne ihre Vor- und Nachteile.

3 Wie arbeitet ein Windkraftwerk? Erkläre Aufbau und Wirkungsweise.

4 Welche Kraftwerkstypen eignen sich, um in Zukunft große Mengen Energie zu erzeugen und somit die Grundlast zur Verfügung zu stellen?

5 Was versteht man unter Geothermie?

6 Wie ermittelt man den Wirkungsgrad einer Maschine?

7 Erkläre die Begriffe „zugeführte Energie", „genutzte Energie" und „entwertete Energie".

8 Erkläre, auf welche Weise die Schadstoffe Stickstoffoxid, Schwefeldioxid und Staub in einem Kohlekraftwerk entstehen.

9 Beschreibe, wie die entstehenden Stickstoffoxide in einem Kraftwerk unschädlich gemacht werden.

10 Welches im Kraftwerk entstehende Gas stellt trotz der Abgasreinigung ein großes Problem dar? Begründe.

11 Politiker möchten Autos nicht mehr nach dem Hubraum des Motors, sondern nach der Menge des ausgestoßenen Kohlenstoffdioxids besteuern. Nimm Stellung dazu.

Auf einen Blick

- In Wärmekraftwerken wird Wasser verdampft und in eine Turbine geleitet, die einen Generator antreibt.

- Fossile Energieträger sind Kohle, Erdöl und Erdgas. Sie sind endlich und nicht erneuerbar. Bei der Verbrennung belasten sie die Umwelt mit Kohlenstoffdioxid und tragen so zur Erhöhung des Treibhauseffekts bei.

- Erneuerbare Energieträger sind Sonne, Wind, Wasser, Biomasse, Erdwärme. Erneuerbare Energieträger setzen kein zusätzliches Kohlenstoffdioxid frei.

- Der Wirkungsgrad η ist das Verhältnis von genutzter Energie zu zugeführter Energie.

- Energieerhaltungssatz: Es geht keine Energie verloren; Energieformen werden ineinander übergeführt.

- Der Abgaskatalysator wandelt giftige Abgase wie Kohlenstoffmonooxid und Stickstoffoxide in die ungiftigen Gase Kohlenstoffdioxid und Stickstoff um.

1 Energie im Haushalt

- Eine vernünftige Raumtemperatur wählen:
  Wohn- / Arbeitsräume 20 °C
  Küche   18 °C
  Toilette   16 °C
  Schlafzimmer   17 °C
- Fenster nicht dauerhaft kippen. Besser kurze Zeit ganz öffnen und für kräftigen Durchzug sorgen.
- Heizkörpernischen gut isolieren.

3 Empfehlungen des Umweltbundesamts

3 Energie und nachhaltige Entwicklung

3.1 Energie im Alltag

„Es ist doch nicht zu fassen!" stöhnt Annas Vater. „Jetzt bezahlen wir schon über 1000 € im Jahr für den Strom, für die Heizung sogar 1300 €. Wir müssen sparen! Anna, du musst auch mithelfen!" Wie viel Energie benötigt man eigentlich im täglichen Leben?

Elektrischer Strom. Anna wird am nächsten Morgen vom Radiowecker aus dem Schlaf gerissen. Die 15 Wattstunden pro Tag sind nun nicht gerade viel. Nur 11 Wattstunden „kostet" die Zubereitung der morgendlichen Tasse Tee. Die Beleuchtung der Wohnung erfordert 250 Wattstunden und Annas morgendliche Dusche verbraucht immerhin 1100 Wattstunden. Du kannst diese Berechnungen selbst fortsetzen, wenn du die Zeit, die ein elektrisches Gerät in Betrieb ist, mit seiner elektrischen Leistung multiplizierst. Die Wattzahl ist auf dem Typenschild abgedruckt.

Sie wurden betreut von Lina Mustermann		Kundennummer 34200	Rechnungsnummer 2008/1/27822
Referenznummer	Lieferdatum 18. Januar 2008	Lieferscheinnummer 67847	Datum 19. Januar 2008
Zahlungsbedingungen Rechnung			
Artikel-Nr	Gegenstand	Menge	Einzelpreis	Gesamtpreis
S	Super-Heizöl	4866	0,5040 €	2.425,46 €
G	Gefahrgutzulage	1	12,9000 €	12,90 €

2 Heizen ist teuer

Heizung. Wenn die Heizung um ein Grad Celsius im Raum reduziert wird, können 6 % der Heizkosten eingespart werden. Dabei soll aber niemand frieren.

Umwelt. Wer weniger Energie im Haushalt aufwenden muss, spart Geld. Wer weniger Erdöl und Erdgas beim Heizen verbraucht, trägt dazu bei, dass diese kostbare Energiequelle länger zur Verfügung steht. Er entlastet auch die Umwelt von Abgasen.

Merke:

- **Der Energieeinsatz kann durch richtiges Verhalten deutlich verringert werden.**
- **Sparsamer Umgang mit Energie mindert die Kosten und schont die Umwelt.**

1 **Fragen zum Text: a)** Wie kann zuhause Strom gespart werden?
b) Woran erkennt man die Leistung eines elektrischen Gerätes?
c) Nenne Möglichkeiten zur Verringerung der Heizkosten.

2 Schreibe einen Aufruf zum Thema „Strom- und Heizkosten reduzieren" für die Schülerzeitung.

3 Suche nach weiteren Möglichkeiten, wie du selbst für einen geringeren Einsatz von Energie sorgen kannst.

1 Die Band JULI unterstützt Schüler beim Energiesparen in ihrer Schule

```
US-Dollar pro Barrel
100
 90    1 Barrel = 159 Liter
 80
 70
 60
 50
 40           Ölkrise
 30
 20
 10
  0
   1960   1970   1980   1990   2000   2010
```

3 Entwicklung des Rohölpreises

3.2 Energiesparen an der Schule

Energiepreise. Um ein so großes Gebäude wie eine Schule zu beheizen, für warmes Wasser zu sorgen, es zu beleuchten und die unterschiedlichsten Geräte mit Strom zu versorgen, ist viel Energie erforderlich. Die Kosten für Energie sind in den letzten zehn Jahren allerdings erheblich gestiegen. Die Energieträger werden knapp und der Preisanstieg des Rohöls hat auch den Preis für Heizöl in die Höhe getrieben. Daher müssen auch Schulen Energie sparen!

Aktueller Energieverbrauch. Eine Schule, die sparsamer mit Energie umgehen möchte, muss zunächst wissen, wie viel Energie sie eigentlich benötigt. Diese Zahlen erhält man bei der Stadt oder der Gemeinde, welche die Energiekosten der Schulen bezahlt.

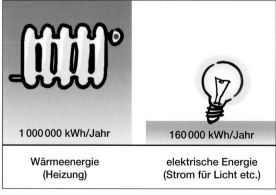

1 000 000 kWh/Jahr	160 000 kWh/Jahr
Wärmeenergie (Heizung)	elektrische Energie (Strom für Licht etc.)

2 Jahresverbrauch an Energie einer bayrischen Schule mit 500 Schülern

Modell fifty – fifty. Der größte Einspareffekt entsteht immer dann, wenn sich alle in der Schule so verhalten, dass Energieverschwendung vermieden wird. Viele Schulen haben tolle Ideen entwickelt, um den Einsatz von Energie zu vermindern. Um einen zusätzlichen Anreiz zu schaffen, verpflichten sich manche Städte oder Gemeinden sogar, die eingesparten Beträge der jeweiligen Schule zur Hälfte auszubezahlen. Eine Schule hat so insgesamt 16 500 € bekommen und konnte mit diesem Geld viele zusätzliche Schülerprojekte unterstützen. Das wurde nur erreicht, weil alle Schüler mit ihrem Verhalten zum sparsamen Einsatz von Energie beigetragen haben.

Merke:

- In einer Schule werden große Mengen an Energie für Heizung und Strom aufgewendet.
- Bei Energiesparmodellen wird die Schule finanziell beteiligt.

1 Fragen zum Text: a) Nenne die wichtigsten Bereiche für den Einsatz von Energie an einer Schule.
b) Wie hat sich der Preis für Rohöl von 1960 bis 2007 entwickelt?
c) Warum bietet das Modell fifty – fifty für die Schulgemeinschaft einen besonderen Anreiz?

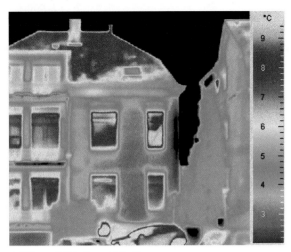

1 Wärmebild eines Schulhauses

2 Moderne Heizungsanlage

➡️ An welchen Stellen dringt besonders viel Wärme nach außen?

3.3 Den „Energiefressern" auf der Spur

Stromausfall. An einem eiskalten Januarmorgen kommt Anja in die Schule. Sie geht durch die Aula in das Treppenhaus und ihr fällt auf, dass sie kein warmer Luftschwall empfängt. Die Luft ist viel kühler als sonst. Eine Durchsage bringt die Aufklärung: Die Heizungsanlage ist in der Nacht ausgefallen, weil eine Stromleitung beschädigt wurde.

Im Verlauf des Schultages wird es immer kühler. Das Fenster neben Anjas Platz schließt nicht richtig und ständig zieht kalte Luft ins Klassenzimmer. Können die Handwerker das Stromkabel nicht bald reparieren, wird es in den Klassenzimmern zu kalt und der weitere Unterricht fällt aus. Doch gegen Mittag kommt die Nachricht, die nicht alle erfreut: Die Heizungsanlage funktioniert wieder.

Warum funktioniert in vielen Häusern die Heizung nicht, wenn der Strom ausfällt? Moderne Heizungsanlagen werden elektrisch gesteuert – ohne Strom fällt die Steuerung der Heizung aus. Die zuverlässige Versorgung mit Energie ist daher vor allem im Winter lebensnotwendig.

Heizung. Wie viel Energie benötigt eine Schule, um zu heizen? Die Energiemenge ist nicht nur von der Außentemperatur abhängig, sondern auch von der Größe der Schule, der Bauart und der Isolierung des Gebäudes sowie von der Regelung der Heizung. Im Durchschnitt benötigt eine Schule im Jahr etwa 200 Kilowattstunden pro Quadratmeter. Für eine mittelgroße Schule mit 500 Schüler bedeutet das Heizkosten von etwa 55 000 €. Heizungsanlagen sind also wahre „Energiefresser" an einer Schule.

Elektrischer Strom. Wie lässt sich eigentlich abschätzen, wie viel elektrische Energie in einem Klassenzimmer aufgewendet werden muss? Wie viel Strom benötigt man zum Beispiel für die Klassenzimmerbeleuchtung? Um ein Klassenzimmer zu beleuchten, werden in jeder Stunde 1000 Watt elektrische Energie aufgewendet. In einigen Klassenzimmern beleuchten Halogenstrahler die Tafeln, damit die Schrift gut lesbar ist. Das erfordert aber den zusätzlichen Einsatz von bis zu 200 Watt pro Stunde.

> **Merke:**
>
> • In der Schule wird elektrischer Strom in vielfältiger Weise eingesetzt.
> • Die meiste Energie wird in der Schule für die Heizung aufgewendet.

Elektrogeräte (Anschlusswerte in Watt)	Verbrauch im Jahr in Kilowattstunden
Kühlschrank (75)	240
Gefriergerät (90)	390
E-Herd (9000)	400
Spülmaschine (2000)	300

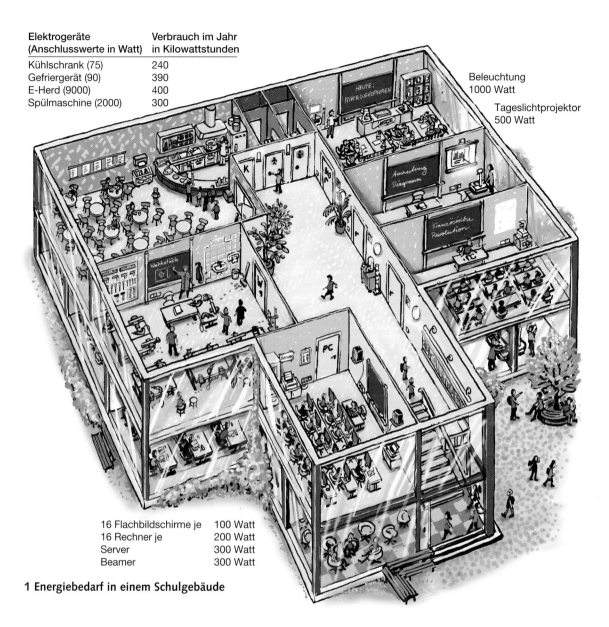

Beleuchtung
1000 Watt

Tageslichtprojektor
500 Watt

16 Flachbildschirme je	100 Watt
16 Rechner je	200 Watt
Server	300 Watt
Beamer	300 Watt

1 Energiebedarf in einem Schulgebäude

1 **Fragen zum Text: a)** Für welchen Bereich wird in einer Schule oft die meiste Energie eingesetzt? **b)** Was kann die Ursache für die Wärmeverluste im Klassenzimmer sein? **c)** Schreibe die „Stromfresser" in einer Schulcafeteria in der Reihenfolge ihres Energiebedarfs auf. Beginne mit dem Elektrogerät mit dem höchsten Energiebedarf im Jahr.

2 Schätze ab, wie viel elektrische Energie an deiner Schule im Jahr eingesetzt wird. Vergleiche deine Abschätzung mit dem tatsächlichen Verbrauch.

3 Erstellt eine Berechnung des Wärmebedarfs für euer Klassenzimmer. Berechnet dazu zunächst die Fläche des Zimmers. Um einen Klassenraum ein Jahr zu heizen, benötigt man 200 Kilowattstunden pro Quadratmeter. Ein Liter Heizöl erzeugt eine Energie von 10 Kilowattstunden. Wenn der Liter Heizöl 80 Cent kostet, wie hoch sind dann die Heizkosten für euren Klassenraum?

Praktikum

Dem Energieverbrauch eurer Schule auf der Spur

Die folgenden Versuche geben Tipps, auf welche Weise ihr den Energieverbrauch eurer Schule untersuchen könnt. Teilt euch dazu in Gruppen ein. Jede Gruppe übernimmt einen Versuch.

V 1. Heizenergie

Material: Block und Stift; Uhr; Thermometer.

Durchführung: Führt Temperaturmessungen in Klassenzimmern, Fluren und Treppenhäusern, der Aula und weiteren Räumen eurer Schule durch. Wiederholt die Messungen zu verschiedenen Tageszeiten. Geht auch folgenden Fragen nach:

- Werden Türen und Fenster in der kalten Jahreszeit zuverlässig geschlossen?
- Können Heizkörper in den Gängen ganz abgeschaltet werden?
- Wie wird gelüftet?
- Schließen die Fenster dicht?
- Wird rechtzeitig vor Unterrichtsende die Heizung auf Absenkbetrieb eingestellt?

Aufgaben: Stellt die Temperaturveränderungen der einzelnen Räume in Diagrammen dar. Vergleicht die Temperaturen mit der für den jeweiligen Raum empfohlenen Temperatur. Erstellt für jeden Raum eine Empfehlung, wie zukünftig Heizenergie eingespart werden kann.

V 2. Elektrische Energie

Material: Block und Stift; Energiemessgerät.

Durchführung: Es gibt Elektrogeräte, die auch im ausgeschalteten Zustand noch Strom „fressen". Untersucht mithilfe von Energiemessgeräten den tatsächlichen Stromverbrauch von Geräten in der Schule. In die Stromrechnung von Großverbrauchern wie der Schule fließt außerdem nicht nur die tatsächlich benötigte Energiemenge ein, sondern auch der Spitzenverbrauch. Der Spitzenverbrauch ist die maximal gleichzeitig benötigte Energiemenge. Befragt den Hausmeister und lasst euch zu verschiedenen Tageszeiten den Stromzähler zeigen:

- In welchen Zeitraum liegt der Spitzenverbrauch der Schule?
- Werden durch Zentralschalter möglichst viele Elektrogeräte gleichzeitig vollständig vom Netz genommen?

Aufgaben: Stellt den Stromverbrauch eurer Schule in Diagrammen dar. Erstellt eine Empfehlung, wie man zukünftig Strom einsparen kann.

V 3. Beleuchtung

Material: Block und Stift; Lichtmessgerät.

Durchführung: Für die Beleuchtung von Schulen und Klassenzimmer gibt es genaue Vorschriften. Trotzdem kann ohne Verlust an Helligkeit der Energieaufwand durch Beleuchtung verringert werden. Untersucht mit dem Lichtmessgerät die Lichtstärke in verschiedenen Räumen und klärt auch folgende Fragen:

- Wird das Licht immer ausgeschaltet, wenn es nicht erforderlich ist?
- An welchen Stellen ist der Einsatz von Energiesparlampen möglich?
- Werden Flure und Treppenhäuser abhängig vom Tageslicht beleuchtet?
- Können in selten genutzten Bereichen Bewegungsmelder eingesetzt werden?

Aufgaben: Erstellt für jeden Raum eine Empfehlung, wie durch die Beleuchtung Energie gespart werden kann.

1 Geländewagen mit hohem Benzinverbrauch

2 Die S-Bahn befördert viele Personen gleichzeitig

3.4 Energiesparen im Straßenverkehr

Fahrten zur Arbeit. In den Großstädten, aber auch in ländlichen Gebieten nimmt der Straßenverkehr laufend zu. Leute, die auf dem Land wohnen und täglich zur Arbeit in eine Stadt pendeln müssen, tragen mit dazu bei, dass auf unseren Straßen immer mehr Autos unterwegs sind und mehr Treibstoff verbrannt wird. Um diese Pendelfahrten zu vermeiden, kann man natürlich möglichst nahe zum Arbeitsplatz ziehen. Oft ist dies zum Beispiel aus familiären Gründen gar nicht möglich. Hier kann man Fahrgemeinschaften bilden, um die Zahl der Fahrten zu verringern.

Öffentliche Verkehrsmittel. Wer täglich 30 Kilometer zur Arbeit in die Stadt und dieselbe Strecke wieder zurückfährt, spart mit einer Jahreskarte der öffentlichen Verkehrsmittel im Vergleich zum Auto über 900 Euro jährlich. Er ist zwar abhängig vom Fahrplan, muss aber auch keinen Parkplatz suchen und kommt meist pünktlicher.

Kurzstrecken. Vor allem wer die kürzesten Strecken mit dem Auto zurücklegt, schadet der Umwelt. Die Motoren sind zunächst noch nicht warmgefahren, haben einen höheren Spritverbrauch und stoßen mehr Schadstoffe aus. Wer diese Strecken mit dem Fahrrad fährt oder zu Fuß geht, spart nicht nur Treibstoff und schont die Umwelt, sondern lebt auch gesünder.

Tipps vom Energiesparfuchs für Autofahrer:

- Autos mit besonders geringem Treibstoffverbrauch bevorzugen.
- Motor an geschlossenen Bahnschranken abstellen.
- Unnützes Gewicht im Kofferraum vermeiden.
- Dachgepäckträger nur bei Bedarf montieren.
- Vorausschauend fahren und möglichst früh vom Gas gehen.

Merke:

- **Wer Fahrten vermeidet, Fahrgemeinschaften bildet oder öffentliche Verkehrsmitteln benutzt, handelt sparsam und umweltbewusst.**
- **Unvermeidbare Fahrten mit dem Pkw sollten so umweltschonend wie möglich erfolgen.**

1 **Fragen zum Text: a)** Wie kann man umweltfreundlich zur Arbeit fahren?
b) Nenne Vorteile der öffentlichen Verkehrsmittel.
c) Warum sollten Kurzstrecken nicht mit dem Pkw zurückgelegt werden?

2 Erstellt in der Gruppe ein Plakat, mit dem ihr zu umweltbewusstem Verhalten im Straßenverkehr aufruft. Denkt dabei auch an Lärm, Luftschadstoffe und Kohlenstoffdioxid.

Methode

Arbeit mit Tabellen und Diagrammen

Was als Text häufig unverständlich ist, kann mit einer Tabelle oder einem Diagramm besonders verdeutlicht werden.

1. Tabellen auswerten und Diagramme erstellen

Die folgende Tabelle zeigt den Energieverbrauch pro Stunde bei verschiedenen körperlichen Aktivitäten unter Berücksichtigung des Körpergewichts.

Aktivität	Verbrauch in	70 kg	90 kg
Gehen	Kilojoule	1340	1760
Laufen	Kilojoule	5360	7120
Rad fahren	Kilojoule	1720	2260
Schwimmen	Kilojoule	1150	1550
Tennis	Kilojoule	1680	2220

a) Wie kannst du die unterschiedlichen Verbrauchswerte veranschaulichen? Ein Tabellenkalkulationsprogramm kann dir dabei helfen.
b) Gib die Daten ein und erstelle unterschiedliche Diagrammarten. Welche Diagrammarten gibt es und welche sind besonders geeignet?

2. Abbildungen interpretieren

Wer hätte das gedacht?

Hier glauben die Befragten am meisten Energie zu verbrauchen (in %):

Tatsächlicher Verbrauch (in %):

weiß nicht 3, Pkw 14, Warmwasser 18, Heizung 39, Elektro, Heizung 26

Heizung 53, Warmwasser 8, Pkw 31, Elektro 8

a) Welche Bereiche wurden von den Befragten falsch eingeschätzt?
b) Wie viele Befragte haben Recht?
c) Welche Nachteile und welche Vorteile hätte die Darstellung als Streifendiagramm?

3. Text in eine Abbildung umsetzen

Vergleich der Heizsysteme. Ein Bauherr möchte sein freistehendes Einfamilienhaus mit einer Gebäudenutzfläche von 140 m² heizen. Eine Sole-Wasser-Wärmepumpe setzt 80 kWh pro Quadratmeter im Jahr ein, ein Gas-Brennwertkessel 120 kWh und ein Niedertemperaturkessel 130 kWh.

a) Erstelle ein Diagramm, bei dem der unterschiedliche Energieeinsatz deutlich wird.
b) Verändere das Diagramm, indem du die Datenwerte erst ab 50 kWh beginnen lässt.
c) Welche Darstellungsform ist geeignet, wenn du folgenden Inhalt darstellen willst: Der Jahresgasverbrauch eines Hauses ist in den letzten fünf Jahren von 7000, 6500, 5900, 5880 auf 5100 Kubikmeter reduziert worden. Wie kannst du die Zahlenwerte darstellen, wenn der Einspareffekt besonders hervorgehoben werden soll?

4. Darstellungsformen kritisch bewerten

Gesamtkosten in Euro pro Jahr

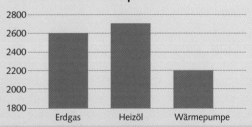

a) Die Gesamtkosten für ein Heizsystem setzen sich aus den Anschaffungskosten und den Betriebskosten zusammen. Vergleiche die Gesamtkosten der dargestellten Heizsysteme.
b) Warum beginnt die Graphik nicht bei 0 € pro Jahr? Was täuscht diese Art der Darstellung vor?
c) Zeichne das Säulendiagramm und beginne bei 0 €.

★ 3.5 Ökobilanz der Papierproduktion

Ökobilanz. Möchte man die Auswirkungen eines Produkts auf die Umwelt erfassen, muss man seinen gesamten Lebensweg von der Herstellung über die Nutzung bis hin zur Entsorgung betrachten. Eine solche Betrachtung nennt man **Ökobilanz.** In eine Ökobilanz werden auch der Transport, die Herstellung der Hilfs- und Betriebsstoffe, die Energieerzeugung sowie die Förderung und Bereitstellung der Rohstoffe einbezogen. Bei der Entsorgung wird das Recycling der Wertstoffe ebenso berücksichtigt wie die Umweltbelastung durch die Ablagerung der Abfälle auf Deponien oder ihre Verbrennung.

Papier. Der Papierverbrauch ist in Deutschland ständig gestiegen. Er verursacht spürbare Umweltbelastungen, denn bei der Herstellung von Papier entstehen beträchtliche Mengen Klima schädigender Gase. Zum sauren Regen tragen vor allem die Emissionen an Schwefeldioxid und Stickoxiden bei. Eine Studie zu der Ökobilanz von Zeitungs-, Schreib- und Kopierpapieren hat erforscht, welche Herstellungsweise die Umwelt möglichst wenig belastet. Um Rohstoffe zu schonen und Energie zu sparen, sollte sie außerdem klären, wie die Entsorgung des Altpapiers organisiert werden kann.

Ergebnisse der Ökobilanz „Papier". Das **Recycling** von Altpapier zu neuem Papier ist wesentlich umweltverträglicher als seine Verbrennung in Müllverbrennungsanlagen, um Energie zu gewinnen. Die schlechteste Lösung aus Umweltschutzsicht ist es, Altpapier auf Abfalldeponien zu beseitigen. Hier können die Belastung von Boden und Grundwasser kaum kontrolliert werden.

Altpapier, das nicht mehr recycelt werden kann, sollte in Kraft-Wärme-Kopplungsanlagen verbrannt werden, die nicht nur Strom, sondern auch Wärme erzeugen. So können Umwelt belastende Kohlekraftwerke ersetzt werden. Um aber umweltverträglich zu sein und den Schadstoffausstoß zu verringern, müssen moderne Anlagen zur Abgasreinigung vorhanden sein.

> **Merke:**
> - **Die Ökobilanz eines Produktes stellt alle umweltrelevanten Auswirkungen zusammen.**
> - **Altpapier wieder zu verwerten ist die umweltverträglichste Art der Entsorgung.**

1 **Fragen zum Text: a)** Erkläre den Fachbegriff „Ökobilanz".
b) Nenne die beiden wichtigsten Ergebnisse der Ökobilanz „Papier".

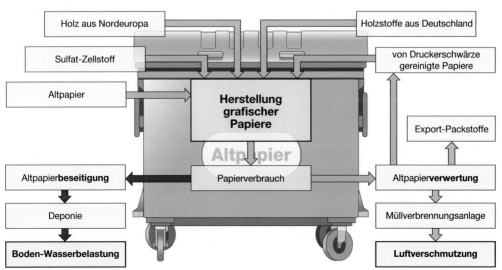

1 Untersuchte Prozesse bei der Ökobilanz „Papier"

1 Agenda 21 – Global denken, lokal handeln

3.6 Agenda 21 – Bürger mischen sich ein

Wortbedeutung. Die **Agenda 21** ist ein weltweites Aktionsprogramm für eine nachhaltige Entwicklung der Erde. Das Wort „Agenda" kommt aus dem Lateinischen und bedeutet „was zu tun ist". Die Zahl 21 steht für das 21. Jahrhundert.

Entwicklung. Im Juni 1992 fand in Rio de Janeiro die *Konferenz der Vereinten Nationen über Umwelt und Entwicklung* statt. Über 10 000 Menschen aus 178 Staaten kamen zusammen, um weltweite Probleme wie Hunger, Armut, Krieg, aber auch Umweltfragen zu diskutieren. Das bedeutendste Ergebnis war die Verabschiedung der Agenda 21: 800 Seiten Papier nannten erstmals konkrete Schritte für eine nachhaltige Entwicklung der Erde und der Menschheit. Dieses Dokument wurde von allen Staaten, auch von Deutschland, unterzeichnet.

Ziele. Die Agenda 21 verfolgt das Ziel, durch eine nachhaltige Entwicklung die Lebensgrundlagen und Entwicklungschancen für jetzige und künftige Generationen zu sichern. Wir sollen heute so leben und handeln, dass die Welt auch für unsere Kinder und Enkelkinder noch lebenswert ist.

Umsetzung. In vielen Gemeinden und Städten haben sich Bürger zusammengeschlossen, um sich für die Entwicklung ihrer Gemeinde im Sinne der Agenda 21 einsetzen. Kinder und Jugendliche sollen schon in der Schule lernen, mit den Rohstoffen und der Energie schonend umzugehen und sich als Verbraucher verantwortlich zu verhalten.

In Bayern haben über 800 Gemeinden, Städte und Landkreise einen Agenda 21-Prozess gestartet. Auch viele Schulen beteiligen sich. 2007 wurden 62 bayrische Schulen als „Internationale Agenda 21-Schule" ausgezeichnet. Die Schüler führten fair gehandelte Produkte am Schulkiosk ein, betreuten Senioren im Schulumfeld, oder erstellten Systeme zur Mülltrennung an ihrer Schule. Agenda-Projekte unterstützen also nicht nur den Umweltschutz, sondern sollen auch die **Wirtschaft sichern** und für **soziale Gerechtigkeit** sorgen.

2 Das magische Dreieck der Nachhaltigkeit

> **Merke:**
> - Die Agenda 21 möchte durch die nachhaltige Entwicklung von Ökologie, Ökonomie und sozialer Gerechtigkeit eine lebenswerte Welt sichern.

1 **Fragen zum Text: a)** Was ist die Agenda 21? **b)** Nenne die drei Ziele der Agenda 21. **c)** Wie wird die Agenda 21 umgesetzt?

2 Warum sind die Ziele der Agenda 21 für die junge Generation besonders wichtig?

3 Erkundigt euch, ob es in eurer Nähe eine lokale "Agenda 21"-Gruppe gibt.

1 „So kann das ewig weitergehen"
(Jupp Wolter, Künstler, Haus der Geschichte, Bonn)

3.7 Nachhaltigkeit – ein Begriff aus der Forstwirtschaft

Nachhaltigkeit früher. Hans Carl von Carlowitz, ein Edelmann aus Chemnitz, prägte schon vor 300 Jahren einen Begriff, der im 21. Jahrhundert zum Schlüsselbegriff zur Lösung von Zukunftsproblemen werden sollte. Schon in der Antike wurden Wälder rücksichtslos gerodet, um Holz für Ackerland oder den Bau von Schiffen und Häusern zu gewinnen. Um 1700 war der Silberbergbau durch Mangel an Holz in Sachsen bedroht.

Hans Carl von Carlowitz

Carlowitz forderte daher, nur so viel Holz zu nutzen wie es auch nachwachsen kann. In seinem Buch „Naturmäßige Anweisung zur Wilden Baum-Zucht" taucht der neue Begriff der Nachhaltigkeit zum ersten Mal auf. Es dauerte jedoch über 100 Jahre bis sich seine Idee in der Forstwirtschaft Mitteleuropas durchsetzte. Die Entwaldung wurde gestoppt und die Idee der nachhaltigen Forstwirtschaft ein Erfolgsrezept.

Nachhaltigkeit heute. Es dauerte weitere 200 Jahre bis die Idee der Nachhaltigkeit zur Grundlage der Agenda 21 wurde. Weltweite Probleme sollen nun nach diesen Grundsätzen gelöst werden. In der Vereinbarung der Konferenz über Umwelt und Entwicklung in Río de Janeíro wurden diese Probleme aufgezählt:

- Ausdehnung der Wüsten
- Klimakatastrophe durch Treibhausgase
- Regenwaldzerstörung durch Raubbau
- Übersteigerter Konsum der Industrieländer
- Bedrohlich wachsende Abfallmengen
- Überfischung der Meere
- Mangel an Trinkwasser

In der Agenda 21 wurde die Bedeutung des Begriffes der Nachhaltigkeit von der schonenden Nutzung von Holz auf alle lebenswichtigen Rohstoffen und Energiequellen ausgeweitet. Sie sollen nur in dem Maße genutzt werden, wie sie sich erneuern können, damit sie auch künftigen Generationen zur Verfügung stehen.

3 In einem nachhaltig bewirtschafteten Wald werden neue Bäume gepflanzt

Merke:
- Nachhaltig leben bedeutet schonend mit Energie und Rohstoffen umzugehen.
- Der Begriff der Nachhaltigkeit wird auf alle Vorgänge angewendet, die langfristig positive Wirkung zeigen sollen.

1 **Fragen zum Text: a)** Wer prägte als erster den Begriff der Nachhaltigkeit?
b) Erkläre das Prinzip der nachhaltigen Nutzung am Beispiel der Forstwirtschaft.
c) Welche Probleme sollen mit dem Prinzip der nachhaltigen Nutzung gelöst werden?

2 Übertrage das Prinzip der Nachhaltigkeit auf die
★ Nutzung der Energie.

➡ Sucht im Internet nach Betrieben und Schulen, deren Umweltverträglichkeit mit einem Öko-audit-Zertifikat bescheinigt wurde.

✱ 3.8 Umweltaudit für Betriebe und Schulen – was ist das?

Möchten Unternehmen oder Schulen ihr Umweltverhalten prüfen und verbessern, können sie sich einem **Umweltaudit** unterziehen. Sie prüfen dabei, wie umweltfreundlich sich das Unternehmen verhält, und legen Ziele für einen besseren Umweltschutz fest. In regelmäßigen Abständen wird der Fortschritt dann untersucht.

Ziele der Umweltpolitik

⬇

Umweltprüfung: Bestandaufnahme der Ist-Situation

⬇

Umweltziele – Umwelterklärung: Soll-Zustand (Öffentlichkeitsarbeit)

⬇

Umweltprogramm: Maßnahmen zur Erreichung der Umweltziele

⬇

Umweltmanagementsystem: Organisatorische Verankerung

⬇

Dokumentation: Umweltmanagement Handbuch

⬇

Gültigkeitserklärung: Prüfung durch externe Umweltgutachter

Umweltbetriebsprüfung: Soll-Ist-Vergleich mindestens alle drei Jahre

1 Ablauf eines Umweltaudits

EMAS. Die Europäische Union hat den Umweltgedanken ebenfalls verankert. Sie empfiehlt freiwillige Umweltprüfungen für Betriebe. **EMAS** ist die Kurzbezeichnung für **E**co **M**anagement and **A**udit **S**cheme, auch bekannt als EU-Öko-Audit. Um das EMAS-Zertifikat zu erhalten, muss man in einer Umweltprüfung zunächst den aktuellen Zustand erfassen und bewerten. Die Ergebnisse werden von einem unabhängigen Umweltgutachter beurteilt. In einer Umwelterklärung veröffentlicht man anschließend seine Ziele. Nach spätestens drei Jahren wird eine neue Prüfung durchgeführt, die beim Öko-Audit Umweltbetriebsprüfung heißt und nun regelmäßig wiederholt wird.

Zertifizierung. Ist die Umweltprüfung erfolgreich, wird der geprüfte Betrieb in ein öffentliches Register eingetragen. Die Registrierung berechtigt das Unternehmen, das EMAS-Logo zu nutzen, um zum Beispiel für sich zu werben.

EMAS
GEPRÜFTES
UMWELTMANAGEMENT
DE-000-00000
2 Offizielles EMAS - Zeichen

Merke:
* **Mit einem Umweltaudit untersuchen Betriebe die Auswirkungen ihrer Betriebsabläufe auf die Umwelt.**
* **Bestätigen die amtlichen Prüfungen die betriebsinternen Ergebnisse, erhalten die Betriebe ein Gütesiegel.**

1 **Fragen zum Text: a)** Wie kann der Umweltgedanke in den Betrieben umgesetzt werden? **b)** Was bedeutet die Abkürzung EMAS? **c)** Was muss ein Betrieb machen, wenn er das EMAS-Zertifikat haben möchte?

2 Warum nehmen Wirtschaftsunternehmen die Kosten und Mühen auf sich, das EMAS-Zertifikat zu erwerben?

1 Eine Schule unter der Lupe

3.9 Umweltaudit für die eigene Schule

Kemal besucht die Klasse 9a einer Hauptschule in Niederbayern. Als er hört, wie kritisch Betriebe von den Umweltbehörden in Deutschland und der Europäischen Union unter die Lupe genommen werden, fragt er sich, wie umweltfreundlich seine Schule eigentlich ist. Die Lehrerin Frau Seibl greift seine Fragen gerne auf und die ganze Klasse beschließt, die eigene Schule einer Umweltprüfung zu unterziehen.

Schulgelände. Große Teerflächen auf dem Schulhof versiegeln den Boden. Hier können weder Pflanzen wachsen, noch kann Regenwasser abfließen. Eine Pflasterung mit farbigen Platten wäre daher nicht nur schöner, sondern auch umweltfreundlicher. Werden die Muster geschickt gewählt, würden sich sogar Pausenspiele für die jüngeren Schülerinnen und Schüler ergeben.

Wasser. Tafelputzen und Händewaschen – viel Wasser wird doch in einer Schule eigentlich gar nicht verbraucht, oder? Ganz erstaunt erfährt die Klasse 9a von der Schulleiterin, dass ihre Schule das meiste Wasser aber für die Sportduschen, die Toilettenspülungen und das Reinigen des Schulgebäudes verwendet. Außerdem haben bisher nur sehr wenige Toiletten eine Spar-Spültaste.

Abfall. Kaum jemand kommt mit einem vernünftigen Frühstück in die Schule. Auch in der Pause kaufen die wenigsten etwas Gesundes zum Essen. Es gibt kein frisches Obst und viel zu viel Süßes. Dabei entstehen Berge von Müll. „Die schlimmsten Umweltsünder sind doch wir selbst!", behauptet Michi. „Wenn ich mir hier die Abfalleimer anschaue. Alles kommt durcheinander hinein. Zuhause muss ich meinen Müll trennen." Die Klasse beschließt daher, in jedem Klassenzimmer getrennte Müllbehälter für Papier, Verpackungen und Restmüll aufzustellen.

Verkehr. Die meisten Schüler kommen mit der U-Bahn oder dem Schulbus zur Schule, nur wenige fahren Mofa. Doch viele Lehrer der Schule fahren mit dem Auto, obwohl sie recht nah an der Schule wohnen.

Energie. Die Schule hat im Fifty-Fifty-Programm den Heizölverbrauch im letzten Schuljahr so weit senken können, dass die Stadt der Schule 500 € ausbezahlt hat. Jetzt überlegen die Schüler, wo sie noch Energie sparen können und untersuchen die Beleuchtung der Klassenräume.

In jeder Schule finden sich Ansatzpunkte, um Energie zu sparen, den Müll zu reduzieren oder die Umwelt auf andere Art zu unterstützen. Werdet aktiv! Was könnt ihr an eurer Schule tun?

Merke:
- **Ein Öko-Audit an einer Schule untersucht das Schulgelände, den Wasserverbrauch, die Abfallsituation, den Energieeinsatz und mehr.**

1 **Fragen zum Text: a)** Welche Bereiche können Schüler im Rahmen eines Öko-Audits untersuchen?
b) Welche Verbesserungsvorschläge finden sich hier im Text?

2 Führe an deiner Schule eine einfache Untersuchung der Umweltsituation durch.

Trainer · Trainer · Trainer · Trainer · Trainer · Trainer · Trainer · Trainer · Trainer

Tätigkeiten an einem ganz normalen Tag	Ausstoß CO_2
Radiowecker läuft eine halbe Stunde	23 g
Aufzieh-Wecker	0 g
60-Watt-Lampe leuchtet 9 Stunden	286 g
Energiespar-Lampe leuchtet 9 Stunden	53 g
Erdbeeren aus Südafrika, eingeflogen	11 671 g
Erdbeeren aus Italien, mit dem Lkw	219 g
Wäsche in einem Trockner trocknen	2332 g
Wäsche auf der Leine trocknen	0 g
Fernseher immer auf Standby	74 g
Fernseher immer komplett ausschalten	0 g

1 In der Tabelle sind Kohlenstoffdioxid-Werte für den Verbrauch von Energie angegeben.
a) Stelle in einer Grafik den unterschiedlichen Kohlenstoffdioxidverbrauch dar.
b) Welcher Zusammenhang besteht zwischen Energie sparendem Verhalten und Kohlenstoffdioxid-Ausstoß?
c) Suche nach weiteren Beispielen, bei denen Alltagstätigkeiten einmal mit wenig Energieaufwand und einmal mit hohem Energieaufwand erledigt werden.

2 Wie haben sich die Energiekosten in den letzten zehn Jahren entwickelt?

3 Suche die Wattzahlangabe bei Elektrogeräten im Haushalt und schreibe sie in einer geordneten Liste auf. Beginne mit der höchsten Wattzahl.

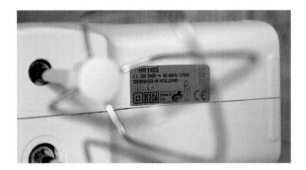

4 a) Erkläre das Modell „fifty – fifty".
b) Warum wollen viele Gemeinden und Städte, dass Schulen an diesem Modell teilnehmen?

5 Stelle in einer Übersicht die Möglichkeiten zusammen, wie man im Straßenverkehr Treibstoff sparen kann.

6 Wer den Lebensweg eines Produkts beschreiben
★ will, muss viele Aspekte beachten. Stelle in einer Übersicht die wichtigsten Stationen zusammen, die eine Getränkedose durchläuft, bis sie wieder verwertet wird.

7 Betrachte die Abbildung und stelle einen Bezug zu den Zielen der Agenda 21 her.

8 Der Begriff der „Nachhaltigkeit" wird nun in viele Bereiche übertragen. Nenne Beispiele für seine Verwendung.

9 ★Was versteht man unter einem Umweltaudit?

10 a) Betriebe, die mit einem EMAS-Siegel werben,
★ müssen sich von einem unabhängigen Gutachter beurteilen lassen. Wie erfolgt diese freiwillige Umweltprüfung?
b) Welchen Beitrag kannst du leisten, damit deine Schule dieses Siegel erhalten kann?

Auf einen Blick

- Energie ist eine Lebensgrundlage. Wer sparsam mit Energie umgeht, entlastet die Umwelt und kann Geld sparen.

- So verhältst du dich in der Schule richtig:

Stoßlüften

Licht ausschalten

Wasser richtig abdrehen

- Im Straßenverkehr lässt sich durch richtiges Verhalten Energie und Geld sparen:
  - Unnötige Fahrten vermeiden.
  - Öffentliche Verkehrsmittel nutzen.
  - Treibstoff sparen durch sparsames Autofahren.
  - Kurzstrecken mit dem Fahrrad oder zu Fuß zurücklegen.

* Alle für die Umwelt wichtigen Auswirkungen werden in der Ökobilanz für ein Produkt zusammengestellt. Das kann die Entscheidung für umweltfreundliche Produkte erleichtern.

NACHHALTIGKEIT IST ... MEHR VOM WENIGER
DARF'S EIN BISSCHEN MEHR VOM WENIGER SEIN?

- In vielen Gemeinden versuchen Gruppen die Ziele der Agenda 21 vor Ort umzusetzen. Sie wollen die Umwelt bewahren, die Wirtschaft sichern und sich für soziale Gerechtigkeit einsetzen.

* Wer Rohstoffe und Energie nur in dem Maße nutzt, in dem sie sich erneuern können, beachtet die Grundsätze der Nachhaltigkeit. Wir alle tragen die Verantwortung für kommende Generationen.

Grundlagen der Kommun

100 Meter-Lauf – der Kampf um hundertstel Sekunden:
Der Kampf beginnt, bevor man ihn wahrnimmt. Direkt nach dem Startschuss ist der Wettkampf schon im vollen Gange. Der Knall der Starterpistole wird vom Ohr in Nervenimpulse umgewandelt und an das Gehirn geleitet. Dort werden sie als Startschuss erkannt und Befehle an die Muskeln gesendet. Wer dabei am schnellsten ist, kommt als erster von den Startblöcken. Die Schnellsten schaffen dies in bis zu 0,1 Sekunden!

Ob wir wollen oder nicht:
Ein Gegenstand nähert sich schnell und unvermittelt dem Auge. Innerhalb von 0,07 Sekunden schließt sich das Augenlid, die Arme gehen nach oben. Solche Schutzreflexe sind nur durch kurze Reaktionswege ohne Beteiligung unseres Willens möglich.

Mensch gegen Computer:
Die Informationsverarbeitung beim Menschen und beim Computer verläuft ähnlich: Eingabe der Daten über Sinneszellen bzw. Tastatur, Verarbeitung der Information im Gehirn bzw. Prozessor und Ausgabe an die Muskeln bzw. Bildschirm.

ation

LED – ein Zauberwort für Licht:

Sie werden nicht heiß, sie sind sparsam und sie haben eine lange Lebensdauer. Elektronische Halbleiterelemente (engl. Light emitting diode, LED) können je nach Auswahl der Materialien verschieden farbiges Licht erzeugen. Der Siegeszug von der einfachen Leuchtdiode zu Beleuchtungssystemen ist voll im Gange.

Ein Starenkasten der anderen Art:

Er wird Starenkasten genannt und ist von Autofahrern gefürchtet: Durch die eingebauten Sensoren wird nicht nur die Geschwindigkeit des Kraftfahrzeugs sehr genau festgestellt, eine automatische Infrarotkamera sorgt auch für messerscharfe Frontaufnahmen des Fahrers.

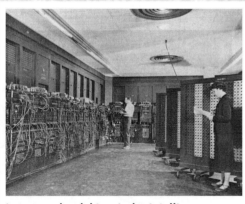

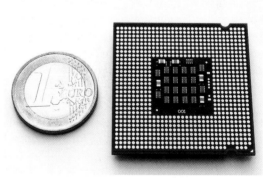

Immer mehr elektronische Intelligenz:

Das Elektronengehirn ENIAC war der erste rein elektronische Computer. Im Jahr 1946 – noch vor der Erfindung des Transistors – war ENIAC 30 Tonnen schwer und benötigte einen Raum von 150 Quadratmetern. Heute würde die Rechenleistung von ENIAC leicht in ein Sandkorn passen. Möglich machen dies Prozessoren mit mehreren Millionen Transistoren auf eine Fläche von einem Quadratzentimeter. Ihre Rechenleistung ist weitaus größer als die von ENIAC.

1 Sprache, Mimik und Gestik vermitteln Informationen

2 Auch Zeichen informieren

1. Aufnahme und Verarbeitung von Informationen

➡️ Versuche deinen Klassenkameraden einen Begriff nur durch Gestik und Mimik zu vermitteln.

1.1 Wir verständigen uns durch Informationen

Am Bahnhofsvorplatz fragt ein Fremder einen Passanten nach der Theaterstraße. Der Angesprochene deutet mit der Hand: „Gehen Sie geradeaus durch die Kaiserstraße. Nach 300 m zweigt die Theaterstraße links ab." „Dankeschön für Ihre freundliche Hilfe! Auf Wiedersehen."

Verständigung durch Sprache und Gestik. Auf seine Frage hin bekommt der Fremde **Informationen**. Der Passant gibt seine Informationen mithilfe der **Sprache** weiter. Zusätzlich unterstützt er seine Worte durch das Zeigen der Richtung. Man kann also Informationen auch durch **Gestik** vermitteln. Sprache und Gestik sind wichtige *Verständigungsmittel*.

Verständigung durch Mimik. Was wäre nun geschehen, wenn der um Hilfe gebetene Passant ein abweisendes Gesicht gemacht hätte? Auch damit hätte er, ohne ein einziges Wort zu sagen, eine Information vermittelt, zum Beispiel „Lass mich bloß

in Ruhe mit deiner Fragerei!" Bei der menschlichen Verständigung kann also auch der Gesichtsausdruck, die **Mimik**, eine wichtige Rolle spielen.

Verständigung durch Zeichen und Signale. Der Fremde überquert die Straße bei einer auf Grün geschalteten Fußgängerampel. Informationen können also auch durch **Zeichen** und **Signale** gegeben werden. Dazu gehören Verkehrsschilder und Flaggenzeichen ebenso wie Signale eines Rettungswagens, der Feuerwehr und der Polizei.

Merke:

- Menschen können sich durch das Austauschen von Informationen verständigen.
- Bei der Verständigung spielen Sprache, Gestik, Mimik sowie Zeichen und Signale eine wichtige Rolle.

1 **Fragen zum Text: a)** Zähle auf, mit welchen Mitteln sich Menschen verständigen können.
b) Nenne Beispiele für Gestik und Mimik.

2 Am häufigsten werden Zeichen und Signale mit den Augen erfasst. Stelle über die Abbildung 2 hinaus weitere optische Zeichen zusammen.

3 Wir bedienen uns auch rein akustischer Signale. Gib Beispiele hierfür an.

Die Welt ist voller Informationen

Nicht immer sind Informationen so leicht zu verstehen wie bei einer Verkehrsampel. Welche Informationen sollen hier vermittelt werden?

① ②

③ ④

Shritt 4 Einleg of CD

Fur Ofnen das Platenteler druk Knop Open. Einleg CD and wider Nopf druk. Teler reinget.

Actug! CD nict verklem leg, sonst Teler put!

⑤

⑥

♀ ♂ ⑧

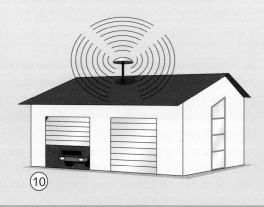

⑨

⑦

Giftig

⑩ ⑪

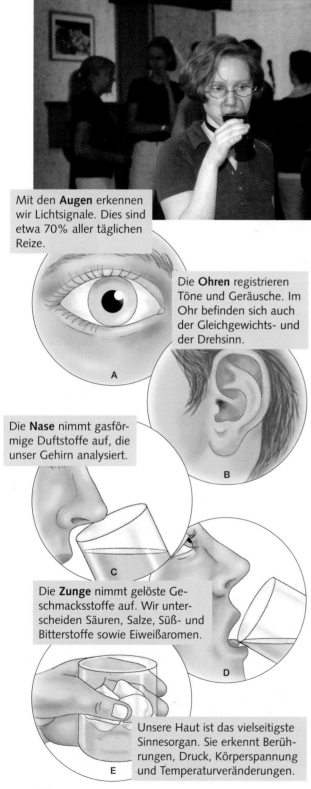

1 Party

Mit den **Augen** erkennen wir Lichtsignale. Dies sind etwa 70% aller täglichen Reize.

A

Die **Ohren** registrieren Töne und Geräusche. Im Ohr befinden sich auch der Gleichgewichts- und der Drehsinn.

B

Die **Nase** nimmt gasförmige Duftstoffe auf, die unser Gehirn analysiert.

C

Die **Zunge** nimmt gelöste Geschmacksstoffe auf. Wir unterscheiden Säuren, Salze, Süß- und Bitterstoffe sowie Eiweißaromen.

D

Unsere Haut ist das vielseitigste Sinnesorgan. Sie erkennt Berührungen, Druck, Körperspannung und Temperaturveränderungen.

E

2 Sinnesorgane

➡ Stelle Signale zusammen, die du mit deinen Sinnesorganen auf einer Party wahrnehmen kannst.

1.2 Reize und Sinnesorgane

Partys können ganz schön anstrengend sein! Stimmengewirr, Musik, oft neue und interessante Gesichter, lecker schmeckende, kalte oder heiße Getränke und der Duft von Parfüm. Alle diese Eindrücke überlagern sich und werden trotzdem weitgehend gleichzeitig von uns aufgenommen.

Sinnesorgane nehmen Reize auf. Dass die Aufnahme solch einer Fülle von unterschiedlichen Signalen möglich ist, dafür sorgen unsere **Sinnesorgane.** Allerdings ist jedes Sinnesorgan nur für ganz bestimmte Signale empfänglich. Dies liegt an den **Sinneszellen,** die sich in den Sinnesorganen befinden. Jede Art von Sinneszellen kann immer nur einen ganz bestimmten Reiz aufnehmen.

So empfangen zum Beispiel die Lichtsinneszellen unserer Augen nur Lichtsignale, die Tastkörperchen in unserer Haut nehmen nur Druckunterschiede wahr und die Sinneszellen in den Ohren reagieren nur auf Schallwellen.

Alle diese Signale und Informationen, die von unseren Sinnesorganen aufgenommen werden können, bezeichnen wir als **Reize.**

Reize aus dem eigenen Körper. Uns ist gar nicht bewusst, wie viele Reize wir aus dem eigenen Körper erhalten. So bestimmen Sinneszellen in der Halsschlagader laufend den Gehalt von Kohlenstoffdioxid im Blut. In den Skelettmuskeln wird die Muskelspannung gemessen. Auch unsere Körpertemperatur muss ständig überprüft werden. Nur so ist es möglich, sie konstant zu halten.

Wir können nicht alle Informationen wahrnehmen. Für viele Informationen aus der Umwelt haben Menschen keine Sinneszellen und können sie daher auch nicht wahrnehmen. Wir hören weder die Ultraschalltöne der Delfine und Fledermäuse, noch erkennen wir das Erdmagnetfeld wie zum Beispiel das Rotkehlchen es kann. Auch für Röntgenstrahlung oder radioaktive Strahlung haben wir keine Sinneszellen und wir nehmen die Strahlung, die von Elektrogeräten oder Funkmasten ausgeht, nicht wahr. Ohne Sinneszellen können wir nicht entscheiden, ob deren Strahlung für uns angenehm oder unangenehm ist. Doch auch, wenn wir bestimmte Strahlungen nicht wahrnehmen, kann sie trotzdem auf den Körper wirken und Schäden hervorrufen! Daher sollten wir eine zu hohe Belastung vermeiden und Sicherheitsvorkehrungen treffen, um uns vor solchen Einflüssen zu schützen. Macht ein Arzt Röntgenaufnahmen, tragen er und der Patient deshalb immer eine Bleischürze.

Merke:

- Informationen aus der Umwelt, die wir über Sinnesorgane mit den Sinneszellen aufnehmen können, heißen Reize.
- Unsere Sinnesorgane sind Auge, Ohr, Zunge, Nase und Haut.
- Wir können nicht alle Informationen aus der Umwelt wahrnehmen.
- Vor nicht wahrnehmbaren Einflüssen sollte man sich sicherheitshalber so weit wie möglich schützen.

1 **Fragen zum Text: a)** Nenne die fünf Sinnesorgane unseres Körpers.
b) Welche Reize können wir wahrnehmen?
c) Gib Beispiele für Signale und Informationen aus der Umwelt an, die wir nicht wahrnehmen können.

2 Erstelle eine Tabelle mit der Reizart, dem zugehörigen Sinn und dem jeweiligen Sinnesorgan.

3 Über die Belastung mit Strahlung durch Handy-Funkanlagen gibt es unterschiedliche Ansichten. Weshalb lassen sich hierzu nur sehr schwer verlässliche Aussagen treffen?

Exkurs

Nicht wahrnehmbar, aber wirksam

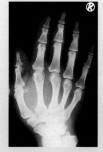

Röntgenstrahlen durchdringen weiches Körpergewebe besser als dichte Knochen. Daher kann man so ein Bild vom Inneren unseres Körpers bekommen. Bei der Untersuchung von Kindern im Mutterleib verwendet man **Ultraschall.**

Radioaktive Strahlung kann zu schweren Schäden führen. Trotzdem ist sie in der Medizin von großer Bedeutung. So wird zum Beispiel die Schilddrüse mit schwach strahlendem radioaktiven Iod untersucht. Es reichert sich in der Schilddrüse an, so dass man sie abbilden kann. Alle Mitarbeiter in Strahlenlabors müssen Strahlungsmessgeräte tragen.

Auch beim Telefonieren mit dem Handy wird eine Strahlung erzeugt, deren mögliche schädliche Wirkungen wir noch nicht kennen.

1.3 Die Technik erweitert unsere Wahrnehmung

1 Leitungssuchgerät

Felix möchte abends ein Regal an der Wand befestigen. Mit der Bohrmaschine bohrt er ein Loch in die Wand. Doch plötzlich – ein Knall – und das Zimmer liegt im Dunkeln! Felix hat ein Strom führendes Kabel angebohrt. „Ich kann ja nicht durch die Wand schauen!" „Wofür habe ich eigentlich ein Leitungssuchgerät gekauft?", schimpft der Vater.

In die Wände schauen, das kann ohne Hilfsmittel freilich niemand. Mit einem *Leitungssuchgerät* ist es aber möglich, verdeckte Leitungen unter Putz, unter Verkleidungen oder Deckenplatten aufzuspüren.

Winzig klein oder weit entfernt – und doch erkennbar. Auch winzig Kleines oder weit Entferntes ist mit bloßem Auge nicht sichtbar. *Lupen, Licht-* und *Elektronenmikroskope* erschließen kleinste Objekte.

3 Fernrohr: Weit Entferntes ist zu sehen

Ferngläser und *Fernrohre* rücken vieles näher, was man ohne diese Hilfsmittel nicht sehen könnte. Große *Teleskope* ermöglichen die Erforschung von Himmelskörpern, die Lichtjahre weit entfernt sind und mit bloßem Auge nicht zu sehen wären. Das HUBBLE-Weltraumteleskop umkreist die Erde in 500 km Höhe und liefert beeindruckende Bilder aus den Tiefen des Weltalls.

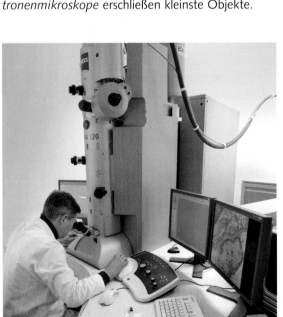

2 Elektronenmikroskop: Winzig Kleines wird sichtbar

4 Mit Radar wird der Flugverkehr überwacht

Verborgenes wird sichtbar. Der Mensch hat viele Hilfsmittel ersonnen, um seine Sinne zu verstärken. Das *Echolot* misst die Tiefe des Ozeans, *Radargeräte* durchdringen zur Sicherheit der Schifffahrt und des Flugverkehrs die dichtesten Nebel- oder Wolkenbänke. *Unterwasserkameras* helfen bei der Suche nach Schiffswracks wie der versunkenen Titanic. *Nachtsichtgeräte* erlauben das Beobachten von Tieren in der Dunkelheit, *Röntgenstrahlen* machen den Blick in den menschlichen Körper möglich.

Hören – weit über unsere Grenzen. *Hörgeräte* helfen bei Schwerhörigkeit. Mit dem *Stethoskop* lauscht der Arzt den Herz- und Lungengeräuschen. Mit *Richtmikrofonen* lässt sich der Gesang eines Vogels, aber auch die Unterhaltung von verdächtigen Personen aus vielen hundert Metern Entfernung belauschen.

2 Das Radioteleskop in Raisting empfängt elektromagnetische Wellen aus dem Weltraum

1 Mit der Infrarotkamera wird Wärme sichtbar

Wärme wird sichtbar gemacht. Wir können Wärme zwar spüren, sie aber nicht sehen. Dazu benötigt man *Infrarotaufnahmen*. Häuser sparen viel Energie, wenn man eine Wärmeübertragung an die Umgebung soweit wie möglich vermeidet. Infrarotbilder zeigen hier Schwachstellen auf, die dann isoliert werden können.

Signale aus dem Weltall. *Radioteleskope* sind besonders faszinierend. Das sind riesige Antennen, mit denen man elektromagnetische Wellen aus dem

Weltall auffängt. Daraus können die Wissenschaftler Schlüsse auf die Entstehung und das Aussehen des Weltalls ziehen. Das größte dieser Radioteleskope, das RATAN 600, befindet sich in Russland. Es hat einen Gesamtdurchmesser von 600 Metern.

Merke:

- **Vieles in der Welt ist den Sinnen des Menschen nicht zugänglich.**
- **Mit technischen Hilfsmitteln sind Erscheinungen oder Vorgänge darstellbar, die wir sonst nicht bemerken würden. Beispiele sind Fernrohr, Echolot, Richtmikrofon, Radioteleskop und Infrarotkamera.**

1 **Fragen zum Text: a)** Gib Beispiele an, wie wir unsere Seh- und Gehörleistungen technisch erweitern können.
b) Mit Infrarotkameras kann man Wärme „sichtbar" machen. Erkläre, in welchem Bereich dies besonders hilfreich ist.
c) Das Echolot wird auch in der zivilen Schifffahrt eingesetzt. Beschreibe, in welchen Situationen dies wichtig ist.

2 Fledermäuse senden zum Orten von Hindernissen oder Beutetieren Ultraschall aus. Weshalb braucht die Fledermaus hierzu einen Sender und einen Empfänger?

Exkurs

Informationen durch Messgeräte

Mithilfe von Messgeräten erhalten wir Informationen über bestimmte Größen wie zum Beispiel Temperatur, Zeit oder Masse. Manche Messgeräte geben uns Informationen, für die wir keine Sinneszellen besitzen, wie zum Beispiel für magnetische Felder oder für Radioaktivität. Ähnlich wie unsere Sinneszellen enthalten Messgeräte Sensoren, die die jeweiligen Reize aufnehmen und (meist) in elektrische Signale umwandeln. Da für die Darstellung der Messwerte international festgelegte Zeichen und Einheiten verwendet werden, werden diese Informationen überall auf der Welt verstanden.

Die **Lautstärke** wird in **Dezibel (db)** angegeben. Schon ab etwa 100 Dezibel müssen wir bei anhaltendem Lärm mit Gehörschäden rechnen. Diese Lautstärke wird in Discos häufig überschritten.

Die **Beleuchtungsstärke** wird durch die Einheit **Lux** wiedergegeben. Beleuchtungsmessgeräte sind zum Beispiel bei hochwertigen fotografischen Aufnahmen nötig.

Der **Geigerzähler** misst die Radioaktivität (in **Becquerel**, **Bq**) in Anlagen, die mit radioaktiven Stoffen arbeiten, wie zum Beispiel medizinische Labore oder Forschungseinrichtungen.

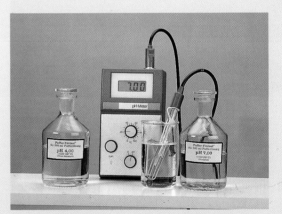

Der **pH-Wert** drückt die **Säurestärke** aus. pH-Wert-Messungen werden bei Gewässeruntersuchungen oder auch in Aquarienwasser durchgeführt.

Der **Luftdruck** wird in **Pascal (Pa)**, aber auch in **bar** angegeben. Luftdruckwerte werden vor allem in der Wettervorhersage und im Flugwesen, zum Beispiel beim Segelfliegen, benötigt.

1 Stelle weitere Messgeräte zusammen und beschreibe, wozu man sie braucht.

2 Begründe, weshalb man die Messwerte in international verbindlichen Einheiten angibt.

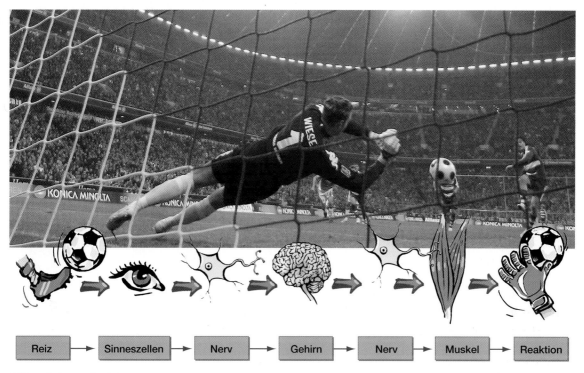

| Reiz | → | Sinneszellen | → | Nerv | → | Gehirn | → | Nerv | → | Muskel | → | Reaktion |

1 Vom Reiz zur Reaktion

1.4 Vom Sehen zum Handeln – die Erregungsleitung

Die Reizaufnahme. Es ist der spannendste Moment eines Fußballspiels: Elfmeter. Der Torwart versucht den Spieler und den Ball so lange wie möglich zu beobachten. Er nimmt den Anlauf des Spielers und die Richtung des Balls mit den Lichtsinneszellen in der Netzhaut des Auges auf.

Die Erregungsleitung. In den Sinneszellen werden die Lichtsignale in elektrische Impulse umgewandelt und über den Sehnerv *(Empfindungsnerv)* an das Gehirn weitergegeben.

Die Verarbeitung. Im Gehirn werden die einlaufenden Informationen verarbeitet. Blitzschnell schickt das Gehirn über Nerven *(Bewegungsnerven)* Befehle an die Muskeln.

Die Reaktion. Über die Muskeln werden die Bewegungen ausgeführt. Mit Geschick und vielleicht einer Portion Glück wehrt der Torwart den Ball ab.

Diese ganzen Vorgänge müssen sehr schnell ablaufen, denn für seinen Weg zum Tor braucht der Ball weniger als eine Sekunde.

Merke:

- **Die Reizaufnahme erfolgt durch Sinneszellen.**
- **Die Signale werden als elektrische Impulse über Nerven zum Gehirn geleitet.**
- **Das Gehirn verarbeitet die Informationen.**
- **Das Gehirn veranlasst über Nerven und Muskeln die Reaktion.**

1 **Fragen zum Text: a)** Welche Umwandlung findet in den Sinneszellen statt?
b) Erläutere den Unterschied zwischen Empfindungs- und Bewegungsnerven.
c) Beschreibe den Weg zwischen Reiz und Reaktion mit eigenen Worten.

2 Wir hören hinter uns die Glocke eines Radfahrers. Erläutere den Weg vom Reiz bis zur Reaktion.

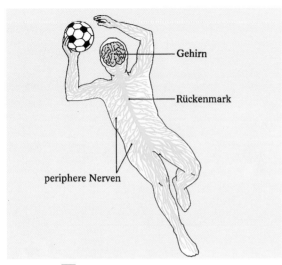

1 Das Nervensystem des Menschen

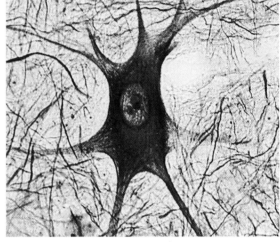

3 Nervenzelle mit Fortsätzen und Nervenfaser

1.5 Kommunikation im Körper – unser Nervensystem

Der Torwart hat den Ball abgewehrt. Er hat sich dabei voll auf den Ball konzentriert. In Bruchteilen einer Sekunde muss er viele Informationen aufnehmen, blitzschnell entscheiden und sinnvoll handeln. Trotzdem hört er gleichzeitig den Beifall oder die Pfiffe der Zuschauer, er spürt den Schweiß auf seiner Stirn. Außerdem laufen in seinem Körper eine Vielzahl weiterer Vorgänge ab, die er nicht bewusst wahrnimmt. Diese vielfältigen Leistungen werden durch das Nervensystem ermöglicht.

Nerven sind überall im Körper. An allem, was der Mensch tut, sind Nerven beteiligt. Die Nerven enthalten einzelne Nervenfasern, die stark verzweigt sind und den gesamten Körper durchziehen. Alle Sinneszellen, Muskeln und Organe sind durch das Nervensystem miteinander verbunden.

Nerven sind kabelartige Stränge, die manchmal bleistiftdick und bis zu 1 Meter lang sein können. Meist sind sie jedoch viel dünner und kürzer. Sie sind untereinander ver-

schaltet. Alle Signale und Befehle werden als Spannungsimpulse über die Nerven weitergeleitet. Die Spannung beträgt dabei nur etwa 100 mV und wir spüren davon nichts.

Die Gesamtlänge des Nervensystems beträgt beim erwachsenen Menschen über 400 000 km. Dies entspricht mehr als der Entfernung zwischen Erde und Mond. Die Geschwindigkeit der Nervenimpulse beträgt bis zu 135 Meter pro Sekunde.

Die Schaltzentrale – das Zentralnervensystem. Sämtliche Meldungen der Sinnesorgane von der Außenwelt und die der inneren Organe laufen im Gehirn und Rückenmark zusammen. Wie in einer zentralen Schaltstelle werden sie dort sofort verarbeitet. Von hier aus werden durch

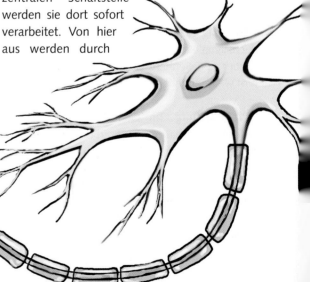

2 Nervenzellen

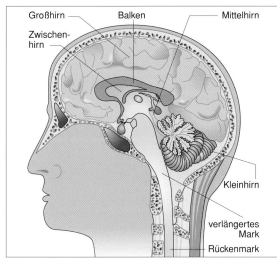

1 Aufbau des Gehirns

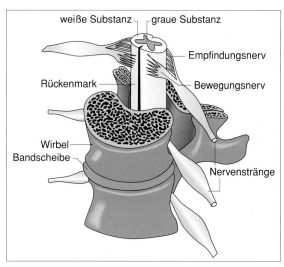

2 Aufbau des Rückenmarks

Befehle über die Nerven auch alle Körpertätigkeiten gesteuert. Gehirn und Rückenmark zusammen bezeichnet man deshalb als **Zentralnervensystem**.

Das Gehirn. Unser Gehirn liegt gut geschützt innerhalb des Schädelknochens. Es ist von einer harten *Gehirnhaut* umgeben. Die Gehirnflüssigkeit dient zur Stoßdämpfung. Das Gehirn ist aus verschiedenen Teilen aufgebaut. Davon ist das *Großhirn* der größte Teil. Das Großhirn besteht aus zwei Hälften, die miteinander über einen *Balken* verbunden sind. Es verarbeitet, vergleicht und beurteilt alle ankommenden Informationen. Hier wird uns Gesehenes, Gehörtes oder Gefühltes bewusst. Erst im Gehirn wird das, was wir zum Beispiel mit den Augen aufgenommen haben, als Gegenstand wahrgenommen. Ohne Gehirn wären wir trotz gesunder Augen blind.

Das Gehirn vergleicht den aufgenommen Gegenstand mit allen anderen bisher erkannten Gegenständen und ordnet ihn zum Beispiel als Ball ein. Nun können die entsprechenden Muskeln aktiviert werden und der Torwart kann den Ball gezielt abwehren. Durch das Gehirn erkennen wir Bilder, hören Töne, fühlen Wärme oder Kälte und spüren Schmerzen. Mit dem Gehirn lernen wir, entwickeln ein Gedächtnis und ein Bewusstsein. Hierfür sind 15 Milliarden miteinander verschaltete Nervenzellen verantwortlich.

Das Rückenmark. Das Rückenmark verläuft vom Gehirn bis in den Lendenbereich. Es ist liegt gut geschützt im Wirbelkanal der Wirbelsäule. Durch seitliche Öffnungen in den Wirbeln treten die Rückenmarksnerven aus. Sie bestehen aus *Empfindungs-* und *Bewegungsnerven* und versorgen jeweils einen ganz bestimmten Körperbereich.

Merke:
- **Das Nervensystem durchzieht unseren gesamten Körper.**
- **Die Nerven leiten die Informationen als elektrische Impulse weiter.**
- **Gehirn und Rückenmark bilden das Zentralnervensystem.**
- **Das Zentralnervensystem verarbeitet die Informationen und veranlasst die Reaktionen.**

1 **Fragen zum Text: a)** Beschreibe das Nervensystem.
b) Wie setzt sich das Zentralnervensystem zusammen?

2 Wirbelsäulenverletzungen können zur Lähmung von Körperabschnitten führen. Warum?

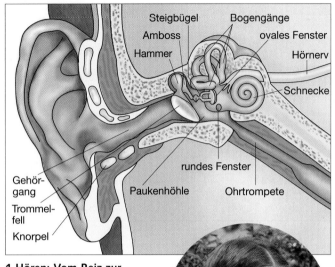

Reiz: Schallwellen

↓

Sinneszellen: Hörsinneszellen

↓

Empfindungsnerv: Hörnerv

↓

Gehirn

↓

Bewegungsnerv

↓

Muskel: Stimmbänder, Zunge, Kiefer

↓

Reaktion: Antwort

1 Hören: Vom Reiz zur Reaktion

✳ 1.6 Vom Hören zum Handeln

Handys sind aus unserem Alltag nicht mehr wegzudenken. Wenn das Anrufsignal ertönt, schaltet man auf Empfang, hört was der Anrufer sagt und reagiert zum Beispiel mit einer Antwort.

Vom Reiz zur Erregung. Die Lautsprechermembran des Handys erzeugt Schallwellen. Diese Luftschwingungen werden von der Ohrmuschel gesammelt und von dem Trommelfell auf die Gehörknöchelchen Hammer, Amboss und Steigbügel übertragen. Die Hebelwirkung der Gehörknöchelchen führt zu einer 20-fachen Verstärkung des Signals. Am ovalen Fenster wird die Flüssigkeit im Innenohr in Schwingung versetzt. Diese Schwingungen drücken auf die Sinneszellen und erregen sie.

Verarbeitung im Gehirn. Die Erregungen der Sinneszellen werden als elektrische Impulse über den Hörnerv an das Gehirn weiter geleitet. Dort werden die Informationen verarbeitet und mit bereits bekannten Tönen verglichen. Erst jetzt sind wir in der Lage, die Botschaft des Anrufers zu verstehen. Das Gehirn gibt Befehle an die Muskeln unserer Stimmorgane (Stimmbänder, Zunge und Kiefer) weiter und wir können antworten.

Merke:
- **Sinneszellen im Innenohr wandeln die Schallwellen in Nervenimpulse um.**
- **Der Hörnerv leitet die Impulse ans Gehirn weiter.**
- **Das Gehirn verarbeitet die Informationen und gibt Befehle über Bewegungsnerven an die Muskeln unserer Stimmorgane.**

1 **Fragen zum Text: a)** Beschreibe den Weg des Schalls von der Schallquelle bis zu den Hörsinneszellen mit eigenen Worten.
b) Erkläre die Aufgaben der Hörsinneszellen.
c) Nenne unsere Stimmorgane, mit denen wir auf den Anruf antworten.

2 Bei Arbeiten mit lauten Geräten ist ein Gehörschutz vorgeschrieben. Warum?

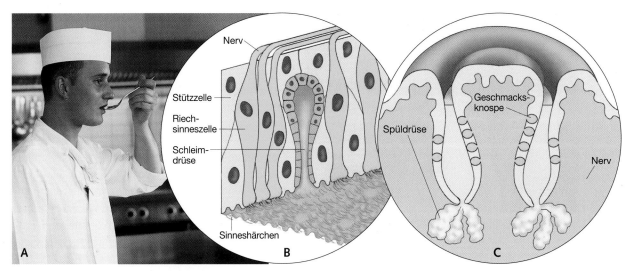

1 Riechen und Schmecken: Vom Reiz zur Reaktion. A *Abschmecken;* **B** *Riechschleimhaut der Nase;* **C** *Geschmackspapille der Zunge*

✱ 1.7 Vom Riechen und Schmecken zum Handeln

Erfolgreiche Köche sind in der Lage, feinste Würzunterschiede zu erkennen und dem Gericht den vollendeten Geschmack zu geben.

Vom Geruchsstoff zur Geruchsempfindung. Geruchsstoffe gelangen mit der eingeatmeten Luft in unsere Nase. Dort lösen sie sich in der Riechschleimhaut. Die dort befindlichen 20 Millionen *Riechsinneszellen* nehmen winzige Mengen der Geruchsstoffe wahr und werden dadurch erregt. Sie leiten diese Erregung als Nervenimpulse zum Gehirn weiter.

Vom Geschmacksstoff zur Geschmacksempfindung. Die Geschmacksstoffe gelangen mit der Nahrung auf die Zunge und lösen sich dort im Speichel. Auf der Zunge befinden sich *Geschmackssinneszellen.* Die Geschmacksstoffe lagern sich an die Sinneszellen an und diese werden dadurch erregt. Für die Geschmacksrichtungen süß, sauer, salzig, bitter sowie für Fleischaroma hat jeder Mensch jeweils spezielle Sinneszellen. Fettsinneszellen werden auch vermutet.

Verarbeitung im Gehirn. Im Gehirn werden die Informationen des Geruchs- und Geschmackssinns zusammengeführt. Dadurch wird ein feineres Geschmacksempfinden möglich. Die ankommenden Nervenimpulse der Geruchs- und Geschmackssinneszellen werden mit schon vorhandenen Impulsmustern verglichen und die Geruchs- und Geschmacksstoffe dadurch erkannt. Nun kann das Gehirn Befehle an die entsprechenden Muskeln leiten, eventuell noch etwas nachzuwürzen.

Merke:

- **Gerüche werden durch Sinneszellen in der Riechschleimhaut wahrgenommen.**
- **Auf der Zunge befinden sich Sinneszellen für die verschiedenen Geschmacksrichtungen.**

---

1 **Fragen zum Text: a)** Beschreibe, wie eine Geruchsempfindung zustande kommt.
b) Erkläre, wie Geruchs- und Geschmacksstoffe im Gehirn erkannt werden.

2 Begründe, weshalb gerade geruchlose, giftige Gase wie Kohlenstoffmonooxid besonders gefährlich sind.

3 Bei Schnupfen sind Geruch- und Geschmacksempfinden eingeschränkt. Gib eine Erklärung hierfür.

1 Belebte Fußgängerzone

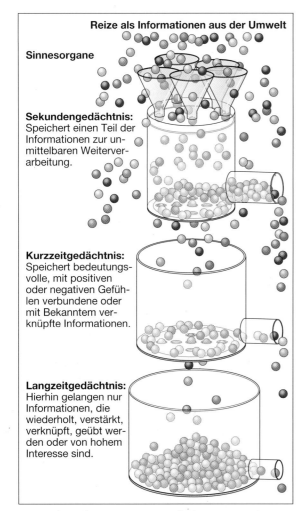

2 Von der Information zum Gedächtnis

1.8 Lernen und Gedächtnis

Bewegen wir uns in einer Fußgängerzone, strömt ständig eine Flut von Informationen auf unsere Sinnesorgane ein. Der größte Teil dieser Informationen wird überhaupt nicht wahrgenommen, nur ein kleiner Teil verbleibt in unserem Gedächtnis.

Das Sekundengedächtnis. Ein Teil der aufgenommenen Informationen wird für wenige Sekunden in den Sinnesorganen gespeichert. Dies dient zur direkten Weiterverarbeitung, wenn wir zum Beispiel in der Fußgängerzone entgegenkommenden Passanten ausweichen müssen. Danach gehen diese Informationen wieder verloren.

Das Kurzzeitgedächtnis ist unser mittelfristiger Speicher. Es nimmt Informationen auf, die für den Betreffenden von Bedeutung sind. Dies können zum Beispiel Plakate für eine Party oder ein Musiker in der Stadt sein. Diese Informationen verweilen für einige Stunden oder Tage im Kurzzeitgedächtnis.

Das Langzeitgedächtnis. Was in dieser Zeit nicht wiederholt, gefestigt oder durch weitere Informationen verstärkt wird, geht wieder verloren. So gelangt nur ein sehr kleiner Teil der Gesamtinformation in den Langzeitspeicher, auf den wir zum Teil ein Leben lang zurückgreifen können. Hier werden Fakten oder Erlebnisse gespeichert, aber auch erlernte Fähigkeiten wie Schwimmen oder Rad fahren.

> **Merke:**
> - Nur ein geringer Teil aller Informationen aus der Umwelt wird langfristig gespeichert.
> - Informationen werden je nach ihrer Bedeutung im Sekunden-, im Kurzzeit- und im Langzeitgedächtnis gespeichert.

1 Fragen zum Text: **a)** Welche Speichermöglichkeiten hat das Gehirn?
b) Unter welchen Bedingungen gehen Informationen in das Kurzzeitgedächtnis über?

2 Begründe, weshalb Informationen unterschiedlich gespeichert werden.

Lernen lernen

Wir lernen nicht immer gerne, denn Lernen ist oft anstrengend. Der Erfolg des Lernens und unsere Gedächtnisleistung hängen von einer ganzen Reihe von Faktoren ab, die wir beeinflussen können.

Was fördert den Lernerfolg?

- Eine ruhige Lernumgebung
- Lust auf Neues
- Konzentration auf den Lernstoff
- Erst einige Zeit nach dem Essen lernen
- Ohne Zeitdruck lernen
- Den Lernstoff in kleine Häppchen teilen
- Das Gelernte üben und wiederholen
- Über das Gelernte sprechen
- Das Gelernte auf andere Sachverhalte anwenden

Hilfreich: Das Lerntagebuch

Ein Lerntagebuch hilft dir, den Lernstoff zu ordnen, einzuteilen und nichts zu vergessen. So kannst du auch dem Stress vor Prüfungen vorbeugen.

Thema	Buch	Gelernt am:	wiederholt am:
Kommunikation im Körper	S. 70	07.11.2008	09.11.2008
Lernen und Gedächtnis	S. 74	13.11.2008	

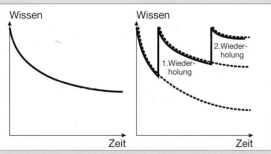

1 Lernkurven: Ohne Wiederholungen geht es nicht!

Was behindert den Lernerfolg?

- Unruhe, Lärm und Gespräche im Hintergrund
- Gleichzeitiges Fernsehen oder Musik hören
- Lernen unter Stress und Zeitdruck
  - Abschweifende Gedanken
    - Unwohlsein
      - Anstehende Probleme
        - Lustlosigkeit

Verschiedene Lerntypen und Eingangskanäle

Beim Lernen werden verschiedene Sinnesorgane als „Eingangskanäle" benutzt. Je nach Lerntyp sind dies die Augen, die Ohren oder auch die Hände, während man mit ihnen schreibt.

Überlege, welcher Lerntyp du bist! Wenn man mehrere Lernkanäle benutzt, ist der Lernerfolg oft höher. Vokabeln zum Beispiel solltest du also lesen, laut sprechen und aufschreiben.

1 Erkläre mit dem Gedächtnismodell, warum mehrere Beschäftigungen nebeneinander den Lernerfolg behindern.

2 Was könnte man noch in das Lerntagebuch aufnehmen?

3 Erkläre die beiden Lernkurven.

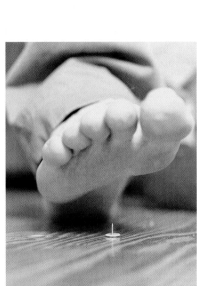

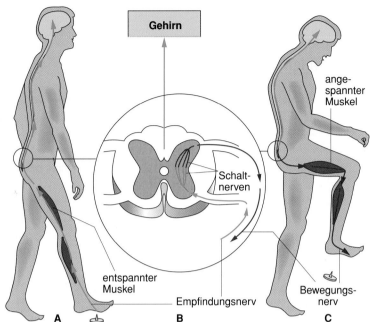

Gehirn

ange-
spannter
Muskel

Schalt-
nerven

entspannter
Muskel

Empfindungsnerv

Bewegungs-
nerv

A   B   C

1 Das wird weh tun!   **2 Reflexhandlung. A** *Reiz;* **B** *Schema;* **C** *Reaktion*

✱ 1.9 Blitzschnelle Reaktionen: Reflexe

Barfuß laufen kann mitunter schmerzhaft sein. Tritt man in einen Reißnagel, zieht man praktisch gleichzeitig mit dem ersten Schmerz das Bein blitzschnell nach oben. Dies schützt uns vor einer schlimmeren Verletzung. Solch eine Reaktion auf einen Reiz nennt man **Reflex**. Aber wie kann der Körper so schnell reagieren?

Der Reflexbogen. Der Reißnagel löst beim Einstich in den Sinneszellen der Fußsohle eine Erregung aus. Die dadurch erzeugten Nervenimpulse laufen über *Empfindungsnerven* in Richtung Gehirn. Bevor sie jedoch das Gehirn erreichen und uns der Schmerz bewusst wird, kommt es zu einer Erregung von Schaltnerven im Rückenmark. Die Impulse werden unmittelbar auf *Bewegungsnerven* umgeschaltet. So bekommt der Beugemuskel im rechten Bein blitzschnell den Impuls zum Zusammenziehen – das Bein wird gebeugt und verhindert ein tieferes Eindringen des Reißnagels.

Den Weg vom Reizort über Empfindungsnerv, Rückenmark und Bewegungsnerv zum Muskel bezeichnet man als *Reflexbogen.* Wenn der Reiz im Gehirn ankommt, also uns der Einstich bewusst wird,

ist die Reaktion aber schon erfolgt. Reflexe sind also kein bewusstes Handeln.

Schutzreflexe. Die meisten Reflexe schützen den Körper vor Gefahren und heißen daher **Schutzreflexe.** Beispiele dafür sind das Schließen der Augenlider, wenn sich ein Gegenstand dem Auge schnell nähert, sowie das Weiten und Verengen der Pupillen. Husten, Schlucken, Niesen, Würgen und Erbrechen sind weitere Reflexe.

> **Merke:**
> - **Reflexe sind unbewusste Handlungen. Sie werden vom Rückenmark gesteuert.**
> - **Schutzreflexe bewahren uns vor Gefahr.**

1 **Fragen zum Text: a)** Nenne die Stationen eines Reflexbogens.
b) Weshalb ist die Reaktionszeit bei Reflexen so kurz?
c) Gib Beispiele für Schutzreflexe an.

2 Sportreporter kommentieren gelungene Torwartparaden oft mit „tollen Reflexen". Nimm Stellung dazu.

Reflexe

V1. Kniesehnenreflex

Körperreflexe helfen Ärztinnen und Ärzten zu erkennen, wie gut Nerven und Muskeln funktionieren. Gut geeignet dazu ist der Kniesehnenreflex.
Material: Stuhl; Bleistift; Arbeitsheft.
Durchführung: Die Versuchsperson setzt sich auf einen Stuhl und schlägt ein Bein so über das andere, dass das untere Knie in die obere Kniekehle passt. Schlage mit der Handkante leicht auf den weichen Teil direkt unterhalb der Kniescheibe des übergeschlagenen Beines. Dort befindet sich die Kniesehne.
Aufgaben: a) Beobachte und beschreibe die Reaktion der Versuchsperson.
b) Erläutere die Reaktion der Versuchsperson mithilfe der Abbildung.

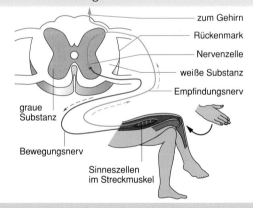

c) Übertrage die schematische Darstellung des Reflexbogens in dein Arbeitsheft. Ordne den Nummern die richtigen Begriffe zu. Nimm die Abbildung in Aufgabe b) zu Hilfe.

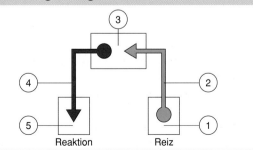

V2. Folge von Reflexen

Wenn sich ein Gegenstand dem Kopf nähert, reagieren wir ohne nachzudenken mit einer Folge von Bewegungen.

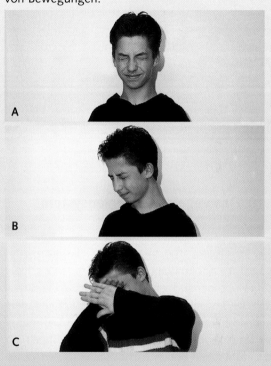

a) Beschreibe die einzelnen Stadien der Bewegung.
b) Welche biologische Bedeutung haben diese Bewegungen?

V3. Lidschlussreflex

Material: Bleistift; Papier.
Durchführung: Nähere deine Hand mit einer schnellen Bewegung den Augen einer Versuchsperson (Vorsicht, rechtzeitig stoppen!).
Aufgaben: a) Beobachte und beschreibe die Reaktion der Versuchsperson.
b) Erläutere den Ablauf der Reflexbewegung.
c) Zeichne den Reflexbogen als Schema. Beachte: Der Reflexbogen läuft über das Gehirn.

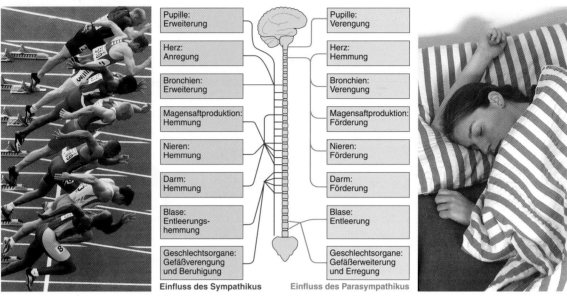

1 Wirkung des vegetativen Nervensystems

✱ 1.10 Das vegetative Nervensystem

In höchster Anspannung warten die Läufer auf den Start eines 100-Meter-Laufs. Der Körper ist in höchste Anspannung versetzt. Das Herz schlägt schnell und pumpt mehr Blut als sonst in den Kreislauf. Die Bronchien sind erweitert und können mehr Sauerstoff aufnehmen. Die Magen- und Darmtätigkeit lässt nach. Diese Organtätigkeiten können wir aber nicht direkt und bewusst durch unseren Willen steuern. Sie werden über das **vegetative Nervensystem** kontrolliert.

Sympathikus und Parasympathikus. Obwohl die Nerven des vegetativen Nervensystems mit Gehirn und Rückenmark an einigen Stellen verbunden sind, arbeitet dieses Nervensystem selbstständig. Man unterscheidet zwei Teile: den Sympathikus und den Parasympathikus.

Der **Sympathikus** besteht aus zwei großen Nervensträngen, die neben der Wirbelsäule verlaufen und zu den inneren Organen führen. Er fördert die Leistung des Körpers und wird deshalb auch als *Leistungsnerv* bezeichnet. Er beschleunigt Herzschlag und Atmung und hemmt zur gleichen Zeit die Verdauungstätigkeit.

Der **Parasympathikus** ist der *Erholungsnerv*. Er schaltet den Körper auf Ruhe und Erholung. Herz- und Lungentätigkeit verlangsamen sich, die Verdauung setzt ein. Beide Teile des vegetativen Nervensystems arbeiten als Gegenspieler. Während der Sympathikus bestimmte Organtätigkeiten fördert und andere gleichzeitig hemmt, bewirkt der Parasympathikus jeweils genau das Gegenteil.

Merke:

- Das vegetative Nervensystem steuert die Tätigkeit der inneren Organe.
- Die Nervenstränge Sympathikus und Parasympathikus sind Gegenspieler.

1 **Fragen zum Text: a)** Nenne die beiden Teile des vegetativen Nervensystems.
b) Erkläre die Begriffe Leistungsnerv und Erholungsnerv.

2 **a)** Gib an, welcher Teil des vegetativen Nervensystems während des Schlafs wirksamer ist und welcher während eines Angstzustandes.
b) Wie wirkt sich das vegetative Nervensystem auf Körperfunktionen wie Herzschlag und Atemtätigkeit aus?

1 Eine Gehirnerschütterung

1.11 Unser Nervensystem muss geschützt werden

Besonders gefährdet: das Gehirn. Unser Gehirn ist durch die *Schädelknochen* und die *Gehirnflüssigkeit* recht gut geschützt. Trotzdem kann es durch Stürze oder Gewalteinwirkungen auf den Schädel in Mitleidenschaft gezogen werden. Die Folgen können Bewusstlosigkeit, Erbrechen oder auch *Gehirnerschütterungen* sein. Eine Gehirnerschütterung heilt im Normalfall wieder vollständig aus, wenn man die ärztlich verordnete Bettruhe einhält. Bei starken Verletzungen wie einem *Schädelbruch* können aber auch Dauerschäden zurückbleiben. Man sollte daher zum Beispiel beim Fahrrad fahren einen Schutzhelm tragen.

Verletzung des Rückenmarks sind meist gravierend. Obwohl das Rückenmark durch die *Wirbelknochen* geschützt ist, kommt es immer wieder zu Verletzungen, vor allem durch Motorrad- und Autounfälle. Wird das Rückenmark beim Unfall durchtrennt, ist eine *Querschnittslähmung* die Folge. Von der verletzten Stelle abwärts sind die Nervenbahnen nicht mehr in der Lage, Steuerbefehle zu den Muskeln und Organen zu leiten. Eine Querschnittslähmung ist nicht heilbar.

Nicht nur körperliche Schäden sind eine Gefahr. Bei Dauerüberlastung durch *Lärm, Leistungsdruck, Angst* oder *Sorgen*, aber auch durch *Reizüberflutung* wie bei stundenlangem Fernsehen oder Computerspielen kann das Nervensystem geschädigt werden.

Die Folgen können Herzkrankheiten, aber auch Leistungsabfall und soziale Verarmung sein. Man sollte sich daher soziale Kontakte suchen und sich öfter bei abwechslungsreicher körperlicher oder geistiger Betätigung erholen, etwa in Form von sinnvollem Sport, durch Hören von entspannender Musik oder durch Lesen.

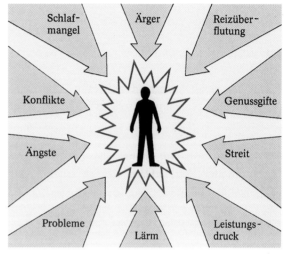

2 Gefahren für das Nervensystem

Merke:

- **Unser Nervensystem kann durch Gewalteinwirkungen oder durch eine unvernünftige Lebensweise geschädigt werden.**
- **Man kann das Nervensystem durch Schutzeinrichtungen und durch eine ausgewogene Lebensweise schützen.**

1 **Fragen zum Text: a)** Gib Situationen an, in denen unser Gehirn gefährdet ist.
b) Gib an, wodurch Gehirn und Rückenmark bereits in unserem Körper geschützt sind. Welche Sicherheitsvorkehrungen können wir zusätzlich treffen?
c) Erkläre, wie es zu einer Querschnittslähmung kommen kann.

2 Durch geplatzte oder verstopfte Arterien im Gehirn kann es zu einem Schlaganfall kommen. Erkläre, weshalb dadurch Lähmungserscheinungen auftreten können.

Trainer · Trainer · Trainer · Trainer · Trainer · Trainer · Trainer · Trainer · Trainer

1 Erstelle eine Tabelle mit Zeichen und Signalen, die du im Schulhaus findest. Gib dazu auch jeweils die Information an, die sie vermitteln sollen.

2 Nenne jeweils ein Beispiel, wie Menschen durch Sprache, Gestik, Mimik, Zeichen und Signale Informationen austauschen können.

3 Welche sind die fünf Sinne des Menschen?

4 Erkläre den Unterschied zwischen Sinnesorgan und Sinneszelle am Beispiel des menschlichen Auges.

5 Zu jeder Art von Sinneszelle passt nur ein bestimmter Reiz. Erkläre dies an einem selbst gewählten Beispiel.

6 Erkläre, auf welche Weise das Gehirn Gegenstände erkennt.

7 Mit unseren Sinnen nehmen wir nur einen Teil der Welt wahr. Mit welchen technischen Geräten können wir verborgene elektrische Leitungen aufspüren, ein Bakterium sehen, ins Weltall lauschen, dichten Nebel durchdringen und Wärmestrahlung sichtbar machen?

8 Viele Tiere verständigen und orientieren sich auf eine Weise, für die wir keine Sinne besitzen. Recherchiere drei Tierarten und ihre Art der Informationsübertragung.

9 Eine Mofafahrerin fährt auf eine Ampel zu, die auf Gelb schaltet. Sie muss rasch reagieren und das Fahrzeug abbremsen. Gib den Weg der Information vom gelben Signal bis zum Bremspedal des Mofas an.

10 Beschreibe den Reiz-Reaktions-Mechanismus ★ am Beispiel eines zu laut eingestellten Fernsehgeräts, das wir mit der Fernbedienung leiser tippen.

11 Aus welchen Teilen besteht das Zentralnervensystem?

12 Wovon ist es abhängig, wie lange Informationen ★ in unserem Gedächtnis gespeichert werden?

13 Zeige an Beispielen, wozu Schutzreflexe dienen. ★

14 Beschreibe die in der Zeichnung dargestellte ★ Reflexhandlung und erläutere den Reflexbogen.

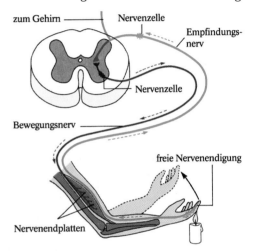

15 Welche Bereiche des menschlichen Körpers ★ werden durch das vegetative Nervensystem gesteuert?

16 Formel-1-Rennfahrer ★ haben während des Rennens oft Pulswerte von über 200 Schlägen pro Minute. Welcher Nerv des vegetativen Nervensystems ist hierfür verantwortlich?

17 Welche Folge kann eine Verletzung des Rückenmarks haben?

18 Wie kann man sich vor Gefahren für das Nervensystem schützen?

Auf einen Blick

- Menschen verständigen sich durch Informationen, also durch Sprache, Mimik, Gestik, Zeichen und Signale.

- Wir können Informationen über unsere Sinnesorgane Auge, Nase, Ohr, Zunge und Haut aufnehmen. Diese Informationen bezeichnet man als Reize.

- Technische Hilfsmittel erschließen uns eine Welt, die sonst für die Sinne nicht zugänglich wäre.

- Vom Reiz zur Reaktion: Die Erregungsleitung

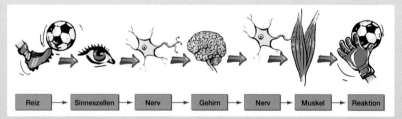

- Nerven befinden sich überall im Körper; Gehirn und Rückenmark bilden das Zentralnervensystem.

- Das Gehirn steuert bewusste und unbewusste Vorgänge.

- * Informationen werden je nach ihrer Bedeutung im Sekunden-, Kurz- oder Langzeitgedächtnis gespeichert.

- * Reflexe verlaufen unbewusst über das Rückenmark; der Arzt prüft mit dem Kniesehnenreflex die Funktion von Nerven und Muskeln.

- * Das vegetative Nervensystem steuert die Tätigkeit der inneren Organe.

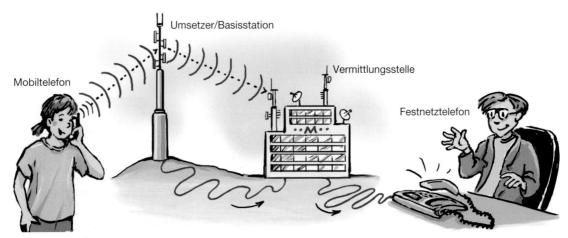

1 Vereinfachte Übertragungswege von einem Mobiltelefon zu einem Festnetztelefon

2 Kommunikations- und Informationstechnik

2.1 Das Mobiltelefon

Daniel hat seine U-Bahn verpasst, ruft mit seinem Mobiltelefon Eltern an und sagt Bescheid, dass er später kommt. Scheinbar nichts Besonderes und doch geschehen hinter den Kulissen viele Vorgänge, bevor Daniel mit seinen Eltern sprechen kann.

Vom Sender zum Empfänger. Er wählt die Nummer und drückt die Ruftaste. Das Mobiltelefon stellt nun eine dauerhafte Funkverbindung zur nächsten *Basisstation* her. Die Basisstation versorgt ein Gebiet von bis zu fünf Kilometern Radius und leitet das Gespräch per Richtfunk oder über Glasfaserleitungen zu einer Vermittlungsstelle. Schließlich gelangt das Gespräch an den Apparat der Eltern.

Umwandlung von Signalen. Von Telefon zu Telefon müssen die Signale mehrmals umgewandelt werden. Ein Mikrofon nimmt die Luftschwingungen der Sprache auf und wandelt sie in Spannungsschwankungen um. Diese werden vom Mobiltelefon per Funk weitergegeben und wieder als elektrisches Signal übertragen. Für Glasfaserleitungen ist die Umwandlung in Lichtimpulse notwendig. Im Telefon des Empfängers wandelt ein Lautsprecher die Spannungsschwankungen wieder in Luftschwingungen

um, die vom menschlichen Ohr aufgenommen und in Form von elektrischen Impulsen an das Gehirn übertragen werden. Um kommunizieren und Informationen übertragen zu können, benötigt man also einen **Sender**, von dem die Informationen ausgehen, einen **Übertragungsweg**, auf dem die Informationen von einem Ort zum anderen gelangen, und einen **Empfänger**, der die Informationen aufnimmt.

> **Merke:**
>
> - **Zur Kommunikation sind ein Sender, ein Empfänger und ein Übertragungsweg notwendig.**
> - **Signale müssen für die Übertragung umgewandelt werden.**

1 **Fragen zum Text: a)** Beschreibe den Übertragungsweg von einem Mobiltelefon zu einem Festnetztelefon.
b) Welche Umwandlungen sind für die Übertragung notwendig?

2 Handy-Tarife werden als Prepaid oder Vertrag angeboten.
a) Was ist der Unterschied zwischen beiden Angeboten?
b) Nenne Vor- und Nachteile dieser Angebote.

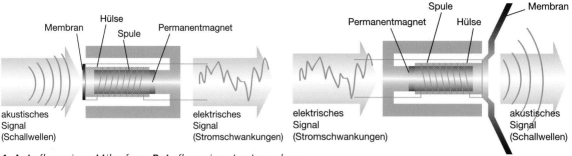

Membran | Hülse | Spule | Permanentmagnet

akustisches
Signal
(Schallwellen)

elektrisches
Signal
(Stromschwankungen)

Spule | Permanentmagnet | Hülse | Membran

elektrisches
Signal
(Stromschwankungen)

akustisches
Signal
(Schallwellen)

1 **A** *Aufbau eines Mikrofons*; **B** *Aufbau eines Lautsprechers*

2.2 Mikrofon und Lautsprecher

Mikrofone wandeln Sprache, Geräusche oder Musik in **elektrische Signale** um, die dann weiter verarbeitet werden können. Bei einem Tauchspulenmikrofon treffen die Schallwellen auf eine Membran, die mit einer Spule verbunden ist. In diese Spule ragt ein Magnet, der mit dem Gehäuse verbunden ist. Bewegt sich die Spule, wird eine Spannung induziert, die umso größer ist, je stärker die Membran bewegt wird. Die Anzahl der Spannungsänderungen pro Sekunde, die Frequenz, hängt von der Tonhöhe ab.

Lautsprecher funktionieren genau umgekehrt wie Mikrofone. Der Strom durchfließt eine Spule und erzeugt dadurch ein wechselndes Magnetfeld. Durch Anziehung und Abstoßung der Magnete wird die Membran des Lautsprechers in sehr schnelle Bewegungen versetzt. Die Luft vor der Membran beginnt zu schwingen. Diese Schwingungen können von unserem Ohr als Geräusch wahrgenommen werden.

Merke:

● **Mikrofone werden zur Umwandlung von Schall in elektrische Signale verwendet.**
● **Lautsprecher können elektrische Signale in hörbaren Schall umwandeln.**

1 **Fragen zum Text: a)** Beschreibe die Funktionsweise eines Mikrofons.
b) Wie unterscheidet sich die Funktionsweise des Lautsprechers von der des Mikrofons?

Exkurs **E**

Die Erfindung des Telefons: Philipp Reis und Alexander Bell

Johann Philipp REIS (1834-1874). Der Physiklehrer bastelte an einem Ohr-Modell und entdeckte dabei das Telefon. Sein Apparat war in der Lage, Töne in elektrischen Strom zu wandeln und an einem anderen Ort als Schall wiederzugeben. Der erste dabei ins Telefon gesprochene Satz lautete »Das Pferd frisst keinen Gurkensalat.« und wurde am anderen Ende der Leitung kaum verstanden. Die Konstruktion von REIS war noch sehr unausgereift und konnte sich nicht durchsetzen.

Alexander BELL (1847-1922). BELL entwickelte 1876 einen ähnlichen Apparat wie REIS. Es gelang BELL seine Idee durch ein Patent schützen zu lassen, sodass er nach einigen Verbesserungen die ersten Fernsprechverbindungen aufbauen konnte. Er gründete 1877 eine Telefongesellschaft, aus der sich einer der weltgrößten Telefonkonzerne entwickelte.

Exkurs

Kommunikation heute

Das analoge Telefonnetz. Früher war für ein Telefongespräch eine direkte Drahtverbindung zwischen den Gesprächspartnern notwendig. Anfangs verband das „Fräulein vom Amt" auf großen Steckfeldern die Teilnehmer per Hand miteinander. Auf Grund der gewachsenen Anschlusszahl übernahmen später umfangreiche elektromechanische Schaltanlagen diese Aufgabe. Die Technik war sehr aufwändig und fehleranfällig. Es konnte vorkommen, dass andere Gespräche Störungen verursachten und als Geisterstimmen hörbar wurden.

ISDN. Mit der Einführung von ISDN (Integrated Services Digital Network) im Jahre 1989 wurde die störanfällige Technik digitalisiert. Die Sprachqualität wurde deutlich besser und verschiedene Zusatzleistungen wie das gleichzeitige Telefonieren mit zwei Telefonen über die gleiche Leitung wurden möglich.

Mobil telefonieren. Mit einem Handy kann man auch von unterwegs telefonieren. Mobiltelefone gibt es schon seit mehr als 60 Jahren, doch früher waren sie groß, schwer und teuer. Erst seit den 90er Jahren und mit dem **GSM-Standard** (**G**lobal **S**ystem for **M**obile Communication) wurde das Mobiltelefonieren erschwinglich. Durch

GMS konnte man nicht nur telefonieren, sondern auch Kurznachrichten (SMS) versenden. Inzwischen verbreitet sich mit **UTMS** (**U**niversal **M**obile **T**elecommunication **S**ystem) ein neuer Standard mit deutlich höheren Übertragungsgeschwindigkeiten. Hiermit ist nicht nur Videotelefonie, sondern auch ein mobiler Internetzugang möglich.

Internet. Der Grundstein für das weltumspannende Datennetz wurde bereits um 1969 gelegt. Für das Militär in den USA erschien es notwendig, ein Computernetzwerk aufzubauen, das nicht über zentrale Punkte läuft, sondern so vernetzt ist, dass der Ausfall einzelner Computer kein Problem darstellt. Die Verbindung kann dann über andere Umwege laufen. 1989 wurde am CERN, dem weltgrößten physikalischen Forschungsinstitut mit Sitz in Genf, das **WorldWideWeb (WWW)** entwickelt. Damit konnten auch Laien das Internet benutzen. 2007 waren etwa 490 Millionen Rechner über das Internet verbunden.

VoIP (Voice over Internet Protocol). Inzwischen kann man über das Internet sogar telefonieren. Während beim Abruf von Internetseiten vor allem die Zuverlässigkeit der Datenübertragung eine Rolle spielt, kommt es bei VoIP auf die Geschwindigkeit der Übertragung an. Es stört nicht, wenn einzelne Datenpakete verloren gehen, oftmals bemerkt man solche Übertragungsfehler gar nicht. Brauchen die Datenpakete jedoch zu lange, sind lästige Pausen im Gespräch zu hören.

IM (Instant Messaging). Eine Sonderform des Chattens stellt das IM dar, für das eine spezielle Software benötigt wird. In einem eigenständigen Fenster erscheinen Kurznachrichten, Videobilder oder Dateien, die von Freunden übertragen werden. Zur Anmeldung ist manchmal der kostenpflichtige Abschluss einer Mitgliedschaft notwendig, informiere dich daher vorher ausführlich!

Emoticons, Smilies. Da man beim Chatten oder Schreiben von E-Mails seinen Kommunikationspartner weder sieht noch hört, lassen sich Gefühle wie Freude oder Ärger nur schwer ausdrücken. Oft wird eine Mitteilung daher falsch verstanden. Viele Menschen nutzen deshalb Zeichenfolgen wie :-) oder :-(, die von der Seite gelesen wie Gesichter aussehen.

Beteiligung an Foren. Texte und Bilder, die in Foren oder Verzeichnissen wie *Schüler*VZ eingestellt werden, können weltweit von jedem (!) abgerufen werden. Auch wenn man sie löscht, sind sie in Internetarchiven oft noch nach Jahren einsehbar. Jeder sollte sich daher genau überlegen, was er im Internet von sich preisgibt.

Chat. Beim Chatten (englisch „to chat" für „plaudern, quatschen") kann man sich über das Internet mit anderen unterhalten. Das geht sehr schnell: Sobald man seinen Text absendet, erscheint er für alle sichtbar im Chatroom und die anderen können antworten. Viele Chatter unterhalten sich über persönliche Dinge, es gibt aber auch Chats, in denen man Hilfestellung bei Problemen findet.

Beim Chatten kann man allerdings nie sicher sein, ob der Gesprächspartner auch wirklich derjenige ist, für den er sich ausgibt. Daher sollte man auch selbst niemals seinen tatsächlichen Namen oder sogar Adresse und Telefonnummer preisgeben.

:-)	fröhliches Gesicht	:-(	trauriges Gesicht	*:o)	Clown
:-D	lautes Lachen	;-)	zwinkern	:-*	küssen
:->	verschmitzt	:-P	Zunge rausstrecken	o:-)	Engel
ACK	acknowledgement engl. für „Zustimmung"	LOL	laughing out loud engl. für „lautes Lachen"	4U	for you engl. für „für dich"
AFAIK	as far as I know engl. für „soweit ich weiß"	CU	see you engl. für „tschüss"	DAU	dümmster anzunehmender User (Benutzer)
FAQ	frequently asked questions engl. für „häufig gestellte Fragen"	GN8	good night engl. für „Gute Nacht"	YMMD	You made my Day. engl. für „Du hast meinen Tag gerettet."
THX	thanks engl. für „Danke"	w00t	etwa: „juhuu"	n00b	newbie engl. für „Anfänger, Neuling"

1 Gebräuchliche Emoticons und Abkürzungen in der Chat-Sprache

1 Versuch es selbst: Heiß oder kalt?

2.3 Sensoren sind Umweltfühler

Subjektive Wahrnehmung. Der Mensch kann viele äußere Reize wie Gerüche oder Temperaturen wahrnehmen. Unsere Wahrnehmung lässt sich aber leicht beeinflussen. Die menschlichen Sinne können Temperaturen nur vergleichen, aber nicht exakt messen. Teste selbst: Gib in jeweils eine Schüssel einmal heißes und einmal kaltes Wasser. Fülle eine dritte Schüssel mit lauwarmem Wasser. Jetzt halte eine Hand in das heiße, die andere in das kalte Wasser, warte eine Minute und halte dann beide Hände in die lauwarme Schüssel. Was spürst du?

Sensoren können genaue Messwerte erstellen. Sie sind elektronische Bauteile, die auf Umweltgrößen reagieren und diese in elektrische Signale umwandeln. Oft sind sie den menschlichen Sinnen weit überlegen. Es gibt auch Sensoren, für die der Mensch keine Sinne hat, wie zum Beispiel für Magnetfelder oder Radioaktivität.

Temperatursensoren. Halbleiter wie Silicium leiten den elektrischen Strom in Abhängigkeit von der Temperatur. *Heißleiter (NTC)* leiten den elektrischen Strom umso besser, je wärmer es ist. *Kaltleiter (PTC)* leiten den elektrischen Strom umso besser, je kälter es ist. Man kann Halbleiter daher zum Messen und Überwachen von Temperaturen verwenden.

Lichtsensoren. In vielen Städten wird die Straßenbeleuchtung unabhängig von der Uhrzeit gesteuert. Sobald es zu dunkel wird, schalten die Laternen ein. Ein Lichtsensor erfasst dabei die Helligkeit und gibt diese Information an eine elektronische Steuerung weiter.

Ein Lichtsensor besteht ebenfalls aus einem Halbleitermaterial. Der Widerstand des Halbleiters wird nicht nur durch die Temperatur, sondern auch durch die Helligkeit beeinflusst. Je stärker der Halbleiter beleuchtet wird, umso geringer wird sein Widerstand und umso mehr leitet er den elektrischen Strom. Sobald die Lichtquelle entfernt wird, steigt der Widerstand wieder auf den ursprünglichen Wert an. Solche Sensoren werden **LDR** (**L**ight **D**ependent **R**esistor, engl. für „lichtabhängiger Widerstand") genannt und bestehen oft aus dem Halbleitermaterial Cadmiumsulfid.

Man verwendet LDRs in *Lichtschranken* von Fahrstuhltüren oder *Beleuchtungsmessern* von Fotoapparaten.

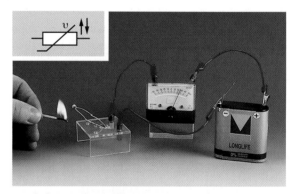

2 Schaltung mit Heißleiter

3 Lichtabhängige Widerstände

1 Dehnungsmessstreifen gibt es in vielen Formen und Größen

2 Dehnungsmessstreifen im Einsatz

Drucksensoren. Häufig wird zur Luftdruckmessung ein Sensor verwendet, der auf dem piezoelektrischen Effekt basiert: Wird ein Kristall zusammengedrückt, entsteht eine Spannung, die umso größer ist, je stärker die Kraft ist, die auf dem Kristall einwirkt. Diese Spannung kann anschließend von einer Messschaltung verstärkt und weiterverarbeitet werden. Solche Drucksensoren finden in modernen elektronischen *Barometern* oder *Höhenmessern* Anwendung.

Gewichtssensoren. Um die Gewichtskraft einer Masse elektronisch zu messen, werden *Dehnungsmessstreifen (DMS)* verwendet. Hierbei handelt es sich um einen flexiblen Kunststoffstreifen, auf den eine gewundene Leiterbahn angebracht wurde. Wird der Streifen gebogen, verändern sich Länge und Querschnitt und damit der Widerstand des Drahtes.

Feuchtigkeitssensoren. Leitungswasser leitet den elektrischen Strom. Um einen Sensor zu bauen, der auf Feuchtigkeit reagiert, benötigt man nur zwei Leiter, die zum Beispiel in einen Blumentopf gesteckt werden. Ist die Erde sehr trocken, fließt zwischen den beiden Leitern fast kein Strom. Ist die Erde sehr feucht, sinkt ihr Widerstandswert und ein größerer Strom kann fließen.

Gassensoren. Typische Gassensoren reagieren auf Propan, Butan, Methan oder Kohlenstoffmonooxid. Es gibt jedoch keinen Gassensor, der auf alle Gasarten gleich empfindlich reagieren kann. Vor allem in Wohnmobilen, wo fast ausschließlich mit Gas geheizt und gekocht wird, tragen sie entscheidend zur Sicherheit bei. Auch die Lambda-Sonde zur Abgassteuerung bei einem Benzinmotor ist ein spezieller Gassensor.

Magnetfeldsensoren. Um automatisch die Geschwindigkeit von Autos zu messen oder eine Verkehrszählung durchzuführen, eignen sich Magnetfeldsensoren. Das sind in die Fahrbahn eingelassene Leitungen, so genannte Induktionsschleifen, durch die ein Strom fließt. Sobald sich ein metallischer Körper über die Leitungen bewegt, verändert sich der Stromfluss. Kennt man den Abstand zwischen zwei Leitungen und die Zeit zwischen den Impulsen, kann die Geschwindigkeit ermittelt werden und gegebenenfalls ein Foto ausgelöst werden. Eine dritte Messleitung stellt die Richtung des Fahrzeuges und die Änderung der Geschwindigkeit fest.

3 Induktionsschleifen zur Geschwindigkeitsüberwachung

1 Spielspaß mit Beschleunigungssensoren

2 Bewegungsmelder an der Haustür

Beschleunigungssensoren registrieren starke Stöße auf Notebooks und leiten das rechtzeitige Ausschalten der Festplatte ein oder registrieren bei modernen Spielkonsolen die Bewegungen eines Joysticks.

Wie ein Gewicht an einer Federwaage wird hier eine winzige Silicium-Masse an nur wenige Mikrometer (1 µm = 0,000 001 m) breite Silicium-Stege „gehängt". Bewegt sich das locker hängende Gewicht, weil es beschleunigt wird, kann dies elektrisch gemessen werden.

Bewegungsmelder. Ob zum Einschalten einer Hofbeleuchtung oder für eine Alarmanlage: Wenn ein bestimmter Bereich überwacht werden soll, bieten sich *Passive Infrarotsensoren (PIR-Sensoren)* an. Diese reagieren auf die Wärmestrahlung (Infrarotstrahlung) von Menschen, Tieren oder anderen warmen Gegenständen. Weil sie keine eigene Infrarotstrahlung aussenden, nennt man sie passiv. Wie die menschlichen Sinne können sie nur Veränderungen der Messgröße wahrnehmen, aber keinen genauen Messwert bestimmen.

Im Bewegungsmelder ist vor dem eigentlichen Sensor eine Linse eingebaut, die den Erfassungsbereich in Sektoren einteilt. Verändert sich in einem solchen Kreisausschnitt die Infrarotstrahlung, wird dies vom Sensor erfasst.

Sehr langsame Veränderungen wie die der Sonne kann der Sensor nicht erkennen. Man kann Bewegungsmelder daher auch austricksen, wenn man sich ihnen nur äußerst langsam und geradlinig nähert.

Merke:

- Technische Bauteile mit der gleichen Funktion wie unsere Sinnesorgane heißen Sensoren.
- Sensoren wandeln Umweltgrößen in elektrische Signale um.
- Sensoren sind den menschlichen Sinnen oft überlegen.
- Sensoren können auch Umweltgrößen erfassen, für die der Mensch keine Sinnesorgane hat.

1 Fragen zum Text: a) Welche Vorteile haben technische Sensoren?
b) Nenne Umweltgrößen, für die der Mensch keine Sinnesorgane hat.
c) Liste die technischen Sensoren auf und gib Beispiele für ihren Einsatz an.

2 Suche zu den menschlichen Sinnesorganen passende technische Sensoren.

3 a) Einige Tiere haben besonders gut ausgebildete Sinnesorgane. Nenne einige Beispiele.
b) Menschen nutzen die Sinnesorgane von Tieren aus. Beschreibe, welche Aufgaben Tiere für den Menschen übernehmen.

Eigenschaften von Sensoren

V1. Lichtabhängigkeit von LDRs

Material: Verschiedene LDRs; eine nicht zu helle Lichtquelle mit Netzanschluss; Maßband; Widerstandsmessgerät; Kabel.

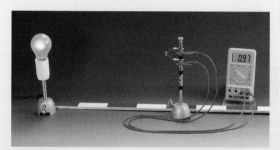

Durchführung: a) Am besten funktioniert der Versuch in einem abgedunkelten Raum. Miss eine Strecke von 1 m ab und markiere 10 cm breite Abschnitte. Stelle die Lichtquelle an das eine Ende der Versuchsstrecke und den jeweiligen LDR an das andere Ende.
b) Lege eine Tabelle nach folgendem Muster an:

Entfernung in Meter	LDR 1 Widerstandswert in Ohm	LDR 2 Widerstandswert in Ohm	...
1,0			
0,9			
...			

c) Miss nun den Widerstandswert der LDRs in verschiedenen Entfernungen zu der Lichtquelle und trage deine Beobachtungen in die Tabelle ein.

Aufgabe: a) Beschreibe deine Beobachtungen.
b) Zeichne ein Koordinatensystem, auf dessen x-Achse die Entfernung und auf der y-Achse der Widerstandswert aufgetragen wird. Trage die Messwerte der verschiedenen LDRs in unterschiedlichen Farben ein. Du kannst die Auswertung auch am Computer erstellen.
c) Wie muss die Messreihe für NTC- und PTC-Widerstände durchgeführt werden?

V2. Bau eines elektrischen Thermometers.

Material: Heißleiter (Kaltwiderstand ca. 1kΩ); Thermometer (bis 110 °C); analoges Strommessgerät; regelbares Netzgerät; Kabel; Folie; Folienstift; Eiswasser (0 °C); kochendes Wasser (100 °C); Wasser zum Mischen; Becherglas.
Durchführung: Überklebe die Skala des Strommessgeräts mit einer Folie, auf der du die Temperatur auftragen kannst. Zunächst muss das Thermometer geeicht werden. Dazu werden zwei Fixpunkte, die Schmelz- und die Siedetemperatur von Wasser, verwendet. Baue dazu die Schaltung wie in der Abbildung auf. Tauche den NTC in ein Becherglas mit Eiswasser. Achte darauf, dass die Anschlussdrähte des NTCs nicht in das Wasser ragen oder packe ihn wasserdicht ein. Markiere mit einem Folienstift den Nullgrad-Punkt. Verfahre ebenso beim kochenden Wasser. Miss dann noch bei 25 °C, 50 °C und 75 °C. Mische dazu das kochende Wasser so mit dem kalten Wasser, dass du diese Temperatur erhältst.

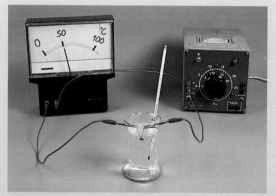

Aufgabe: a) Ergänze die Skala sinnvoll und miss dann die Raumtemperatur im Klassenzimmer, in einem Kühlschrank, in einem Glas mit warmen Wasser oder weiterem. Notiere deine Ergebnisse.
b) Wie groß ist die Abweichung bei der Zimmertemperatur zwischen dem selbstgebauten und einem gekauften Thermometer? Suche nach Ursachen für Messunterschiede und nach Möglichkeiten, die Unterschiede zu verringern.

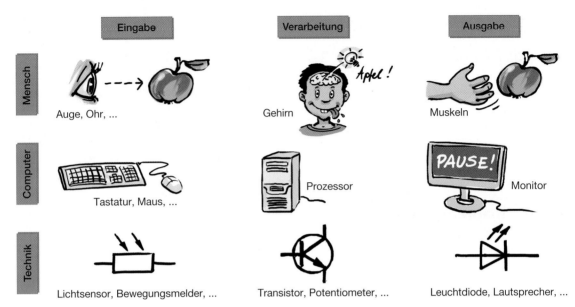

1 Das EVA-Prinzip bei Mensch, Computer, Elektronik

2.4 Das EVA-Prinzip

Die Verarbeitung von Informationen kann man sowohl beim Menschen als auch bei einem technischen Gerät mit dem **EVA-Prinzip** beschreiben. Dabei steht E für Eingabe, V für Verarbeitung und A für Ausgabe.

Eingabe. Für die Eingabe von Informationen beim Menschen sind seine Sinnesorgane wie die Augen zuständig. Reize aus der Umwelt werden wahrgenommen und so umgewandelt, dass sie über das Nervensystem weitergeleitet werden können.

Verarbeitung. Im Gehirn werden die eingehenden Informationen verarbeitet. Unwichtige Informationen werden verworfen, wichtige im Gedächtnis abgelegt. Erst im Gehirn wird aus einem roten runden Etwas ein Apfel, weil das Gehirn bereits früher gelernt hat, wie ein Apfel aussieht. Für die Verarbeitung von Informationen im Gehirn spielen Erfahrungen, logisches Denken, Gefühle und persönliche Wertvorstellungen eine große Rolle.

Ausgabe. Die verarbeiteten Informationen werden anschließend ausgegeben, zum Beispiel indem eine Hand nach dem Apfel greift. Dazu gibt das Gehirn Befehle an die entsprechenden Muskeln.

Elektronische Schaltungen. Auch elektronische Schaltungen funktionieren nach dem EVA-Prinzip. Die Eingabe übernehmen Sensoren. Sie wandeln eine physikalische Größe wie Druck oder Temperatur in eine elektrisch auswertbare Größe um. Diese wird dann innerhalb einer elektronischen Schaltung gemessen (Verarbeitung). Ist ein bestimmter Grenzwert erreicht, steuert die Schaltung ein Ausgabegerät. Dies kann zum Beispiel ein Relais sein, das eine Meldeleuchte einschaltet, oder eine Hupe, die ein akustisches Warnsignal ausgibt.

Merke:
- Bei Mensch und Technik erfolgt die Informationsverarbeitung in drei Schritten:
  Eingabe – Verarbeitung – Ausgabe (EVA)

1 Fragen zum Text: a) Was bedeutet die Abkürzung EVA?
b) Welche Organe beim Menschen sind für die Eingabe, Verarbeitung und Ausgabe zuständig?

2 Ordne folgende Geräte nach dem EVA-Prinzip: Mikrofon, Bildschirm, Sensor, Lautsprecher, Scanner, Verstärker, Drucker, Messschaltung.

1 Industrieroboter helfen in der Produktion

2 Ein Roboter als Haushaltshilfe

2.5 Vergleich zwischen Mensch und Maschine

Im direkten Vergleich zwischen den menschlichen Sinnesorganen und technischen Sensoren scheint der Mensch schlecht abzuschneiden. Viel zu ungenau ist sein Temperaturempfinden, viel zu leicht lässt sich das Auge durch optische Täuschungen in die Irre führen, viel zu schlecht sind seine Ohren.

Subjektivität und Objektivität. Der Mensch nimmt seine Umgebung **subjektiv** war. Das Empfinden ist durch verschiedene andere Faktoren beeinflussbar. Es hängt auch stark von der jeweiligen Person ab: Sicherlich ist dir schon aufgefallen, dass manche Menschen früher als andere frieren oder bestimmte Geräusche störender empfinden als du selbst. Viele unserer Entscheidungen werden außerdem von **Gefühlen** beeinflusst. In solchen Situationen entscheiden wir „aus dem Bauch heraus" und nicht nach streng logischen Gesichtspunkten. Oft spielen **Erfahrungen** oder **Werte** und **Normen** eine gravierende Rolle für unser Handeln.

Sensoren erfassen die zu messende Größe stets **objektiv**. Ein Thermometer misst bei 20° C auch immer 20° C. Sensoren, Messschaltungen und Computer funktionieren nach streng vorgegebenen Anweisungen, die entweder durch eine elektronische Schaltung oder Programm erfolgen. Wird ein vorgegebener Zustand erreicht, wird die entsprechende Aktion eingeleitet, auch wenn sie für den menschlichen Beobachter unsinnig erscheint.

Wenn wir ein Messgerät ablesen, haben wir oft eine Erwartung, welchen Wert das Gerät anzeigen wird. Das Messgerät *bestätigt (verifiziert)* oder *widerlegt (falsifiziert)* unsere Vermutung. Zeigt ein Thermometer bei Sonne im Juli eine Temperatur von -10 °C, so interpretieren wir aus dem Messwert, dass das Thermometer defekt sein muss.

Künstliche Intelligenz. Wissenschaftler und Ingenieure versuchen bereits seit Jahrzehnten, das menschliche Denken zu imitieren und *künstliche Intelligenz* zu erschaffen. Obwohl aus ihrer Forschung die unterschiedlichsten Anwendungen wie Softwareprogramme zur Spracherkennung oder Roboter für die Erkundung fremder Planeten entstanden sind, sind wir noch weit davon entfernt, die Leistungen des menschlichen Gehirns mit Maschinen nachzuahmen.

> **Merke:**
>
> - Menschen und Maschinen unterscheiden sich in der Aufnahme und Verarbeitung von Informationen.
> - Sensoren erfassen Messwerte objektiv, der Mensch dagegen subjektiv.
> - Menschliche Entscheidungen werden von Gefühlen, Erfahrungen, Werten und Normen beeinflusst.

1 **Fragen zum Text: a)** Beschreibe die Begriffe subjektiv und objektiv anhand eines Beispiels.
b) Von welchen Faktoren werden unsere Entscheidungen beeinflusst?

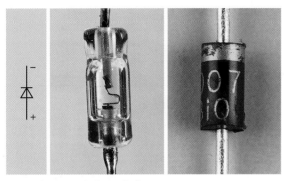

1 Diode mit Schaltsymbol

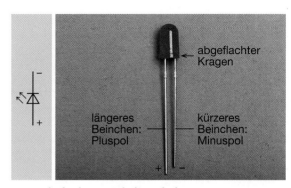

3 Leuchtdiode mit Schaltsymbol

abgeflachter Kragen

längeres Beinchen: Pluspol

kürzeres Beinchen: Minuspol

2.6 Diode und Leuchtdiode

Dioden. Viele elektronische Geräte werden mit Batterien oder Akkus versorgt. Damit das Gerät nicht zerstört wird, wenn die Batterie einmal falsch herum eingelegt wird, gibt es ein Bauteil, das die Stromrichtung festlegt. Ähnlich wie bei einem Ventil soll Strom nur in einer Richtung fließen können. Diese Funktion übernehmen **Dioden**. Dioden bestehen aus Halbleitermaterialien wie Silicium oder Germanium. Diese verändern durch Zusätze von chemischen Elementen ihre elektrischen Eigenschaften.

Die Anschlüsse einer Diode heißen **Anode** und **Kathode**. Wird in einem Stromkreis aus Batterie und Lampe eine Diode eingebaut, leuchtet die Lampe nur, wenn die Diode in **Durchlassrichtung** geschaltet ist. Dazu wird der Pluspol mit der Anode verbunden. Ab einer *Schwellenspannung* von etwa 0,7 V leitet die Diode den Strom. Wird die Diode anders angeschlossen, ist sie in *Sperrrichtung* schaltet und der Strom fließt nicht.

Leuchtdioden. Wird ein spezieller Mischkristall wie Galliumarsenid verwendet, kann man eine Diode bauen, die in Durchlassrichtung rotes Licht aussendet. Es handelt sich um eine **Leuchtdiode** oder kurz LED (**L**ight **E**mitting **D**iode, engl. für „Lichtaussendende Diode"). Es gibt sie nicht nur in rot, sondern in allen möglichen Farben – je nachdem, welchen Mischkristall oder optischen Filter man verwendet.

Leuchtdioden sind empfindliche Bauteile. Um nicht überlastet zu werden, müssen sie immer mit einem *Schutzwiderstand* betrieben werden. Soll zum Beispiel eine rote LED an eine 4,5 V Batterie angeschlossen werden, muss ein Widerstand von etwa 220 Ohm vorgeschaltet werden.

> **Merke:**
> - **Dioden sind elektronische Ventile, die den Strom nur in einer Richtung fließen lassen.**
> - **Die Anschlüsse der Diode heißen Anode und Kathode.**
> - **Bei Anschluss in Durchlassrichtung erzeugen Leuchtdioden Licht.**

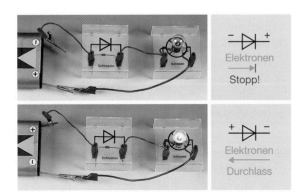

– ▷ +

Elektronen
⊣⊢
Stopp!

+ ▷ –

Elektronen
Durchlass

2 Dioden lassen Strom nur in einer Richtung fließen

1 **Fragen zum Text: a)** Wie muss eine Diode geschaltet werden, damit ein Strom fließen kann? **b)** Was sind Leuchtdioden?

2 Was haben eine Diode und ein Fahrradventil gemeinsam?

3 Gehe auf die Suche und liste auf: Wo werden überall Leuchtdioden verwendet?

Der Siegeszug der Leuchtdiode

Die Entwicklung der Leuchtdiode hat in den letzten Jahren enorme Fortschritte gemacht. Neue Farben, andere Formen und bessere Lichtausbeute haben neue Einsatzbereiche für die LED ermöglicht. Sie ist langlebiger und robuster als eine Glühlampe und hat außerdem einen höheren Wirkungsgrad.

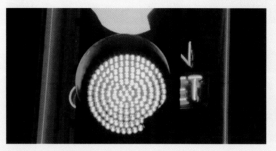

3 Verkehrsampel mit LEDs

1 Kontrolleuchte

LEDs als Kontrollleuchte. Der ursprüngliche Einsatzbereich der LED beschränkte sich auf Kontroll- und Statusanzeigen. Viele Geräte wie Fernseher oder Computermonitore zeigen ihren Standby-Betrieb mit LED-Anzeigen an. Sie sind klein und ihre vielfältigen Farben und Formen genügen auch extravaganten Designansprüchen.

LEDs in Videowänden. In Stadien oder bei Großveranstaltungen werden oft Videowände benutzt. Sie bestehen aus tausenden von LEDs. Jede LED muss einzeln angesteuert werden, damit sie in der richtigen Farbe und Helligkeit leuchtet. Nur dann entsteht für den Betrachter ein Bild.

LEDs zur Beleuchtung. Inzwischen kann man so helle, weiß leuchtende LEDs herstellen, dass sie auch zu Beleuchtungszwecken eingesetzt werden können. Es sind sogar Straßenlaternen mit LEDs im Einsatz. Die steigenden Energiekosten machen ihren Einsatz interessant: Würde eine Kleinstadt ihre 4 000 Straßenlaternen durch LED-Leuchten ersetzen, könnte sie pro Jahr bis zu 110 000 Euro Stromkosten einsparen.
Auch in Ampeln werden zunehmend LEDs eingesetzt. Da keine Farbfilter mehr benutzt werden müssen, leuchten die Ampeln deutlich heller als mit Glühlampen.

LEDs im Scheinwerfer. „Sehen und gesehen werden" lautet eine Regel im Straßenverkehr. Um früher gesehen zu werden, stattet man moderne Autos mit einem Tagfahrlicht aus. Dazu sind keine hellen Scheinwerfer notwendig, der Energiebedarf wäre zu hoch. Stattdessen werden mehrere LEDs verwendet, die parallel verschaltet sind. Durch die geringe Baugröße können sie elegant in der Karosserie verbaut werden.

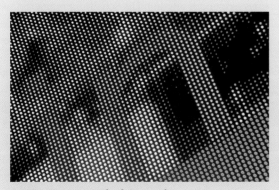

2 LEDs in einer Videoleinwand

4 Scheinwerfer mit LED-Tagfahrlicht

1 Die Band REVOLVERHELD auf der Bühne

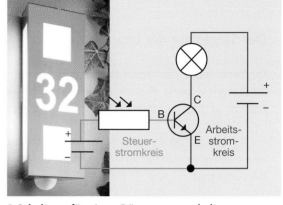

3 Schaltung für einen Dämmerungsschalter

2.7 Der Transistor als Schalter und Verstärker

Kurz vor ihrem Auftritt betritt die Band die Bühne. Die Gitarristen schließen ihre E-Gitarren an die Verstärker an, Keyboard und Mikrofone werden mit dem Mischpult verbunden. Die Lautsprecher werden eingeschaltet. Jetzt kann die Show beginnen.

Transistor als Verstärker. Die Spannungsschwankungen eines Mikrofons reichen nicht aus, einen Lautsprecher zu betreiben. Die Signale müssen mit Hilfe eines **Transistors** verstärkt werden. Je nach Transistortyp ist ein Verstärkungsfaktor von 100 und mehr erreichbar. Allerdings verstärken sich neben dem Audiosignal auch Störgeräusche. Deshalb arbeitet man meist mit sehr viel niedrigeren Verstärkungsfaktoren und betreibt dafür mehrere Verstärkerstufen hintereinander.

Aufbau des Transistors. Im Prinzip ist ein Transistor nichts anderes als zwei Dioden, bei denen die Anoden miteinander verbunden wurden. Durch

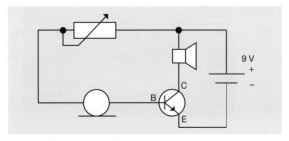

2 Einstufiger Verstärker

diese Diodenschaltung kann nur ein Strom fließen, wenn an die Verbindungsstelle der beiden Dioden eine Spannung angelegt wird. Dieser Steueranschluss wird als **Basis (B)** bezeichnet, die anderen Anschlüsse heißen **Emitter (E)** und **Kollektor (C)**. In einem modernen Transistor ist die Basis nur wenige Mikrometer (1 μm = 0,000 001m) dick.

Eine Signalquelle, also zum Beispiel ein Mikrofon, wird in den Steuerstromkreis eines Transistors angeschlossen. Vom Mikrofon aufgenommene Geräusche führen zu einer Änderung des Stromes im **Steuerstromkreis.** Dieser Stromfluss durch die Basis zum Emitter führt zu einem verstärkten Stromfluss im **Arbeitsstromkreis** durch den Kollektor und Emitter. Der Strom im Arbeitsstromkreis ist nun stark genug, um den Lautsprecher zu betreiben.

Transistoren als Schalter. Statt des Mikrofons können beliebige andere **Sensoren** in den Arbeitsstromkreis eingebaut werden. Die Schaltung reagiert dann auf die entsprechende physikalische Umweltgröße. Die Abbildung 3 zeigt einen Dämmerungsschalter. Sobald es zu dunkel wird, soll automatisch eine Lampe eingeschaltet werden. Der LDR kann die Lampe nicht direkt steuern. Stattdessen wurde er in den Steuerstromkreis (blau) von einem Transistor eingebaut. Die Lampe ist im Arbeitsstromkreis (rot) angeschlossen und wird über den Transistor ein- bzw. ausgeschaltet. Gegenüber einem Relais, das eine ähnliche Aufgabe erfüllt, hat ein Transistor den Vorteil, dass er schnellere Schaltzeiten hat, zuverlässiger und günstiger in der Herstellung ist.

Merke:

- Transistoren können als Schalter oder Verstärker verwendet werden.
- Die Anschlüsse heißen Kollektor, Basis und Emitter.
- Transistoren haben einen Steuer- und einen Arbeitsstromkreis.
- Je größer der Strom im Steuerstromkreis ist, desto größer ist der Strom im Arbeitsstromkreis.

2 Beim magischen Lichtgalgen kann man das elektrische Glühlämpchen mit einem Streichholz oder Feuerzeug „anzünden" und durch kräftiges „Auspusten" wieder löschen!
Schau dir die Schaltung dazu an. Kannst du das Phänomen erklären?

1 Fragen zum Text: **a)** Beschreibe die Abhängigkeit zwischen Steuerstrom und Arbeitsstrom. Beginne mit: „Je höher..., desto..."
b) Warum kann ein Lautsprecher nicht direkt von einem Mikrofon betrieben werden?
c) Welche Probleme können beim Verstärker auftreten?

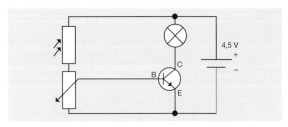

4,5 V

1 Schaltung des magischen Lichtgalgens

Exkurs E

Der Transistor – eine beispiellose Erfolgsgeschichte

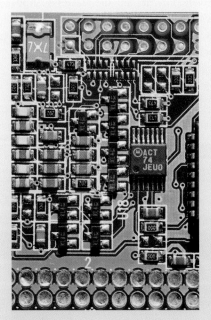

Im Jahr 1947 gelang den drei US-Wissenschaftlern William SHOCKLEY, John BARDEEN und Walter BRATTAIN der Durchbruch. Sie konstruierten ein Bauteil, das nach Belieben den Strom sperrte oder durchließ. Ähnliche Funktionen erfüllte bereits die Elektronenröhre. Das neue Bauteil war jedoch sehr viel kleiner, in der Ansteuerung unkomplizierter und robuster. Bereits wenige Jahre später wurde ihnen für ihre Entdeckungen den Nobelpreis der Physik verliehen.

Der Siegeszug des Transistors begann wenige Jahre später. Gegen Ende der 50er Jahre kamen die ersten transportablen Radiogeräte auf den Markt, die einen Transistor als Verstärker enthielten. In den 60er Jahren gelang es, mehrere einzelne Transistoren auf einem Chip herzustellen, die Grundlage für moderne Prozessoren war gelegt. Zu dieser Zeit formulierte Gordon MOORE, der Mitbegründer von Intel, eine Beobachtung, die bald darauf zum Gesetz wurde: „Die Anzahl der Transistoren auf einem Chip verdoppelt sich alle 24 Monate." Im Jahr 2008 enthielt ein einziger Mikroprozessor über 800 Millionen Transistoren. Trotz dieser hohen Zahl ist der eigentliche Prozessor nicht viel größer als ein Daumennagel.

Praktikum

Transistorschaltungen (1)

V1. Alarmanlage

Diese Anlage schlägt Alarm, sobald Licht auf einen LDR fällt. Er geht erst aus, wenn die Alarmanlage zurückgesetzt wird. Im Ruhezustand zeigt eine LED die Betriebsbereitschaft an.

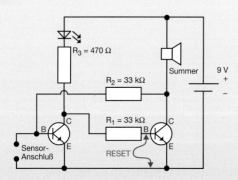

Material: 2 Transistoren BC547; Widerstände (0,25 W): 2 x 33 kΩ, 470 Ω; LED; Piezosummer (4-9 V); 9 V-Blockbatterie mit passendem Anschlussclip; LDR; Grundplatte aus weichem Holz; Klingeldraht; Lüsterklemmen; Reißnägel.

Durchführung: Baue die Alarmanlage nach dem Schaltplan auf. Ist alles richtig, leuchtet die LED. Die Anlage ist scharf, wenn der LDR an der Klemme „Sensor" angeschlossen wird. Stelle sie in den Kühlschrank. Sobald jemand die Tür öffnet und Licht auf den LDR fällt, geht der Alarm los. Verbindest du die Basis von T2 mit dem Minuspol der Batterie, ist der Alarm beendet. Der LDR kann auch durch andere Sensoren ersetzt werden.

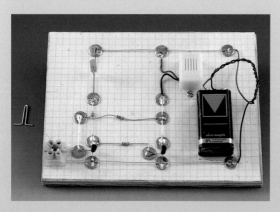

V2. Wechselblinker

Bei einem Wechselblinker blinken die Leuchtdioden abwechselnd. Man kann ihn als Warnanzeige für die Alarmanlage oder für den Bahnübergang einer Modelleisenbahn nutzen!

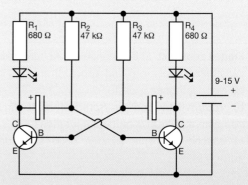

Material: 2 Transistoren BC547; Widerstände (0,25 W): 2 x 680 Ω, 2 x 47 kΩ; 2 LEDs; 2 (Elektrolyt-)Kondensatoren 100μF; Klingeldraht; 9 V-Blockbatterie mit passendem Anschlussclip; Grundplatte aus weichem Holz; Reißnägel.

Durchführung: Baue den Wechselblinker nach dem Schaltplan auf. Sobald die Batterie angeschlossen wird, beginnen die LEDs abwechselnd zu leuchten. Die Transistoren schalten sich ständig gegenseitig ein und aus, sodass ein Strom durch sie und die zugehörige Leuchtdiode fließen kann. Durch andere Widerstände oder auch andere Kondensatoren lässt sich die Blinkfrequenz verändern.

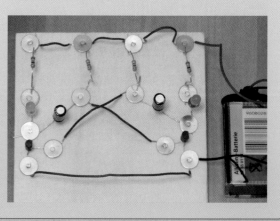

Transistorschaltungen (2)

V3. Bau eines Mittelwellenradios

Schon zu Zeiten deiner Urgroßeltern war es mit einfachen Mitteln möglich, Radio zu empfangen. Im Jahr 1933 kamen in Deutschland die Nationalsozialisten an die Macht. Für ihre Propagandazwecke setzten sie intensiv auf das Radio. Verschiedene Hersteller mussten für den Einheitspreis von 69 Reichsmark den „Volksempfänger" verkaufen. Der Empfang ausländischer Sendungen war verboten.

Besonders bei Nacht können mit einem Mittelwellenradio auch weit entfernt liegende Sender gehört werden. Mit etwas Glück und Geduld kann man es sogar schaffen, Sender aus Amerika zu empfangen. Die benötigten Bauteile sind in einem guten Elektronikfachgeschäft oder Versand erhältlich. Für den Aufbau kann wieder eine Holzplatte mit Reißnägeln verwendet werden, betriebssicherer ist die Verwendung einer Lochrasterplatine.

Material: Ferritkern in Stabform mit dazu passender Kunststoffhülse (aus Overheadfolie und Klebefilm selbst herstellbar); 1 m dünner Kupferlackdraht (Durchmesser etwa 0,2 mm); Widerstände: 1,5 MΩ, 6,8 kΩ; 2,2 kΩ; Germaniumdiode OA 172, AA 119 oder 1N60; 2 Transistoren BC 547 oder BC 548; Kondensatoren: 270 pF (unipolar), 4700 pF (unipolar), 1000 pF

1 Der Volksempfänger

(unipolar), 2,2 μF (Elko), 100 μF (Elko); Ohrhörer; Batterie; 10 bis 30 Meter Schaltdraht als Antenne; Erdungsanschluss (z. B. Heizungsrohr oder Wasserleitung).

Durchführung: Die Schaltung wird nach dem Schaltbild aufgebaut. Über den Ferritkern wird die Kunststoffhülse gelegt und darauf eine Spule aus Kupferlackdraht gewickelt. Die einzelnen Windungen sollten dicht nebeneinander liegen. Mit Klebestreifen oder Klebstoff können sie gegen das Verrutschen gesichert werden. An den Enden der Spule muss der Lack entfernt werden, bevor sie eingelötet werden können.

Die Schaltung muss geerdet werden, dazu wird sie mit einer Erdungsbuchse am Labortisch oder einem blanken Heizungsrohr verbunden. Als Antenne kann entweder eine Hausantenne oder ein langer Schaltdraht verwendet werden.

Aufgabe: Durch Verändern der Lage des Ferritkerns kann der Empfangsbereich des Mittelwellenradios verändert werden. Hierbei muss man Geduld und Fingerspitzengefühl beweisen. Wer hat den am weitesten entfernten Sender empfangen?

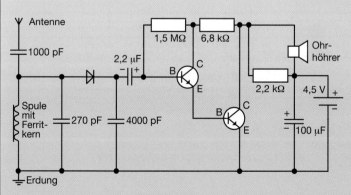

Trainer · Trainer · Trainer · Trainer · Trainer · Trainer · Trainer · Trainer · Traine

1 **a)** Ein Telefongespräch wird geführt. Beschreibe den Weg der Signale von einem Mobiltelefon zu einem Festnetztelefon.
b) Welche Bauteile übernehmen eine Umwandlung der Signale?
c) Aus welchem Grund findet eine Umwandlung statt?

2 Was ist für eine Kommunikation notwendig?

3 Beschreibe die Funktion eines Mikrofons und eines Lautsprechers. Welche Gemeinsamkeiten haben sie?

4 Vergleiche das analoge Telefonnetz mit ISDN und GSM. Welche Gemeinsamkeiten, welche Unterschiede gibt es?

5 Für welche Umweltgrößen hat der Mensch Sinne und wie heißt der entsprechende technische Sensor?

6 Nenne einige Sensoren und beschreibe ihren Aufbau.

7 Welche Vorteile haben technische Sensoren gegenüber den menschlichen Sinnen?

8 Was versteht man unter dem EVA-Prinzip?

9 Beschreibe die Begriffe objektiv und subjektiv am Beispiel menschlicher Sinnesorgane und technischer Sensoren.

10 Wodurch wird menschliches Handeln beeinflusst? Worin unterscheidet es sich von einer Maschine?

11 Beschreibe die Funktion einer Diode und vergleiche sie mit einem Fahrradventil.

12 Wie heißen die Anschlüsse einer Diode?

13 Was passiert, wenn ein Schalter geschlossen wird?

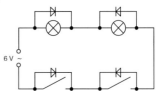

14 Was sind Leuchtdioden und für welche Zwecke werden sie eingesetzt?

15 **a)** Was ist ein Transistor und wie ist er aufgebaut?
b) Welche Funktionen kann er übernehmen?

16 Eine Lampe soll dann eingeschaltet werden, wenn es dunkel wird. Zeichne einen Schaltplan.

17 Im Bild siehst du eine Schaltung mit einem Motor. Wann läuft der Motor? Erkläre, was mit dem Arbeitsstrom geschieht, wenn die Lichtstärke erhöht wird.

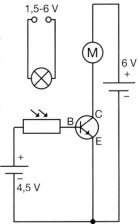

Auf einen Blick

● Für eine Kommunikation sind ein Sender und ein Empfänger notwendig. Für die Übermittlung der Signale ist ein Übertragungsweg notwendig.

● Damit Sprache und andere Signale übertragen werden können, müssen sie umgewandelt werden.

● Sensoren wandeln eine physikalische Umweltgröße in ein elektrisches Signal um. Sensoren sind in ihrer Genauigkeit und dem Anwendungsbereich oft den menschlichen Sinnen überlegen. Es gibt auch Sensoren für Umweltgrößen, für die der Mensch keine Sinne hat.

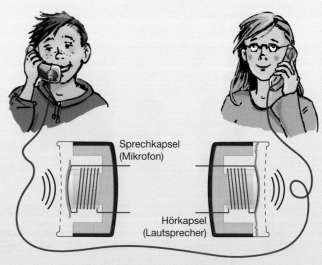

Sprechkapsel (Mikrofon)

Hörkapsel (Lautsprecher)

Schall → Stromschwankungen → Schall

● Der Mensch bearbeitet Informationen subjektiv, er lässt sich von Gefühlen, Erwartungen, Werten und Normen beeinflussen. Maschinen bearbeiten Informationen objektiv nach vorher programmierten oder festgelegten Regeln.

● Das EVA-Prinzip steht für die Eingabe, Verarbeitung und Ausgabe von Signalen. Alle Geräte zur Steuerung und Regelung beruhen auf diesem Prinzip.

● Eine Diode ist ein elektronisches Ventil. Ihre Anschlüsse werden Anode und Kathode bezeichnet. Eine Diode leitet den Strom, wenn sie in Durchlassrichtung betrieben wird, also wenn die Anode am positiven Pol angeschlossen wird.

Diode

Leuchtdiode

● Der Transistor kann als Schalter und Verstärker benutzt werden. Die Anschlüsse des Transistors heißen Kollektor, Basis und Emitter.

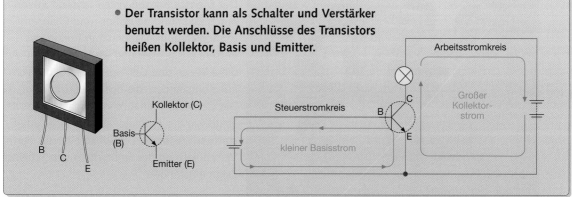

Kollektor (C)

Basis (B)

Emitter (E)

B C E

Steuerstromkreis

kleiner Basisstrom

Arbeitsstromkreis

Großer Kollektorstrom

B C E

Blick in den Mikrokosmos

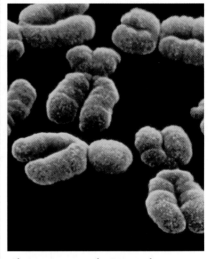

Chromosomen als Träger der Erbanlagen:
Im Zellkern liegen für das menschliche Auge unsichtbar die Chromosomen. Sie tragen, verschlüsselt in einem Code aus vier Basen, die Erbanlagen.

Die Zelle - Einheit des Lebens:
Mit Mikroskopen wie dem Lichtmikroskop kann man den Aufbau von Tier- und Pflanzenzellen betrachten. Wie in einer gut organisierten Fabrik arbeiten dort alle Bestandteile zusammen.

Tier- und Pflanzenzucht:
Der Mensch hat seit vielen tausend Jahren durch Züchtung neue Tier- und Pflanzenformen erzeugt. Dabei hat er immer das Bessere ausgelesen und weitergezüchtet. Auf diese Weise sind Getreidesorten und Milchkühe entstanden, die höchste Erträge liefern. Die Gentechnik erlaubt inzwischen sogar den Eingriff in das Erbmaterial, eine nicht unumstrittene Methode. Die Schiege ist aus der Verschmelzung der Embryonen von Schaf und Ziege entstanden.

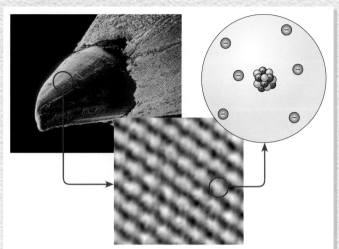

Das Atom - doch nicht die kleinste Einheit:

Eine Bleistiftspitze besteht aus reinem Kohlenstoff. Sie wiegt etwa 20 mg und enthält ungefähr 10^{21} Kohlenstoff-Atome, eine Zahl mit 21 Nullen! Das Kohlenstoff-Atom selbst ist weiter teilbar. Es enthält im Atomkern je sechs Protonen und Neutronen und in der Atomhülle sechs Elektronen. Ins Innere der Atome können unsere Augen aber selbst mit Hilfsmitteln nicht mehr blicken. Den Atombau beschreiben wir daher mit Modellen.

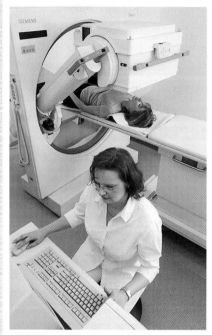

Immer in Diskussion – die Kernspaltung:

Seit Mitte des 20 Jahrhunderts kann die gewaltige Energie bei der Spaltung eines Atomkerns nutzbar gemacht werden. Aus einem Gramm Uran wird dabei dieselbe Energiemenge frei wie bei der Verbrennung von 3 Tonnen Steinkohle. Wegen des Strahlenriskos bei einem Unfall und der Entsorgung der radioaktivern Stoffe steht die Kernkraft oft in der Diskussion.

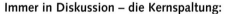

Vielseitige Helfer - radioaktive Isotope:

Radioaktive Stoffe senden Strahlen aus. Mithilfe von radioaktivem Iod, das von der Schilddrüse aufgenommen wird, wird dieses Organ abgebildet und Ärzte können krankhafte Veränderungen erkennen.

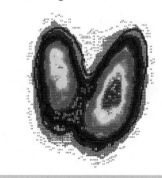

1 Untersuchungen mit bloßem Auge, mit der Lupe und dem Mikroskop

1 Zellen – Bausteine der Lebewesen

1.1 So sind Zellen aufgebaut

Das erste Mikroskop wurde am Ende des 17. Jahrhunderts konstruiert. Man konnte damit etwa 250fach vergrößern und entdeckte z. B. Geißeltierchen im Heuaufguss. Die Bausteine der Organismen, die Zellen, konnte man aber noch nicht sehen. Dies gelang erst dem Engländer Robert HOOKE, der das erste Mikroskop aus mehreren Linsen baute. Er untersuchte damit Korkrinde und sah zum ersten Mal kleine leere Kämmerchen: die Zellen.

Bau einer Pflanzenzelle. Das Sternmoos, das im Wald an feuchten schattigen Plätzen wächst, hat dünne, durchscheinende Blätter. An ihnen kann man den Aufbau des Moosblättchens gut erkennen. Es besteht aus vielen gleichartigen sechseckigen Zellen, die das Blattgewebe bilden.

Jede einzelne Zelle ist von einer festen **Zellwand** umgeben. Sie gibt der Zelle ihre Gestalt und verleiht ihr Festigkeit. An der Innenseite der Zellwand liegt wie ein aufgeblasener Luftballon ein dünnes Häutchen, die **Zellmembran**. Sie ist die Hülle für das **Zellplasma**, das den Zellinnenraum ausfüllt.

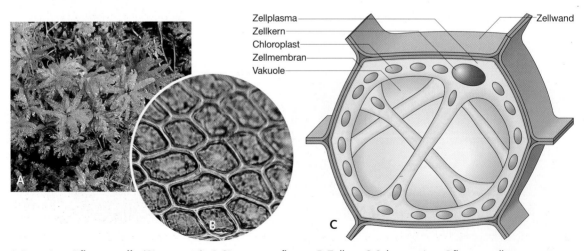

Zellplasma
Zellkern
Chloroplast
Zellmembran
Vakuole
Zellwand

2 Bau einer Pflanzenzelle (Sternmoos). A Sternmoospflanze; **B** Zellen; **C** Schema einer Pflanzenzelle

Im Zellplasma liegen auch die *Blattgrünkörnchen*, mit denen die Pflanze das Sonnenlicht zur Gewinnung von Nährstoffen nutzen kann. Auch der **Zellkern**, die Steuerzentrale der Zelle, liegt im Plasma, meist am äußeren Rand der Zellen.

Bau einer Tierzelle. Während die Zellen der Pflanzen von einer starren Zellwand umgeben sind, haben tierische und menschliche Zellen als äußeren Abschluss nur eine feine **Zellmembran.** Eine solche Zellhaut schließt jede unserer vielen Milliarden Körperzellen ein. Schon mit einem Schulmikroskop kann man zum Beispiel an einer Mundschleimhautzelle den auffälligsten und wichtigsten Bestandteil aller Zellen erkennen, den **Zellkern**. Er liegt eingebettet im Zellplasma.

> **Merke:**
> - **Zellen sind die Bausteine aller Lebewesen.**
> - **In jeder Zelle befindet sich ein Zellkern.**
> - **Alle Zellen haben eine Zellmembran.**
> - **Pflanzenzellen haben eine feste Zellwand.**

1 Fragen zum Text: a) Beschreibe den Aufbau einer Sternmooszelle.
b) Beschreibe den Aufbau einer Mundschleimhautzelle.
c) Wie unterscheiden sich Pflanzen- und Tierzelle?

Exkurs **E**

Mitochondrien

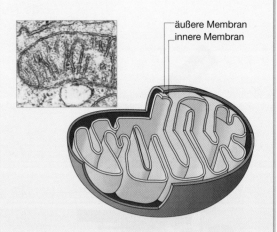

äußere Membran
innere Membran

Mitochondrien sind winzige, aber lebenswichtige Bestandteile der Zelle. Sie sind die „Kraftwerke", in denen die Energie für den Stoffwechsel bereitgestellt wird.

Mit dem Schulmikroskop kann man sie nicht sehen, aber in stärkeren Mikroskopen erkennt man ihren Aufbau. Sie sind von zwei Membranen umgeben, von denen die innere vielfach eingefaltet ist. In einem komplizierten Vorgang wird das Molekül hergestellt, das den Stoffwechsel antreibt. Es heißt **Adenosin-Tri-Phosphat,** abgekürzt ATP.

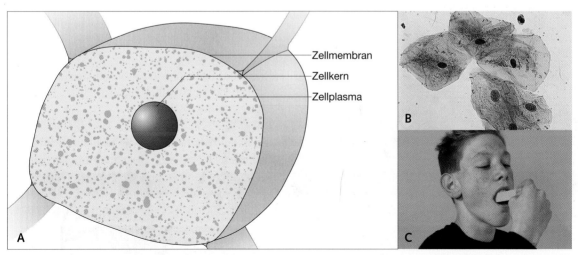

Zellmembran
Zellkern
Zellplasma

B

A

C

1 Bau einer tierischen Zelle (Mundschleimhaut). A Schema einer Mundschleimhautzelle; **B** Zellen; **C** Entnahme der Zellen aus dem Mund

Praktikum

Das Mikroskop

1 Aufbau des Lichtmikroskops

1 Okular: Linse, durch die man in das Mikroskop schaut. Sie vergrößert wie eine Lupe.

2 Tubus: Röhre, in der das Okular steckt.

3 Objektivrevolver: Hier befinden sich drei oder vier Objektive.

4 Objektive: Sie enthalten Linsen in unterschiedlicher Stärke. Die Zahl auf der Fassung des Objektivs gibt an, wievielmal das Objekt durch das Objektiv vergrößert wird. Multipliziert man diese mit der Zahl auf dem Okular, erhält man die Gesamtvergrößerung.

5 Objekttisch: Auflagefläche für das zu untersuchende Objekt.

6 Blende: Sie dient zum Regulieren der Helligkeit und des Bildkontrastes.

7 Grobtrieb und Feintrieb: Einstellräder zur Regelung des Abstandes zwischen Objektiv und Objekt.

8 Beleuchtung: Eine Lampe oder ein Spiegel unterhalb des Objekttisches sorgen dafür, dass das Objekt von Licht durchflutet wird.

9 Stativ: Haltevorrichtung

V1. Die erste Mikroskopierübung

Material: Daune, Faser oder Haar mit Wurzel, Objektträger, Mikroskop, Zeichenmaterial

Durchführung: – Wähle zu Beginn das Objektiv mit der kleinsten Vergrößerung.
– Lege das Objekt auf einen Objektträger. Befestige den Objektträger auf dem Objekttisch.
– Schau von der Seite her auf das Mikroskop. Bewege mit dem Grobtrieb Objekttisch und Objekt vorsichtig aufeinander zu. Objektiv und Objekt dürfen sich nicht berühren! Erst jetzt darfst du durch das Okular schauen.
– Schalte die Mikroskopbeleuchtung ein oder stelle den Spiegel so ein, dass genügend Tageslicht auf ihn fällt. Regele mit der Blende die Helligkeit.
– Stelle das Bild mithilfe des Grobtriebes und anschließend des Feintriebes scharf ein.
– Betrachte das Objekt.
– Vergrößere nun mithilfe des Grobtriebes den Abstand zwischen Objektiv und Objekttisch. Schwenke jetzt ein Objektiv mit stärkerer Vergrößerung über den Objekttisch. Verfahre weiter wie oben beschrieben.

Aufgabe: Zeichne einen Ausschnitt deines Objektes in zwei verschiedenen Vergrößerungsstufen.

Dauerpräparate betrachten

Man kann mikroskopische Präparate frisch herstellen, sie haltbar machen und immer wieder verwenden. Dann heißen sie Dauerpräparate. Betrachte solche Präparate.

V1. Blutzellen

Material: Dauerpräparat von Blutzellen; Mikroskop; Zeichenmaterial.

Durchführung: Beginne die Betrachtung mit der schwächsten Vergrößerung.

Blut ist, wenn es z. B. aus einer Wunde tritt, eine einheitlich rote Flüssigkeit. Das Mikroskop allerdings zeigt uns, dass Blut aus vielen winzigen Blutzellen besteht. Die **Roten Blutkörperchen** sind blassrot und mehr oder weniger kreisrund. Die **Weißen Blutkörperchen** sind im Dauerpräparat blau gefärbt und etwas größer als die Roten. Die **Blutplättchen** sind sehr klein und mit dem Schulmikroskop gerade noch sichtbar.

Aufgaben: a) Wie heißen die drei Blutzellenarten, die auf dem mikroskopischen Bild zu sehen sind?
b) Finde heraus, welche Aufgaben die drei Blutzellenarten haben.

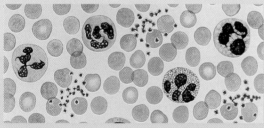

1 Blutzellen

V2. Zwiebelhäutchen

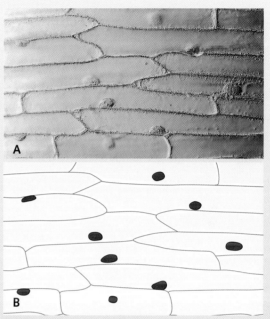

2 Zwiebelzellen A Foto; **B** Schema

Material: Dauerpräparat eines Zwiebelhäutchens; Mikroskop; Zeichenmaterial.

Durchführung: Lege das Präparat auf den Objekttisch und beginne die mikroskopische Betrachtung mit der schwächsten Vergrößerung.

Wenn du eine Mikroskopbeleuchtung hast, schalte sie ein. Ansonsten stelle den Spiegel so ein, dass genügend Licht von unten her auf das Präparat fällt.

Wenn du das mikroskopische Bild des Zwiebelhäutchens betrachtest, kannst du die sechseckige Zellform gut erkennen. Außerdem siehst du den Zellkern in fast jeder Zelle. Der Innenraum der Zwiebelzelle ist vollständig mit Zellsaft gefüllt.

Aufgaben: a) Vergleiche das Foto der Zwiebelzelle mit der Zeichnung.
b) Fertige selbst eine Zeichnung an und beschrifte sie. So lernst du den Zellaufbau am besten kennen.

Praktikum

Präparate herstellen und mikroskopieren

V1. Untersuchung von Blattzellen der Wasserpest

Material: Wasserpest aus dem Aquarium; Pinzette; Becherglas mit Wasser; Objektträger; Deckgläschen; Lichtmikroskop; Pipette; Filtrierpapier; Zeichenmaterial.

Durchführung: Zupfe ein Blättchen der Wasserpest von dem Stängel ab und bringe es auf einen Objektträger. Gib mit der Pipette einen Tropfen Wasser hinzu. Gehe weiter vor wie unten abgebildet.

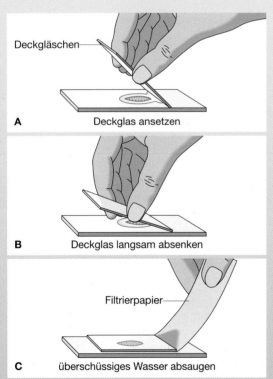

A   Deckglas ansetzen

B   Deckglas langsam absenken

C   überschüssiges Wasser absaugen

Aufgaben: a) Mikroskopiere zunächst mit der Lupenvergrößerung, um dir eine Übersicht zu verschaffen.
b) Untersuche die Abrissstelle bei 150– bis 200facher Vergrößerung. Berichte, was du siehst.

V2. Untersuchung von Zwiebelzellen

Material: Küchenzwiebel; Eosin; Messer oder Skalpell; einseitig abgeklebte Rasierklinge; Pinzette; Pipette; Becherglas mit Wasser; Objektträger; Deckgläschen; Filtrierpapier; Lichtmikroskop; Zeichenmaterial.

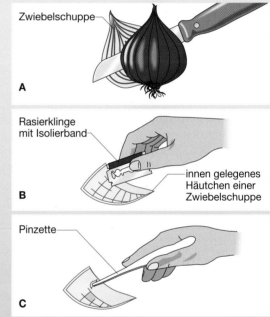

A   Zwiebelschuppe

B   Rasierklinge mit Isolierband / innen gelegenes Häutchen einer Zwiebelschuppe

C   Pinzette

Durchführung: Präpariere eine Zwiebel so, wie es die Abbildung darstellt. Zupfe ein Häutchen mit der Pinzette ab. Bringe es in den Wassertropfen auf dem Objektträger und lege anschließend ein Deckgläschen auf. Tropfe etwas Eosin an den Rand des Deckgläschens. Sauge dann mit dem Filtrierpapier die Lösung durch das Präparat.
Aufgabe: Vergrößere einen Ausschnitt dann stärker (etwa 200fach). Zeichne 3 bis 4 Zellen und beschrifte wie oben.

Praktikum

Präparate herstellen und mikroskopieren

V3. Herstellung eines mikroskopischen Schnittpräparates

Material: Stängelabschnitte einer Ampelpflanze (oder Begonie); Möhre (oder Styropor); Küchenmesser; einseitig abgeklebte Rasierklinge; Haarpinsel; Pipette; Objektträger; Deckgläschen; Lichtmikroskop; Wasser; Filtrierpapier; Zeichenmaterial.

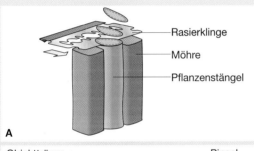

Rasierklinge
Möhre
Pflanzenstängel

A

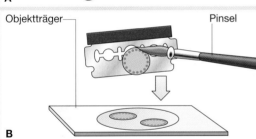

Objektträger
Pinsel

B

Durchführung: Zunächst musst du dir eine Haltevorrichtung zum Schneiden des Objektes herstellen. Schneide dazu bei einer Möhre die Enden ab. Fertige aus dem Mittelteil durch senkrechte Schnitte zwei etwa 8 cm lange, rechteckige Säulen. Du kannst solche Säulen auch aus Styropor herstellen.
Schneide danach ein etwa 4 cm langes Stück aus dem Spross der Pflanze heraus. Klemme den Sprossabschnitt zwischen die beiden Möhrenstückchen. Er soll etwa 2 mm über die Enden der Halterung herausragen (Abbildung A).
Feuchte das Objekt und die Rasierklinge an. Lege dann die Klinge auf den einen Möhrenabschnitt und schneide waagerecht mehrere hauchdünne Scheiben vom Stängel ab. Wiederhole die Schnitte, bis du mehrere brauchbare, dünne Scheiben erhältst. Tupfe mit einem Pinsel auf die Scheibchen, übertrage sie auf den Objektträger und lege ein Deckgläschen auf (Abbildung B).

Aufgaben: a) Mikroskopiere zunächst bei kleiner Vergrößerung. Untersuche das dünnste Präparat. Verwende dann eine stärkere Vergrößerung und betrachte durch vorsichtiges Verschieben des Objektträgers verschiedene Bereiche des Stängelquerschnitts.
b) Fertige eine Zeichnung vom Rand des Stängelquerschnitts an (etwa 10 Zellen). Beschrifte.

V4. Untersuchung von Mundschleimhaut

Material: Mundschleimhaut; Teelöffel; Iod-Lösung; Pipette; Filtrierpapier; Objektträger; Deckgläschen; Lichtmikroskop; Becherglas; Zeichenmaterial.

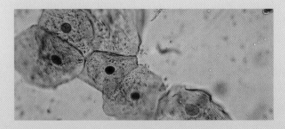

Durchführung: Schabe vorsichtig mit dem Stiel eines gereinigten Teelöffels etwas Schleimhaut von den Innenseiten deiner Wangen ab. Bringe die Probe auf einen Objektträger und füge etwas Wasser hinzu. Lege dann das Deckgläschen auf. Tropfe an den Rand des Deckgläschens mit einer Pipette einen Tropfen Iod-Lösung auf. Sauge mit dem Filtrierpapier die Lösung durch das Präparat.
Aufgaben: a) Mikroskopiere bei 200facher Vergrößerung.
b) Zeichne einige Zellen. Beschreibe ihr Aussehen.

✱ 1.2 Zellteilung, Stoffwechsel und Energiegewinnung bei Zellen

Zellteilung. Erst seit 200 Jahren weiß man, dass alle Organismen, Tiere und Pflanzen, aus Zellen aufgebaut sind. Damals hat man im Mikroskop auch das erste Mal gesehen, wie eine Eizelle durch eine Samenzelle befruchtet wird. Im Anschluss daran hat sich diese befruchtete Eizelle geteilt. Jede der entstandenen Zellen teilte sich wieder und wieder. Ein vielzelliger Organismus war entstanden.

Vor etwa 100 Jahren entdeckte man im Zellkern, der Steuerzentrale aller Zellen, fädige Strukturen, die **Chromosomen.** Auf ihnen liegen die Erbanlagen. Wenn jede Zelle die Erbanlagen enthält, müssen sie bei der Zellteilung immer auch an die Folgezellen weitergegeben werden. Wie läuft das ab?

Bei der Aufklärung dieser Frage waren Mikroskope sehr hilfreich. Während der meisten Zeit im Leben einer Zelle sieht man die Chromosomen fast nicht. Sie liegen wie ein Knäuel feiner Fäden im Zellkern. Vor einer Zellteilung aber entwirren sich die Fäden, wickeln sich zu stäbchenförmigen Körpern auf und werden dann im Mikroskop gut sichtbar. Kurz vor der Teilung einer Zelle in zwei Tochterzellen teilt sich jedes Chromosom in zwei völlig gleiche Längshälften. Diese wandern an die entgegengesetzten Pole der Mutterzelle. Jetzt braucht sich nur noch eine neue Zellwand zu bilden, dann sind aus einer Zelle zwei Zellen entstanden.

Stoffwechsel und Energiegewinnung. Mit sehr guten Mikroskopen findet man in Zellen auch **Mitochondrien.** Sie sind die **Kraftwerke der Zelle.**

In ihnen wird die Energie bereitgestellt, die die Zelle zum Leben braucht. Grundlage für die Energiegewinnung sind die Nährstoffe, vor allem Kohlenhydrate und Fette, die wir mit der Nahrung täglich aufnehmen. Diese Stoffe werden im Stoffwechsel unter Energiegewinn abgebaut. Damit in einer Zelle diese komplizierten Vorgänge auch sicher ablaufen, ist jede Zelle in unterschiedliche Räume eingeteilt.

Man kann eine solche Zelle mit einer Chemiefabrik vergleichen. Der Kern ist die Steuerzentrale, die Mitochondrien sind die Kraftwerke. Über Transportwege werden Nährstoffe und deren Abbauprodukte transportiert.

> **Merke:**
> - Bei der Zellteilung werden die Erbanlagen auf die Tochterzellen aufgeteilt.
> - Beim Stoffwechsel werden Kohlenhydrate und Fette abgebaut, um Energie zu gewinnen.

1 **Fragen zum Text: a)** Beschreibe, was bei einer Zellteilung passiert.
b) Wie kommt es, dass alle Zellen die gleiche Erbinformation haben?
c) Welche Nährstoffe werden im Zellstoffwechsel zur Energiegewinnung genutzt?

2 Vergleiche die Vorgänge im Zellstoffwechsel mit den Abläufen in einer Fabrik. Nimm die Abbildung 1 S. 109 zu Hilfe.

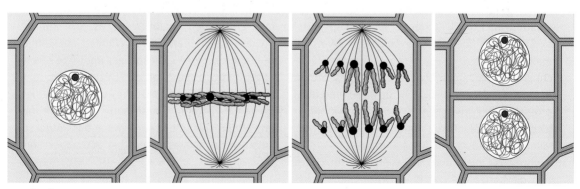

1 Zellteilung

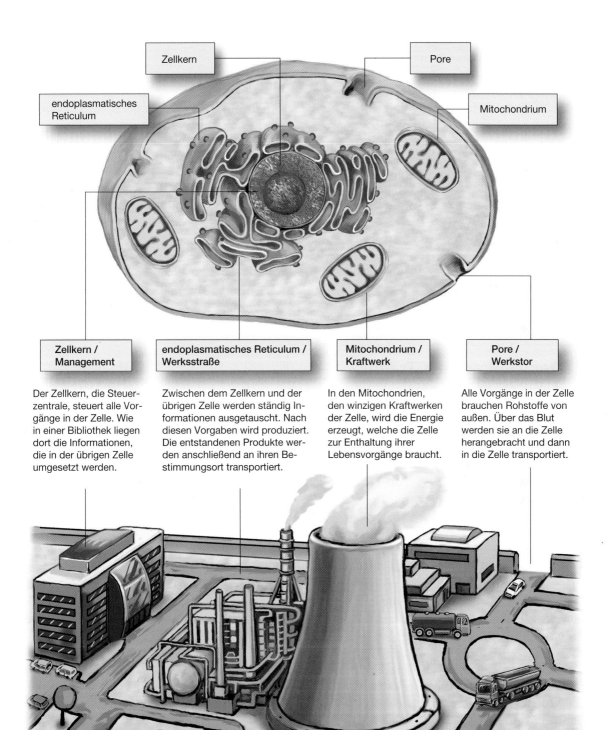

Zellkern

Pore

endoplasmatisches Reticulum

Mitochondrium

Zellkern / Management

endoplasmatisches Reticulum / Werksstraße

Mitochondrium / Kraftwerk

Pore / Werkstor

Der Zellkern, die Steuerzentrale, steuert alle Vorgänge in der Zelle. Wie in einer Bibliothek liegen dort die Informationen, die in der übrigen Zelle umgesetzt werden.

Zwischen dem Zellkern und der übrigen Zelle werden ständig Informationen ausgetauscht. Nach diesen Vorgaben wird produziert. Die entstandenen Produkte werden anschließend an ihren Bestimmungsort transportiert.

In den Mitochondrien, den winzigen Kraftwerken der Zelle, wird die Energie erzeugt, welche die Zelle zur Enthaltung ihrer Lebensvorgänge braucht.

Alle Vorgänge in der Zelle brauchen Rohstoffe von außen. Über das Blut werden sie an die Zelle herangebracht und dann in die Zelle transportiert.

1 Die Zelle: Eine kleine, aber perfekte Chemiefabrik

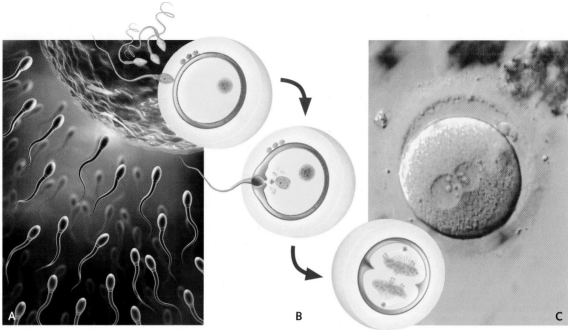

1 Befruchtung der Eizelle. A *Spermien auf dem Weg zur Eizelle;* **B** *Vorgang der Befruchtung;* **C** *Befruchtete Eizelle*

2 Der Zellkern als Träger der Erbinformation

2.1 Wie die Erbinformation gespeichert ist

Schon über 100 Jahre ist es her, dass der deutsche Biologe Oscar HERTWIG ein spannendes Experiment durchführte. Er hatte weibliche und männliche Seeigel dazu gebracht, Eizellen bzw. Samenzellen in ein Glas mit Meerwasser hinein abzugeben. Unter dem Mikroskop beobachtete er, wie die unbeweglichen Eizellen von den viel kleineren beweglichen Samenzellen aufgesucht wurden. Immer nur eine Samenzelle drang in die Eizelle ein. HERTWIG hatte das erste Mal eine Befruchtung gesehen.

Chromosomen. Eine wichtige Rolle spielte dabei ein kleines rundes Körperchen, der **Zellkern.** Bei der Befruchtung vereinigten sich die Kerne der Ei- und der Samenzelle. Außerdem sah er kleine fädige Gebilde, die **Chromosomen.** Offenbar passierte etwas, wenn sich die Zelle teilte. Alle Tochterzellen erhielten immer wieder die gleiche Anzahl dieser Chromosomen. Zellteilung war offenbar also auch gleichbedeutend mit Teilung der Chromosomen. Dies legte den Verdacht nahe, dass die Chromosomen sehr wichtige

Bestandteile der Zelle sind. Nun begann eine Zeit faszinierender mikroskopischer und zellbiologischer Untersuchungen. Schnell fand man, dass die Verteilung der Chromosomen und die Verteilung der Erbanlagen auffällige Übereinstimmungen zeigten.

Durch Kreuzungsversuche und entsprechende mikroskopische Beobachtungen brachte man heraus, dass die Chromosomen immer als vollständige Einheiten an die Tochterzellen übertragen wurden.

Die Zahl der Chromosomen. Die Forscher entdeckten, dass die Zahl der Chromosomen in einer Zelle für einen Organismus typisch ist. Der Mensch zum Beispiel hat in jeder Körperzelle 46 Chromosomen. Interessant war die Beobachtung, dass Eizellen und Samenzellen immer halb so viele Chromosomen enthalten wie gewöhnliche Körperzellen, also beim Menschen 23 Chromosomen. Man nennt dies einen **einfachen Chromosomensatz.** Damit war auch ein großes Rätsel gelöst, das über einige Jahre die Forscher beschäftigt hatte. Es war geklärt, warum nicht jeder Organismus bei der Befruchtung seine Chromosomenzahl immer wieder verdoppelt. Bei der Bildung der Keimzellen werden nämlich zuerst einmal die in den Körperzellen vorliegenden Chromosomenpaare zu Einzelchromosomen getrennt. Bei der Befruchtung kommt es dann

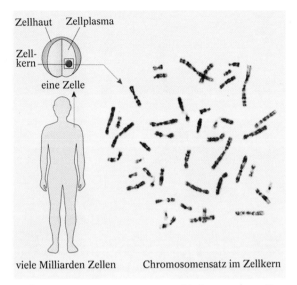

1 Chromosomensatz einer menschlichen Körperzelle

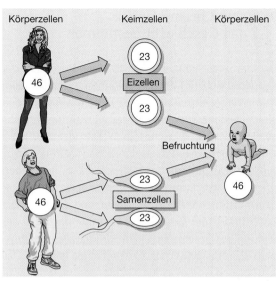

2 Bildung der Keimzellen und Befruchtung

wieder zur Vereinigung dieser Einzelchromosomen zu Chromosomenpaaren. Die Zellen enthalten dann einen **doppelten Chromosomensatz.**

Gene. Seitdem wurden Tausende von Kreuzungsexperimenten durchgeführt und alle Ergebnisse zeigten immer wieder, dass auf diesen Chromosomen die Erbanlagen liegen. Sie sind dafür verantwortlich, wie ein Organismus aussieht oder wie sein Stoffwechsel abläuft. Das, was wir als Erbanlagen bezeichnen, nennen die Wissenschaftler **Gene** (Einzahl: das Gen).

Ein Gen entscheidet. Während in Deutschland und in Nordeuropa fast alle Menschen Milch und Milchprodukte vertragen, verzichten viele Griechen und Spanier lieber darauf. Trinken sie zuviel davon, bekommen sie Bauchschmerzen oder Durchfall. Der Grund dafür ist Milchzucker – bis zu 50 Gramm enthält ein Liter frische Milch. Heute weiß man, worauf diese Milchzucker-Unverträglichkeit zurück geht. Ein Gen ist dafür verantwortlich, ob der Körper den Milchzucker verdauen kann. Besitzt jemand dieses Gen nicht, produzieren Darmbakterien mit dem Milchzucker allerlei Stoffe, die Verdauungsstörungen hervorrufen. Deine Gene entscheiden also, ob du Milch verträgst oder nicht!

Merke:

- In jeder Zelle liegen im Zellkern fädige Strukturen, die Chromosomen. Auf ihnen liegen die Erbanlagen, die Gene.
- In jeder Körperzelle liegen die Chromosomen in doppelter Zahl vor (doppelter Chromosomensatz).
- In den Ei- und Samenzellen liegt von jedem Chromosom nur ein Exemplar vor (einfacher Chromosomensatz).
- Bei der Befruchtung werden Einzelchromosomen wieder zu einem doppelten Chromosomensatz vereinigt.

1 Fragen zum Text a) Was beobachtete der deutsche Biologe HERTWIG vor über 100 Jahren zum ersten Mal?
b) Beschreibe die Rolle der Chromosomen in der Zelle. Was fand man durch Kreuzungsversuche heraus?
c) Wie viele Chromosomen hat eine Körperzelle, wie viele eine Ei- und eine Samenzelle?
d) Was geschieht mit den Chromosomen bei der Befruchtung?
e) Was sind Gene?

2.2 Wie Chromosomen das Geschlecht bestimmen

Bei der Frau können alle 46 Chromosomen der Körperzelle zu 23 Paaren geordnet werden. Beim Mann dagegen haben nur 22 Chromosomen einen gleich aussehenden Partner, das 23. Paar besteht aus zwei ungleichen Chromosomen. Das kleinere Chromosom dieses Paares nennt man Y-Chromosom, das größere das X-Chromosom. Bei Frauen sind zwei X-Chromosomen vorhanden. Dieses 23. Chromosomenpaar ist bei Mann und Frau für die Bestimmung des Geschlechts verantwortlich. Bei der Bildung der Geschlechtszellen wird nämlich der doppelte Chromosomensatz zum einfachen halbiert. Das bedeutet, dass die beiden X-Chromosomen der Frau jeweils in eine der Eizellen gelangen. Das Y- und das X-Chromosom des Mannes werden ebenfalls in jeweils eine Samenzelle verpackt. Bei der Befruchtung verschmilzt nun eine Eizelle mit einer männlichen Geschlechtszelle. Dabei kann es sich bei der männlichen Geschlechtszelle um eine X-Chromosom tragende oder um eine Y-Chromosom tragende Geschlechtszelle handeln. Da Eizellen nur X-Chromosomen tragen, entstehen bei der Befruchtung Zellen mit zwei X-Chromosomen oder mit einem X- und einem Y-Chromosom. Das Geschlecht des Kindes wird also durch die Verschmelzung der Geschlechtszellen bereits bei der Befruchtung festgelegt: Aus Zellen mit zwei X-Chromosomen entwickeln sich Kinder weiblichen Geschlechts. Aus Zellen mit einem X- und einem Y-Chromosom entwickeln sich Kinder männlichen Geschlechts.

Merke:

- Eizellen haben ein X-Chromosom, Samenzellen haben ein X- oder ein Y-Chromosom.
- Das Geschlecht des Menschen wird schon bei der Verschmelzung der Geschlechtszellen festgelegt.

---

1 **Fragen zum Text: a)** Worin unterscheiden sich die Chromosomensätze von Mann und Frau?
b) Wie und wann wird das Geschlecht des Kindes festgelegt?

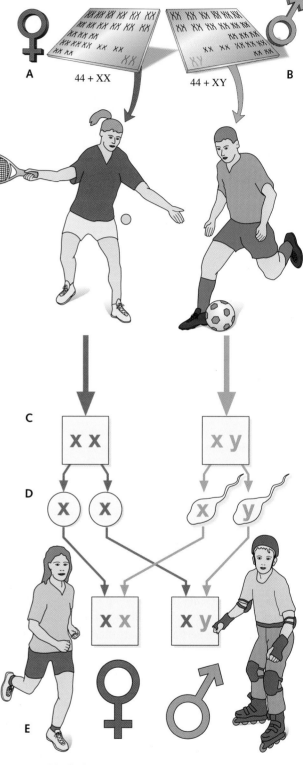

1 Geschlechtsbestimmung. A *weiblicher Chromosomensatz (geordnet);* **B** *männlicher Chromosomensatz (geordnet);* **C** *Geschlechtschromosomen in den Körperzellen;* **D** *Keimzellen mit Geschlechtschromosom;* **E** *Nachkommengeneration*

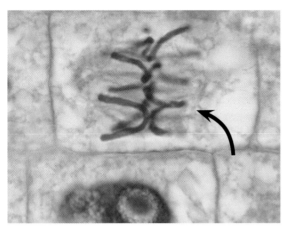

1 Chromosomen (angefärbt)

Grundlage für die Vererbung. Wie die Buchstaben des Alphabets sind die Basenpaare in ihrer Abfolge der Speicher für die Erbinformation und damit für die Ausbildung von Merkmalen.

Dabei stehen immer drei Basen für eine Aminosäure. Aminosäuren stellen die **Proteine (Eiweiße)** her. Daher legt ein solches Basentriplett fest, wie ein Protein gebaut ist. So werden auch körperliche Eigenschaften eines Organismus bestimmt.

Über die DNA wird also die Information über den Bau eines Lebewesens, auch des Menschen, festgelegt und an die nächste Generation weitergegeben.

✱ 2.3 Die DNA speichert die Erbinformation

Im Zellkern jeder Zelle befinden sich die **Chromosomen**. Auf ihnen liegen die Erbanlagen, die Gene. Wenn man Chromosomen stark vergrößert, kann man ihren Feinbau erkennen. Chemische Untersuchungen haben ergeben, dass die Chromosomen aus Kernsäuren, den sogenannten **Nukleinsäuren**, bestehen. Außerdem fand man noch Eiweißstoffe. Eine bestimmte Art der Nukleinsäuren, die Desoxyribonukleinsäure wurde als Trägerin der Erbinformation erkannt. Weil die Wissenschaftssprache auch bei uns meist Englisch ist, wird sie **DNA** (englisch **d**eoxyribo**n**ucleic **a**cid) abgekürzt.

Die DNA ist ein sehr langes Molekül: Die DNA-Fäden einer einzigen menschlichen Zelle haben eine Gesamtlänge von etwa 2 Metern! Um in den winzigen Zellkern zu passen, ist sie sehr dicht gepackt. Der Aufbau des Moleküls erinnert dabei an eine zu einer Spirale gedrehten Leiter.

Aufbau der DNA. Auch den Bau der DNA kennt man inzwischen. Die seitlichen Holme der Leiter bestehen abwechselnd aus Zuckerbausteinen und Phosphorsäure.

Die Sprossen der Leiter werden von vier organischen Basen gebildet. Sie heißen Adenin (A), Cytosin (C), Guanin (G) und Thymin (T). Die Reihenfolge dieser Sprossen aus Basenpaaren in der DNA-Kette ist die

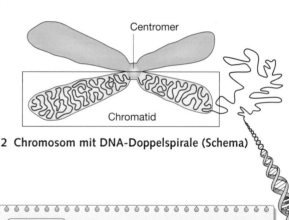

2 Chromosom mit DNA-Doppelspirale (Schema)

> **Merke:**
>
> - **Desoxyribonucleinsäure (DNA) ist die Trägerin der Erbinformation.**
> - **Die Erbinformation ist in der Abfolge der Basen gespeichert.**
> - **Ein Basentriplett steht für eine Aminosäure eines Proteins (Eiweiß).**

1 **Fragen zum Text: a)** Wie heißt die Trägerin der Erbsubstanz?
b) Beschreibe mithilfe der Abbildung 2 den Aufbau der DNA.
c) Erläutere, wie in der DNA die Erbinformationen festgelegt sind.

2.4 Erbanlagen sind veränderlich

Bei der Züchtung von Haustieren und Nutzpflanzen hat man beobachtet, dass manche Nachkommen anders aussehen als ihre Eltern. Solche auffälligen Veränderungen heißen **Mutationen.** Heute weiß man, worauf diese Mutationen zurückgehen. Sie entstehen durch Veränderungen auf den Chromosomen und sind daher erblich. Für die Züchter waren solche veränderten Lebewesen immer wichtige Ausgangsorganismen für weitere Zuchten.

Man kennt heute eine Vielzahl solcher Erbänderungen sowohl bei Pflanzen wie bei Tieren. In Parkanlagen oder Gärten findet man zum Beispiel Buchen, deren Zweige nicht aufrecht wachsen, sondern herabhängen. Diese *Trauerformen* sind das Ergebnis von Mutationen. Bei Ahorn, Hasel und Buche erkennt man die *Blutformen* als Mutationen an den kräftig roten statt den grünen Blättern.

Albinos. Tiere mit normalerweise braunem Fell können Nachkommen haben, die ein weißes Fell besitzen. Man nennt solche Tiere Albinos. Ihnen fehlen die Farbstoffe, die zur Ausbildung der dunklen Fellhaare führen. Meist haben solche Tiere auch noch rote Augen, weil auch dort das Pigment zur Ausbildung der dunklen Iris fehlt.

Wie Mutationen entstehen. Bei all diesen Mutationen ist das Erbgut verändert. Wissenschaftler haben herausgefunden, dass solche Mutationen zum Beispiel durch radioaktive Strahlen, Röntgenstrahlen und Chemikalien ausgelöst werden können. Erbanlagen können also durchaus durch die Umwelt beeinflusst werden. Schwangere dürfen deshalb nur unter besonderen Vorsichtsmaßnahmen geröntgt werden und müssen vor der Einnahme von Medikamenten ärztlichen Rat einholen.

> **Merke:**
> * Mutationen beruhen auf Veränderungen in den Chromosomen und sind daher erblich.
> * Mutationen treten spontan auf, können aber auch durch Außeneinflüsse ausgelöst werden.

1 Fragen zum Text: a) Nenne Mutationen aus dem Tier- und Pflanzenreich.
b) Worauf gehen Mutationen zurück und wodurch können sie ausgelöst werden?

1 Mutation bei Pflanze und Tier. A *Blutform der Buche;* **B** *Damhirsch-Albino*

2.5 Angeborene Krankheiten und Erbkrankheiten

Wenn Chromosomen krank machen. Auf den Chromosomen im Zellkern liegen die Erbanlagen. Wenn davon etwas fehlt, hat das Folgen für den betroffenen Organismus. Aber auch ein Zuviel an Chromosomen macht krank: Das **DOWN-Syndrom** geht auf ein überzähliges Chromosom zurück. Ein betroffenes Kind hat dann also 47 Chromosomen in jeder Körperzelle. Als ob die Zunge etwas zu groß wäre, steht der Mund solcher Kinder oft etwas offen. Die schlitzförmigen Augen und die schräg gestellten Augenlider verleihen diesem Menschen ein Aussehen, das uns an Mongolen erinnert. Deshalb hat man das DOWN-Syndrom früher auch als *Mongolismus* bezeichnet. In vielen Fällen haben diese Kinder auch Herzfehler und sind geistig zurückgeblieben.

Viele dieser Behinderten profitieren von einer intensiven Förderung. Sie haben auch eine fast normale Lebenserwartung. Abbildung 2 zeigt den Chromosomensatz eines Kindes mit DOWN-Syndrom. Das Chromosom Nr. 21 ist statt zweimal dreimal vorhanden. Kinder mit DOWN-Syndrom können auch in völlig erbgesunden Familien plötzlich auftreten. Unter 600 bis 1000 Geburten kann diese Krankheit einmal vorkommen.

Wie die Chromosomenzahl sich verändern kann. Bei der Bildung der Geschlechtszellen wird aus dem doppelten Chromosomensatz ein einfacher Chromosomensatz hergestellt. Dies trifft sowohl für Männer wie auch für Frauen zu. Jedes Chromosomenpaar wird dabei auf zwei Geschlechtszellen, also auf Samenzellen oder Eizellen verteilt. Geraten zufällig doch beide Chromosomen eines Paares in eine Geschlechtszelle, so hat diese dann 24 statt 23 Chromosomen. Wenn eine solche Keimzelle zur Befruchtung gelangt, hat diese befruchtete Eizelle 47 statt 46 Chromosomen. Wenn Erwachsene mit DOWN-Syndrom Kinder bekommen, kann diese Krankheit auch weitervererbt werden.

> **Merke:**
>
> - **Das DOWN-Syndrom ist eine angeborene Krankheit. Sie geht auf ein überzähliges Chromosom Nr. 21 zurück.**

1 **Fragen zum Text: a)** Beschreibe die Folgen des DOWN-Syndroms für ein betroffenes Kind.
b) Was sind die Ursachen für das DOWN-Syndrom?

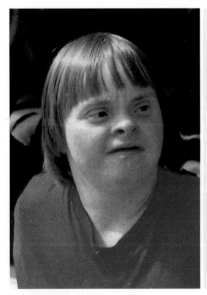

1 Kind mit DOWN-Syndrom

2 Chromosomensatz bei DOWN-Syndrom

1 2 3 4 5

6 7 8 9 10 11 12 X X

13 14 15 16 17 18 19 20 21 22

2.6 Die Bluterkrankheit – eine Männerkrankheit?

Jedem von uns ist es schon passiert: Durch eine Unachtsamkeit verletzt man sich. Auch ohne Pflaster oder Verbandszeug hört die Wunde meist schon nach wenigen Minuten zu bluten auf. Es bildet sich ein Wundverschluss aus geronnenem Blut. Bei einigen Menschen ist eine blutende Verletzung aber keineswegs so harmlos. Wunden bluten dann sehr lange und die Gefahr von Blutverlusten ist groß. Bei solchen Menschen ist die *Blutgerinnung* stark *verzögert*. Man sagt, sie haben die **Bluterkrankheit**. Bluterkranke müssen vorsichtig sein. Vor allem innere Verletzungen sind sehr gefährlich, schnell bekommen sie starke Blutungen oder Blutergüsse. Sehr häufig muss dann der Arzt eingreifen und Gerinnungsstoffe spritzen.

Die Bluterkrankheit ist eine **Erbkrankheit**. Die Anlage zu dieser Krankheit liegt auf dem X-Chromosom. Männer sind davon viel häufiger betroffen als Frauen. Männer haben nämlich nur *ein* X-Chromosom. Befindet sich die Anlage für die Bluterkrankheit auf diesem Chromosom, sind die betroffenen Männer Bluter. Frauen haben *zwei* X-Chromosomen. Hier kann eines der beiden X-Chromosomen die Anlage tragen, das andere nicht. Frauen sind nur dann Bluter, wenn *beide* X-Chromosomen die Bluteranlage besitzen. Ein X-Chromosom ohne Bluteranlage reicht einer Frau aus, um gesund zu sein. Allerdings geben solche Frauen auch ihr X-Chromosom, das die Bluteranlage trägt, wie dasjenige mit der gesunden Anlage an ihre Nachkommen weiter. Erhält ein Sohn dieses X-Chromosom der Mutter, dann ist er Bluter, obwohl vielleicht die Eltern nicht von der Krankheit der Mutter wussten.

> **Merke:**
>
> ● **Die Bluterkrankheit ist eine Erbkrankheit. Die Anlage dazu liegt auf dem X-Chromosom.**

1 **Fragen zum Text: a)** Was sind die Folgen der Bluterkrankheit?
b) Wie kommt es zur Bluterkrankheit und wie wird sie vererbt?

 Exkurs

Alex ist Bluter

Seit 14 Tagen hat die Klasse 9a einen neuen Mitschüler. Alex ist Bluter. Die Klasse hätte es gar nicht gemerkt, denn Alex macht einen absolut gesunden Eindruck. Lediglich Raufereien geht er aus dem Weg und irgendwie hat man das Gefühl, dass er sich vorsichtiger bewegt. Die Lehrerin hat die Klasse darüber aufgeklärt, was es bedeutet, Bluter zu sein, aber die meisten Informationen haben die Mitschüler von Alex selbst. Er hat erzählt, dass etwa 30 Substanzen dafür verantwortlich sind, dass das Blut bei Gesunden schnell gerinnt.

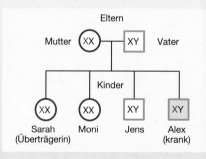

Wenn sich Alex schwerer verletzt, muss er sofort zum Arzt, um sich gerinnungshemmende Stoffe spritzen zu lassen. Alex hat auch erzählt, dass es früher vorkam, dass mit diesen gerinnungshemmenden Stoffen Krankheiten wie Gelbsucht oder AIDS übertragen wurden. Heute wird das Blut, aus dem diese gerinnungshemmenden Stoffe isoliert werden, sehr genau untersucht. Alex weiß auch, dass seine Töchter alle Trägerinnen des Bluter-Gens sein werden, auch wenn seine Frau ganz gesund ist.

Chromosomen und Chromosomenzahlen

Chromosomen dienen der Speicherung und der Weitergabe von genetischen Informationen. Viele Eigenschaften eines Lebewesens sind in den Chromosomen verschlüsselt gespeichert.

Das Wort Chromosom kommt aus dem Griechischen und setzt sich zusammen aus den Worten chroma: *Farbe* und soma: *Körper*.

Angefärbte Chromosomen lassen sich auf ihren Bau hin untersuchen und auch zählen. Es war eine Überraschung, als man feststellte, dass die Zahl der Chromosomen nichts damit zu tun hat, wie hoch entwickelt das Lebewesen ist. So unterscheiden sich Mensch und Schimpanse in ihrer Erbsubstanz nur in wenigen Prozenten – und trotzdem ist der Entwicklungsunterschied sehr groß!

Karyogramme von Mensch und Menschenaffen

Mensch

Schimpanse

Gorilla

Orang-Utan

1 Chromosomen von Mensch und Menschenaffen

1 a) Vergleiche die Chromosomensätze von Mensch und Menschenaffen in Abbildung 1.
b) Welche Vermutungen kann man hinsichtlich der Verwandtschaft zwischen Mensch und Menschenaffen anstellen, wenn man die Chromosomensätze vergleicht?

2 Mache Aussagen zu den Chromosomenzahlen von Tieren und Pflanzen. Vergleiche die Organismen untereinander.

Chromosomenzahlen von Pflanzen

Adlerfarn	104	Löwenzahn	104
Raps	38	Birke	84
Erbse	14	Rosskastanie	14
Sauerkirsche	32	Fichte	24
Schachtelhalm	216	Gartenbohne	216
Kartoffel	48	Küchenzwiebel	48

Chromosomenzahlen von Tieren

Stechmücke	6	Biene	32
Mehlkäfer	20	Regenwurm	32
Karpfen	104	Kreuzkröte	22
Grasfrosch	26	Amsel	80
Haushuhn	78	Hase	48
Hauskatze	38	Hund	78
Pferd	64	Esel	62
Eidechse	38	Stubenfliege	12

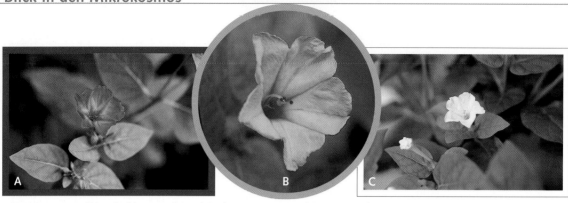

1 Kreuzung von Wunderblumen. A *und* **C** *Elterngeneration (P);* **B** *1. Tochtergeneration (F₁)*

✱ 2.7 Wie Gregor MENDEL die Regeln der Vererbung fand

Gregor MENDEL wurde 1822, also vor fast 200 Jahren, als Sohn eines Bauern in einem österreichischen Dorf geboren. 1843 trat er in den Augustinerorden ein und wurde 1854 Lehrer für Naturwissenschaften an der Oberrealschule in Brünn. Im Jahr 1865 entdeckte er die später nach ihm benannten **MENDELschen Regeln**. Er führte dazu ganz systematisch Kreuzungsversuche durch, so wie sie hier beschrieben sind.

Wir wollen die Regeln, die MENDEL fand, an zwei Beispielen erarbeiten. Dazu schauen wir uns Kreuzungsversuche mit zwei beliebten Versuchspflanzen an, einmal mit Wunderblumen und in einem anderen Versuch mit Gartenerbsen.

Kreuzung von Wunderblumen. Dazu verwendet man rot und weiß blühende Wunderblumen, von denen jede Sorte schon über mehrere Generationen die Blütenfarbe behalten hat, also **reinerbig** ist. Will man rote und weiße Sorten kreuzen, so muss man sie künstlich bestäuben. Dazu bringt man Pollen einer weißblühenden Pflanze auf die Narbe einer rotblühenden Pflanze und umgekehrt. Die Pollen und die narbentragenden Fruchtknoten enthalten die männlichen bzw. weiblichen Keimzellen. In der Tochtergeneration (F₁) tragen jetzt alle Nachkommen die *beiden* Anlagen für weiße und für rote Blütenfarbe. Man sagt, sie sind **mischerbig**. Bei den Wunderblumen liegt die Blütenfarbe der Tochtergeneration zwischen der der Eltern, sie ist also rosa. Man bezeichnet dies als **zwischenelterlichen** oder auch **intermediären Erbgang**. In der F₁-Generation haben also alle Nachkommen die gleiche Blütenfarbe.

Kreuzung von Gartenerbsen. Führt man den gleichen Kreuzungsversuch mit roten und weißen Erbsen durch, bekommt man ein anderes Ergebnis. Die Pflanzen der Tochtergeneration (F₁) blühen alle rot, nicht rosa! Die rote Blütenfarbe überdeckt die weiße. Man sagt: die Anlage für rot ist **dominant**. Die weiße, überdeckte Anlage ist **rezessiv**. Ein solcher Erbgang heißt **dominant-rezessiver Erbgang**. In der F₁-Generation haben also auch hier alle Nachkommen die gleiche Blütenfarbe.

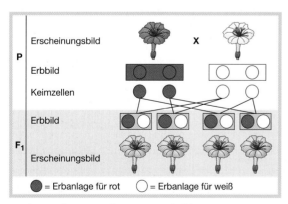

2 Erbgang bei reinerbigen Wunderblumen

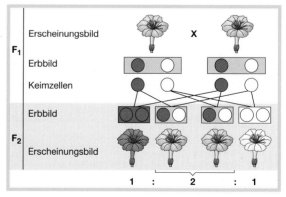

3 Erbgang bei mischerbigen Wunderblumen

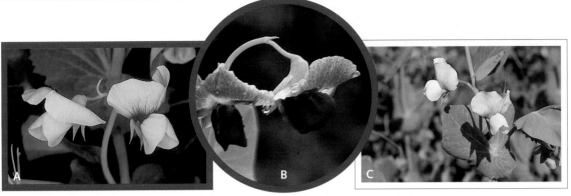

1 Kreuzung von Erbsen. A *und* **C** *Elterngeneration (P);* **B** *1. Tochtergeneration (F₁)*

Aus den Ergebnissen der beiden Kreuzungsversuche ergibt sich die **erste MENDELsche Regel (Uniformitätsregel)**: Die Nachkommen reinerbiger Eltern sind untereinander immer gleich.

Kreuzungen mit der F₁-Generation. Kreuzt man die rosablühenden Wunderblumen (F₁) untereinander, kommen in der zweiten Tochtergeneration die Farben rot und weiß wieder zum Vorschein. Das Zahlenverhältnis von rot zu rosa und weiß ist 1:2:1.
Kreuzt man die rotblühenden Gartenerbsen der F₁-Generation untereinander, erhält man zwischen roten und weißen Blüten ein Zahlenverhältnis von 3:1.

Erscheinungsbild und Erbbild. Bei der Wunderblume kann man die Mischerbigkeit, also das Erbbild, am Erscheinungsbild erkennen. Bei den Erbsen ist das nicht möglich, da die rote Blütenfarbe die weiße überdeckt. Eine Unterscheidung der rotblühenden Erbsen aus der F₂-Generation ist nur über das Erbbild möglich.

Daraus ergibt sich die **zweite MENDELsche Regel (Spaltungsregel)**: Kreuzt man Lebewesen, die in einem bestimmten Merkmal mischerbig sind, so spalten sich die Nachkommen bei diesem Merkmal wieder in einem bestimmten Zahlenverhältnis auf.

Merke:

- **Die MENDELschen Regeln erlauben es, die Ergebnisse von Kreuzungsversuchen zu erklären.**
- **Es gibt intermediäre (zwischenelterliche) und dominant-rezessive Erbgänge.**

1 **Fragen zum Text: a)** Beschreibe den intermediären Erbgang anhand der Abbildungen 2 und 3 auf S. 118.
b) Beschreibe den dominant-rezessiven Erbgang anhand der Abbildungen 2 und 3 auf dieser Seite.
c) Nenne die beiden MENDELschen Regeln.

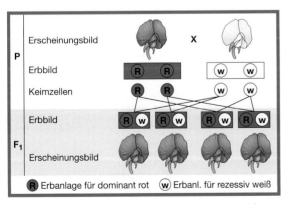

2 Dominant-rezessiver Erbgang bei reinerbigen Erbsen

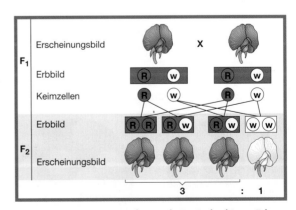

3 Dominant-rezessiver Erbgang bei mischerbigen Erbsen

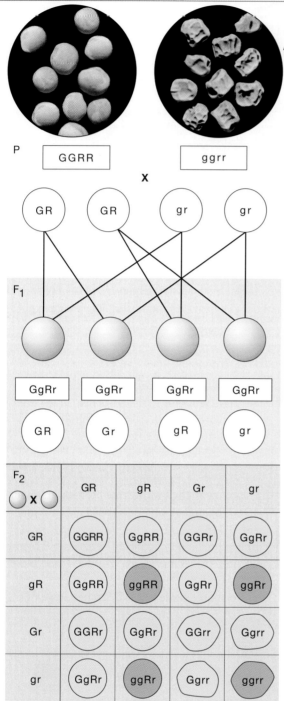

1 Erbgang bei Erbsen mit zwei unterschiedlichen Merkmalen *(R=rund, r=runzelig, G=gelb, g=grün)*

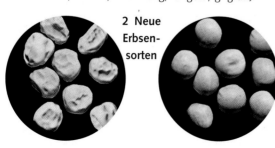

2 Neue Erbsensorten

*2.8 Kombination von Erbanlagen – wichtig für die Züchtung

Für die Züchtung von Pflanzen und Tieren ist es wichtig, dass in Tochterpflanzen die Erbanlagen in neuer Kombination auftreten, damit der Züchter mögliche bessere Pflanzen auswählen und weiterzüchten kann.

In einem theoretischen Kreuzungsexperiment kreuzen wir zwei Erbsensorten, die sich in den Merkmalen Samenfarbe und Samenschale unterscheiden. Die Samen der Ausgangspflanzen (P) sind entweder gelb-rund oder grün-runzelig. Wie erwartet sehen die Samen der 1. Tochtergeneration (F_1) alle gleich aus. Da sie gelb und rund sind, wissen wir jetzt, dass die Anlage der gelben Samenfarbe gegenüber der grünen und die Anlage für die runde Samenoberfläche gegenüber der runzeligen dominant ist.

Zieht man aus diesen Samen eine zweite Tochtergeneration (F_2), entstehen Erbsen mit neuen Eigenschaften. Es sind gelb-runzelige und grün-runde entstanden. Die Anlagen für die Samenfarben (gelb oder grün) und die Anlagen für die Samenoberfläche (rund oder runzelig) haben sich neu kombiniert. Das ist der Beweis dafür, dass die Anlagen für ein Merkmal unabhängig voneinander vererbt werden.

Schreibt man alle möglichen Anlagenkombinationen wie in Abbildung 1 in einem so genannten Kombinationsquadrat auf, so bekommt man 4 verschiedene Erscheinungsbilder: gelb-rund, gelb-runzelig, grün-rund und grün-runzelig. Zählt man aus, ergibt sich ein Zahlenverhältnis von 9:3:3:1. Zwei davon sind neue Erbsensorten.

Merke:

- **Erbanlagen werden unabhängig voneinander vererbt.**
- **Erbanlagen können bei der Vererbung neu kombiniert werden.**

1 Fragen zum Text: a) Was passiert bei der Neukombination von Erbanlagen?
b) Warum ist die Neukombination von Erbanlagen für den Züchter so interessant?

1 Modifikation beim Löwenzahn

2 Modifikation beim Russenkaninchen

2.9 Nicht alle Veränderungen sind erblich: Modifikationen

Die Löwenzahnblüte bildet eine riesige Menge von Samen, die an kleinen Fallschirmen über weite Strecken verfrachtet werden. Dann kann es passieren, dass der eine Samen in eine Wiese fällt, der andere auf einen Bahndamm und wieder ein anderer in den Schatten eines Waldes. Auf allen diesen unterschiedlichen Plätzen wachsen aus den Samen Pflanzen heran, die völlig unterschiedlich aussehen. Der Löwenzahn auf der Wiese wird große Blätter haben, eine kräftige Blüte und auch eine kräftige Wurzel. Die Löwenzahnpflanze, die auf dem Bahndamm wächst und mit wenig Wasser auskommen muss, wird klein bleiben. Sie bildet eine lange Wurzel, um überhaupt an Wasser zu kommen, und nur kleine Blätter und Blüten. Die Löwenzahnpflanze im Wald wird stark unter Lichtmangel leiden und wenn der Samen überhaupt aufgeht, wird das Pflänzchen vielleicht von anderen Pflanzen überwuchert.

Solche Unterschiede im äußeren Erscheinungsbild heißen **Modifikationen**. Modifikationen kennt man auch im Tierreich. Ein bekanntes Beispiel ist das weiße Russenkaninchen. Wenn es in kalten Ställen aufwächst, bildet es an verschiedenen Körperstellen wie Pfoten, Schwanzspitze oder Schnauze ein schwarzes Fell. Im warmen Stall dagegen bleibt es weiß.

Modifikationen sind nicht erblich. Meist wird nur die Fähigkeit vererbt, auf bestimmte Umwelteinflüsse zu reagieren. Die Folge solcher Modifikationen ist aber, dass kaum ein Lebewesen dem anderen gleicht. Auch bei identischen Erbanlagen kann es also durchaus zu unterschiedlich aussehenden Nachkommen eines Elternpaares kommen. Das Erscheinungsbild eines Lebewesens wird also durch Vererbung und Umwelt zusammen bestimmt.

Merke:

- **Modifikationen gibt es bei Pflanzen, Tieren und Menschen.**
- **Modifikationen sind nicht vererbbare Änderungen im Erscheinungsbild.**

1 **Fragen zum Text: a)** Beschreibe, wie sich Löwenzahnpflanzen an unterschiedlichen Standorten entwickeln können.
b) Wie heißen diese Änderungen im Erscheinungsbild und wie kommen sie zustande?

2 Recherchiere im Internet weitere mögliche Modifikationen aus dem Tier- und Pflanzenreich.

1 **Rinderrassen. A** *Rind um 1860,* **B** *Fleischrind,* **C** *Milchrind*

✱ 2.10 Herkömmliche Methoden der Tier- und Pflanzenzucht

Die ersten Menschen lebten als Jäger und Sammler. Eine ausreichende Versorgung mit Fleisch war nicht immer gesichert, da sie vom Jagderfolg abhing. Deshalb begann der Mensch schon vor sechstausend Jahren Wildrinder und andere *Nutztiere* zu zähmen und für Notzeiten zu halten. So konnte er sich jederzeit mit Nahrung und auch mit Rohstoffen für seine Bekleidung versorgen.

Schon bald begann er, ausgewählte Rinder mit gutem Fleischansatz oder großer Milchleistung zu vermehren. Durch diese gezielte *Züchtung* entstand eine Vielzahl unterschiedlicher Rassen. Bei anderen Nutztieren wie Schafen, Schweinen oder Hühnern entstand im Laufe der Zeit ebenfalls eine solche Rassenvielfalt.

Auch unsere heutigen *Nutz-* und *Zierpflanzen*, beispielsweise Getreide-, Kartoffel- oder Kohlsorten, wurden aus wild lebenden Vorfahren gezüchtet. Die heutige Rassen- und Sortenvielfalt ist das Ergebnis verschiedener **Züchtungsmethoden.**

Auslesezüchtung. Die älteste Methode der Auswahl und Weiterzucht von Tieren und Pflanzen mit erwünschten Merkmalen bezeichnet man als **Auslesezüchtung**. Durch ständige Auslese über viele Generationen hinweg kommt es zu *Merkmalsänderungen*. Schließlich entwickeln sich Lebewesen, welche die gewünschten Merkmale weitervererben. So entstehen neue Rassen. Diese Methode ermöglicht es, Tiere und Pflanzen zu züchten, die dem Menschen nützen. Die Pflanzen, die wir als Nutzpflanzen anbauen und die Tiere, die wir als Nutztiere halten, haben oft kaum noch Ähnlichkeit mit ihren Vorfahren.

Der *Wildkohl* ist ein Beispiel dafür, wie aus einer Wildform verschiedene Nutzpflanzen entstanden sind. Obgleich sich Gemüsesorten wie *Rosenkohl*, *Kohlrabi* und *Broccoli* in Aussehen und Geschmack deutlich voneinander unterscheiden, stammen alle vom Wildkohl ab. Durch Auslese bestimmter Pflanzen, die in den Eigenschaften ihrer Blüten oder Blätter den Vorstellungen der Züchter entsprechen, erhalten sie diese unterschiedlichen Ergebnisse.

Kombinationszüchtung. Die Anwendung der MENDELschen Regeln erlaubt seit Beginn des 20. Jahrhunderts neue Wege der Züchtung. Bei der **Kombinationszüchtung** kreuzt man verschiedene Tierrassen oder Pflanzensorten, um Merkmale einer Rasse gezielt mit Merkmalen einer anderen Rasse zu kombinieren.

Beim *Weizen* wurde beispielsweise eine ertragreiche Sorte mit einer gegen Kälte widerstandsfähigen Sorte gekreuzt. So entstand eine neue Sorte, die auch in kälteren Gebieten angebaut werden kann und dennoch hohe Ernteerträge liefert.

Bei *Milchrindern* achtet man auf Eigenschaften wie Milchmenge, Milchinhaltstoffe und Fruchtbarkeit. Während ein Milchrind um 1860 etwa 1200 Liter Milch jährlich lieferte, liegt die Milchleistung heute im Durchschnitt bei über 6000 Litern pro Jahr – das Resultat einer überlegten Zuchtwahl. Bei *Fleischrindern* steht der Fleischertrag im Vordergrund. Deshalb legt man bei der Zucht Wert auf Merkmale wie schnelle Gewichtszunahme, geringer Fettanteil im Fleisch und gute Futterverwertung.

Grenzen der Zucht. Eine besondere Form der Kombinationszüchtung ist die **Inzucht.** Man kreuzt dabei nahe miteinander verwandte Tiere. Da diese in vielen Genen übereinstimmen, erzielt man schnell eine Reinerbigkeit bei den gewünschten Merkmalen. Reinerbige Tiere werden dann zur Weiterzucht verwendet.

Allerdings werden bei dieser Methode auch unerwünschte Gene reinerbig weitergegeben. Deshalb sind Inzuchtrassen oft wenig widerstandsfähig und zeigen eine geringe Fruchtbarkeit. Die Züchter stoßen hier an natürliche Grenzen.

Merke:

● **Der Mensch züchtet durch Auslese und Kombination von Merkmalen Tier- und Pflanzenarten, die ihm nützlich erscheinen.**

1 **Fragen zum Text: a)** Nenne Gründe, weshalb Menschen bei Tieren und Pflanzen Züchtungen vornehmen.
b) Erkläre die Auslesezüchtung am Beispiel des Wildkohls. Nimm die Abbildung 1 zu Hilfe.
d) Nenne mögliche Nachteile, die durch Inzucht auftreten können.

2 Suche im Internet Informationen über Wild- und Zuchtformen bei Paprika, Karotte oder Tomate. Berichte.

Büten-traube

Endknospe

Achsel-knospe

Blüte, Stiel

Blatt

Stängel

Wildkohl

2 Kohlsorten. A *Blumenkohl,* **B** *Weißkohl,* **C** *Rosenkohl,* **D** *Broccoli,* **E** *Grünkohl,* **F** *Kohlrabi*

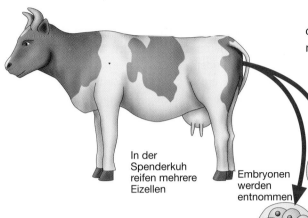

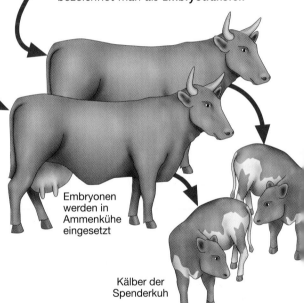

In der Spenderkuh reifen mehrere Eizellen

Embryonen werden entnommen

der Spenderkuh herausgespült. Anschließend können sie bei minus 196 Grad Celsius gelagert und jederzeit in die Gebärmutter einer *Ammenkuh* eingesetzt werden. Ammenkühe sind Tiere, die nur dafür genutzt werden, Kälber mit gewünschten Eigenschaften auszutragen.

Mit dieser Methode lässt sich die Anzahl der Nachkommen von wertvollen Zuchtkühen erheblich steigern. Während eine Kuh früher maximal sieben Kälber bekam, bringen es Hochleistungsrinder in ihrem Leben heute auf über fünfzig Nachkommen. Das Übertragen von Embryonen auf andere Kühe bezeichnet man als **Embryotransfer.**

✱ 2.11 Moderne Methoden der Tierzucht

In der Rinderzucht werden Rinder ausgewählt, die sich durch hohe Milchleistung, gute Fleischqualität und Widerstandskraft gegen Krankheiten auszeichnen. Um von diesen Tieren möglichst schnell viele Nachkommen zu erhalten, setzt man *biotechnische Verfahren* ein. Solche modernen Zuchtmethoden ermöglichen es heute, erwünschte Eigenschaften von Nutztieren gezielt und in kurzer Zeit an Tiere der folgenden Generation weiterzugeben. Außerdem werden schnell viele Nachkommen mit diesen Eigenschaften erzeugt. Mit herkömmlichen Zuchtmethoden waren diese Ziele nur über viele Jahre und Tiergenerationen zu erreichen.

Künstliche Besamung. In Besamungsstationen beispielsweise werden Zuchtbullen als „Samenspender" gehalten. Das von ihnen gewonnene Sperma wird tiefgefroren verschickt und vom Tierarzt mithilfe der **künstlichen Besamung** auf viele Kühe übertragen. Bei dieser Methode wird das Sperma mittels einer Spritze und eines sehr dünnen Schlauches direkt in die Gebärmutter der Kuh gebracht. So kann ein Bulle der Erzeuger vieler tausend Kälber sein. In Deutschland werden heute etwa 95 Prozent aller Kühe künstlich besamt.

Embryotransfer. Bei wertvollen Zuchtkühen werden die Eierstöcke durch eine Hormonbehandlung dazu angeregt, dass gleichzeitig mehrere Eizellen heranreifen. Etwa sieben Tage nach der künstlichen Besamung werden die Embryonen aus der Gebärmutter

Embryonen werden in Ammenkühe eingesetzt

Kälber der Spenderkuh

1 Nachkommen beim Rind durch Embryotransfer

Klone aus embryonalen Zellen. Eine weitere schnelle Vervielfachung lässt sich erreichen, indem man Embryonen in sehr frühen Entwicklungsstadien teilt. Die so entstehenden Hälften werden ebenfalls in die Gebärmutter von Ammenkühen übertragen und entwickeln sich dort zu zwei Kälbern mit gleichem Erbgut, den **Klonen.** In der Tierzucht gewinnen solche Methoden zunehmend an Bedeutung. Durch das Teilen des Keims erhalten die Züchter mehrere erbgleiche Kopien und damit mehr Nachkommen pro Muttertier.

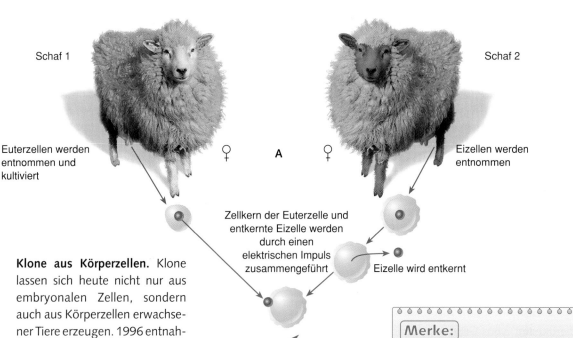

Schaf 1

Schaf 2

Euterzellen werden entnommen und kultiviert

Eizellen werden entnommen

♀ A ♀

Zellkern der Euterzelle und entkernte Eizelle werden durch einen elektrischen Impuls zusammengeführt

Eizelle wird entkernt

Klone aus Körperzellen. Klone lassen sich heute nicht nur aus embryonalen Zellen, sondern auch aus Körperzellen erwachsener Tiere erzeugen. 1996 entnahmen schottische Wissenschaftler einem Schaf eine unbefruchtete Eizelle. Sie saugten mithilfe einer Pipette den Zellkern ab und erhielten so eine entkernte Eizelle ohne Erbinformationen. In diese Eizelle übertrugen sie den Zellkern einer Körperzelle aus dem Euter eines zweiten erwachsenen Schafes und vereinigten sie durch elektrische Impulse. Anschließend wurde die neu entstandene Zelle in eine Nährlösung übertragen, um sie dort zu einem vielzelligen Keim heranwachsen zu lassen. Diesen pflanzten die Wissenschaftler in die Gebärmutter eines *Leihmutterschafes* ein.

Tragzeit, Geburt und die anschließende Entwicklung des Klons, dem man den Namen „Dolly" gab, verliefen zunächst normal wie bei einem natürlich gezeugten Schaf. Dollys Erbmaterial gleicht völlig dem Erbmaterial des Schafes, dem die Euterzellen entnommen worden waren.

Eizelle entwickelt sich zu einem Embryo

Embryo wird Leihmutterschaf eingepflanzt

┌─────────────────────────────────────┐
│ **Merke:**   │
│   │
│ • **Künstliche Besamung,**   │
│   **Embryotransfer und Züchtung**   │
│   **von Nachkommen mit**   │
│   **gleichem Erbgut durch Klonen**   │
│   **sind moderne Methoden der**   │
│   **Tierzucht.**   │
└─────────────────────────────────────┘

1 **Fragen zum Text: a)** Nenne Vorteile der künstlichen Besamung. **b)** Welche Vorteile entstehen für Züchter durch die Möglichkeiten des Embryotransfers?

2 Suche im Internet aktuelle Beiträge zum Thema Klonen. Berichte der Klasse.

3 Nenne mögliche Gefahren, die künstliche Besamung und Embryotransfer mit sich bringen können.

2 Nachkommen beim Schaf durch Klonen. A *Erzeugung der Klonzelle;* **B** *Leihmutterschaf mit Klon Dolly*

2.12 Möglichkeiten der Gentechnik

Seit Tausenden von Jahren züchtet der Mensch Tiere und Pflanzen. Er hat sie genau beobachtet und immer die Merkmale ausgewählt, die er für günstig und brauchbar gehalten hat. Züchtung ist allerdings eine langwierige Sache. Meist vergehen einige Generationen, bis sich herausstellt, ob eine neu gezüchtete Pflanze oder Tierart besser ist als ihre Eltern und Großeltern.

Genetischer Fingerabdruck. Moderne gentechnische Methoden helfen dabei, die Pflanze mit den gewünschten Eigenschaften schneller zu züchten. Zunächst müssen dazu die erwünschten Gene im Erbgut gefunden werden. Mit dem **genetischen Fingerabdruck** kann man solche Gene identifizieren.

Übertragung von Genen. Wenn man weiß, für welches Merkmal ein bestimmtes Gen zuständig ist, kann man dieses Gen *isolieren* und es in einen anderen Organismus einbringen. Zur **Übertragung von Genen** hat man raffinierte Methoden entwickelt. Man kann das Gen über ein Bakterium in Pflanzenzellen einschleusen. Diese Methode kommt auch ohne Einwirkung des Menschen in der Natur vor, einige Bodenbakterien übertragen auf diese Weise eigene Gene auf Pflanzen. Man kann Gene aber auch durch Injektion direkt in die Zellen einbringen. Dann sucht man diejenigen Zellen, bei denen die Übertragung eines Gens gelungen ist und verwen-

det sie für die weitere Züchtung. Alle Organismen, in die Fremdgene eingeschleust wurden, nennt man *transgene Organismen*.

Verantwortung des Menschen. Nicht alle Möglichkeiten der Gentechnik stoßen bei jedem Menschen auf Zustimmung. Im Mittelpunkt der Diskussion steht zum Beispiel die Sorge, dass neue Pflanzensorten neue Arten von *Allergien* auslösen könnten. Allerdings gelingt es durch Gentechnik auch, allergieauslösende Stoffe zu beseitigen. Manche Kritiker der Gentechnik haben auch Angst, dass Erbsubstanz ungezielt in andere Organismen gelangt und dort zur Ausbildung von unerwünschten Merkmalen führt.

Merke:
- **Genetischer Fingerabdruck und Genübertragung sind Methoden der Gentechnik.**
- **Gentechnik findet nicht nur Befürworter, sondern ist teilweise auch sehr umstritten.**

1 **Fragen zum Text: a)** Was will man mit dem genetischen Fingerabdruck untersuchen?
b) Nenne Möglichkeiten zur Übertragung von Genen.
c) Welche Probleme sehen die Kritiker der Gentechnik?

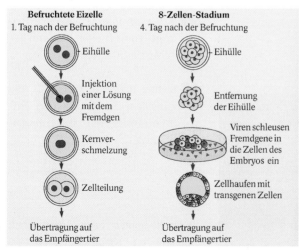
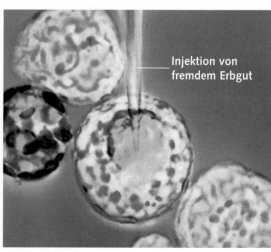

1 Möglichkeiten der Genetik bei der Übertragung von Genen

Krankheiten heilen mithilfe der Gentechnik

Gentechnik ja oder nein? Hat jemand ein Krankheit, bei der ihm die Medizin bisher nicht helfen konnte, bei der aber gentechnische Methoden eine Besserung versprechen, so wird er wohl eher ein Befürworter gentechnischer Verfahren sein.

Insulin für Zuckerkranke. Das erste Medikament, das gentechnisch hergestellt wurde, war *Insulin*. Es wird Zuckerkranken dann gespritzt, wenn deren Bauchspeicheldrüse nicht mehr genügend von diesem Hormon herstellen kann. Man hat Insulin in den vergangenen Jahrzehnten aus Bauchspeicheldrüsen von Schlachttieren wie Schafen, Rindern oder Schweinen gewonnen. Allerdings hat dieses Insulin kleine Unterschiede zum menschlichen Insulin. Das hat bei manchen Zuckerkranken Unverträglichkeitsreaktionen ausgelöst. Außerdem war es sehr schwer, genügend Bauchspeicheldrüsen zu sammeln, um das Insulin daraus zu gewinnen. Heute kann man Insulin durch gentechnisch veränderte Bakterien herstellen lassen.

Man hat zunächst die menschliche Erbanlage, die für die Insulinproduktion bei Gesunden zuständig ist, in das Erbgut von Bakterien eingebracht. Dann hat man diese Bakterien dazu gebracht, diese Information zur Herstellung von Insulin zu verwenden. Aus diesen Bakterien nun kann man das menschliche Insulin isolieren, sehr gut reinigen und es den Zuckerkranken zur Verfügung stellen. Der Vorteil dieses Insulins ist es, dass es genau dem menschlichen Insulin entspricht. Außerdem ist es viel weniger durch Eiweißstoffe verunreinigt, die früher unvermeidlicherweise aus den Bauchspeicheldrüsen in das Präparat gelangten.

EPO gegen Blutarmut. Ein weiteres Beispiel für ein Medikament, das über gentechnisch veränderte Organismen hergestellt wird, ist das *Erythropoetin*, kurz EPO. Es ist ein Hormon, das

1 In solchen Fermentern arbeiten Bakterien

im menschlichen Körper von der Niere gebildet wird und das die Produktion der roten Blutkörperchen beeinflusst. Vor allem Menschen, die an chronischem Nierenversagen leiden und deshalb auch Blutarmut haben, können mithilfe des Medikaments eine stark verbesserte Lebensqualität erreichen.

Hilfe für Bluter. Auch zur Behandlung der Bluterkrankheit hat man gentechnisch einen derjenigen Stoffe hergestellt, der an der Blutgerinnung beteiligt ist, den *Blutgerinnungsfaktor VIII*. So kann auch damit einigen der 225 000 Bluterkranken, die es weltweit gibt, geholfen werden.

Gerade die gentechnische Gewinnung von Medikamenten zeigt, wie schwer es ist, für oder gegen Gentechnik zu sein. Wer will einem Kranken eine bessere Behandlung vorenthalten, nur weil man sich grundsätzlich gegen die Veränderung des Erbmaterials von Organismen ausspricht? Darüber wird sicher noch lange diskutiert.

Trainer · Trainer · Trainer · Trainer · Trainer · Trainer · Trainer · Trainer · Trainer

1 Beschreibe den Aufbau einer Pflanzen- und einer tierischen Zelle. Nenne ihre Bestandteile.

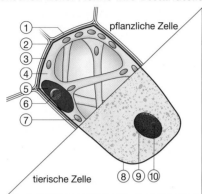

2 Nenne die Unterschiede zwischen einer Tierzelle und einer Pflanzenzelle.

3 Welche Aufgaben haben die einzelnen Bestandteile einer Pflanzenzelle?

4 Beschreibe den Aufbau eines Mikroskops und nenne die Aufgaben der einzelnen Bestandteile.

5 a) Wo findet in der Zelle die Energiegewinnung ★ statt?
b) Welche Nährstoffe werden dazu hauptsächlich verwendet?

6 Vergleiche die Vorgänge in der lebende Zelle mit den Abläufen in einer Chemiefabrik.

7 Beschreibe, wo und wie die Erbinformation gespeichert ist.

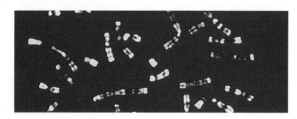

Vergleiche Körperzellen und Keimzellen im Hinblick auf den Chromosomensatz. Warum kommt es nicht bei jeder Befruchtung zu einer Verdoppelung der Erbanlagen?

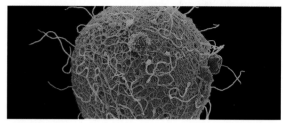

8 Zeichne ein Schema der Keimzellenbildung und der Befruchtung unter Verwendung der Geschlechtschromosomen. Benenne die männlichen und weiblichen Zellen.

9 Auf der DNA ist die Erbinformation gespeichert.
★ Nimm Stellung zu dieser Behauptung.

10 Was sind Mutationen und wie können sie entstehen?

11 a) Worauf geht das DOWN-Syndrom zurück?
b) Zeichne ausgehend von den Körperzellen der Eltern bis zu den Körperzellen des Kindes ein einfaches Vererbungsschema, in dem die Gründe für die Entstehung des DOWN-Syndroms dargestellt sind. Schreibe die jeweilige Chromosomenzahl dazu.

12 a) Wie äußert sich die Bluterkrankheit und was müssen Bluter beachten?
b) Weshalb sind Männer von dieser Krankheit öfter betroffen als Frauen?
c) Was kann man gegen diese Krankheit tun?

13 Beschreibe, wie Gregor MENDEL die Uniformi-
★ tätsregel und die Spaltungsregel gefunden hat.

14 Warum ist die Neukombi-
★ nation von Erbanlagen für die Züchtung so wichtig?

15 Beschreibe die herkömm-
★ lichen Methoden der Tier- und Pflanzenzucht.

Auf einen Blick

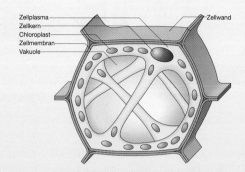

- Zellen bestehen aus Zellmembran, Zellkern und Zellplasma. Pflanzenzellen besitzen zusätzlich eine stabile Zellwand, sowie Blattgrünkörner und eine Vakuole. Der Zellkern ist die Steuerzentrale der Zelle.

* Die Energiegewinnung der Zelle findet in den Mitochondrien statt.

- Im Zellkern liegen die Chromosomen. Sie sind die Träger der Erbanlagen. Zellkerne von gesunden menschlichen Körperzellen enthalten 46 Chromosomen, Zellkerne von Ei- und Samenzellen enthalten 23 Chromosomen.

- Bei der Befruchtung wird der einfache Chromosomensatz der Keimzellen wieder zu einem doppelten Chromosomensatz der Körperzellen vereinigt.

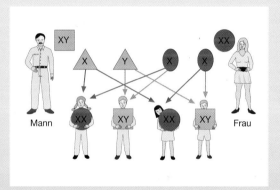

- Frauen haben in ihren Zellen zwei X-Chromosomen, Männer haben ein X- und ein Y-Chromosom. Das Geschlecht des Menschen wird bei der Vereinigung der Chromosomen von Ei- und Samenzelle bestimmt.

- Mutationen sind spontan auftretende, vererbbare Veränderungen des Erbguts. Modifikationen sind nicht vererbbare Veränderungen im äußeren Erscheinungsbild.

- Das DOWN-Syndrom ist eine angeborene Krankheit, die auf ein überzähliges Chromosom Nr. 21 zurückgeht.

- Die Bluterkrankheit ist eine vererbbare Krankheit. Der Fehler liegt auf dem X-Chromosom.

* Es gibt intermediäre (zwischenelterliche) und dominant-rezessive Erbgänge.

* Erbanlagen können neu kombiniert werden. Das ermöglicht Neuzüchtungen von Tieren und Pflanzen.

* Künstliche Besamung, Embryotransfer und Klonen sind moderne Methoden der Tierzucht.

- Durch Gentechnik wird das Erbgut gezielt verändert. Es entstehen Lebewesen mit völlig neuen Eigenschaften.

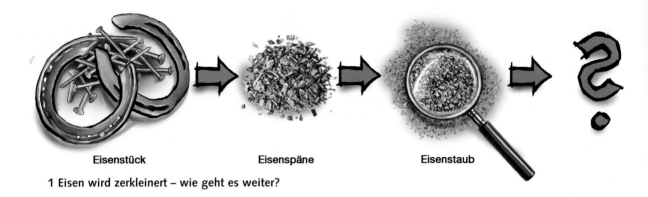

Eisenstück **Eisenspäne** **Eisenstaub**

1 Eisen wird zerkleinert – wie geht es weiter?

3. Aufbau der Materie

3.1 Die kleinsten Bausteine der Stoffe

Beim Zersägen einer Eisenplatte fallen Eisenspäne an. Feilt man mit einer Metallfeile an der Kante eines Werkstückes aus Eisen, so lösen sich staubfeine Eisenteilchen ab. Wie weit kann man Eisen eigentlich zerkleinern? Stößt man da nicht irgendwo an eine Grenze?

Atome. Solche Fragen stellten sich griechische Philosophen schon vor mehr als 2000 Jahren. Sie gelangten zu der Überzeugung, dass alle Stoffe aus kleinsten, unteilbaren Teilchen aufgebaut sind, den so genannten Atomen (griechisch „atomos" = unteilbar). Heute wissen wir, dass Atome die **kleinsten Bausteine der Elemente** sind.

Zellen und Atome. Wie groß sind denn Atome? Als Anhaltspunkt nehmen wir die Zellen, die wir als Bausteine der belebten Natur inzwischen kennen. Auch sie sind sehr klein, aber unter dem Licht-

mikroskop noch deutlich erkennbar. Der Durchmesser einer Zelle liegt zwischen 1/10 bis 1/100 mm. Dagegen haben Atome nur etwa einen Durchmesser von 1/10 000 000 mm. Ein Atom ist somit etwa 100 000 Mal kleiner als eine Zelle! Vergrößern wir gedanklich eine Zelle mit Atomen auf die Größe eines Fußballfeldes, so hat ein Atom die Größe eines Stecknadelkopfes.

Merke:

- **Die kleinsten Bausteine der Elemente sind die Atome.**
- **Ein Atom ist 100 000 Mal kleiner als eine Zelle.**

1 Fragen zum Text: a) Wie nennt man die kleinsten Bausteine der Elemente?
b) Wie viel Mal größer als Atome sind Zellen?

2 Wie groß wäre eine Zelle, wenn ein Atom einem Tischtennisball entsprechen würde?

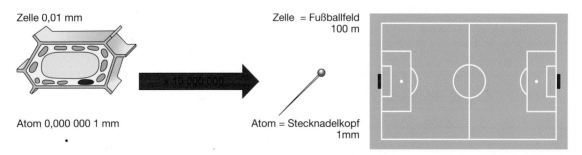

Zelle 0,01 mm

Zelle = Fußballfeld
100 m

x 10 000 000

Atom 0,000 000 1 mm

Atom = Stecknadelkopf
1mm

2 Größenvergleich Zelle – Atom. Vergrößert man die Zelle auf die Größe eines Fußballfelds, hat das Atom die Größe eines Stecknadelkopfes.

Eine Reise in den Mikrokosmos

Vom 10 m hohen Sprungturm eines Freibades begeben wir uns in Gedanken auf eine Reise. Schrittweise nähern wir uns immer kleineren Objekten bis hin zu den kleinsten Teilchen.

(1) Sprungturm (2) Fahrrad (3) Taschenbuch (4) Reißnagel

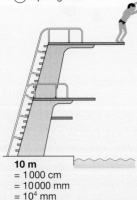

10 m
= 1000 cm
= 10000 mm
= 10^4 mm

1 m
= 100 cm
= 1000 mm
= 10^3 mm

10 cm
= 100 mm
= 10^2 mm

1 cm
= 10 mm
= 10^1 mm

(5) Büroklammer (6) Haar (7) Zellen (8) Bakterium

1 mm
= 10^0 mm

$\frac{1}{10}$ mm
= 0,1 mm
= 10^{-1} mm

$\frac{1}{100}$ mm
= 0,01 mm
= 10^{-2} mm

$\frac{1}{1000}$ mm
= 0,001 mm
= 10^{-3} mm

(9) Virus (10) DNA-Faden (im Zellkern) (11) kleinste Zuckerteilchen (Moleküle) (12) kleinste Eisenteilchen (Atome)

$\frac{1}{10000}$ mm
= 0,000 1 mm
= 10^{-4} mm

$\frac{1}{100000}$ mm
= 0,000 01 mm
= 10^{-5} mm

$\frac{1}{1000000}$ mm
= 0,000 001 mm
= 10^{-6} mm

$\frac{1}{10000000}$ mm
= 0,000 000 1 mm
= 10^{-7} mm

1 JOHN DALTON (1766 bis 1844) unterrichtete bereits mit 12 Jahren als Lehrer

3.2 Das Kugelmodell der Atome

Zu Beginn des 19. Jahrhunderts wusste man noch nicht viel darüber, wie die in der Natur vorkommenden Stoffe aufgebaut sind. Der englische Chemiker JOHN DALTON nahm die alte griechische Idee von den Atomen wieder auf und entwickelte daraus eine grundlegende Theorie über den Aufbau der Stoffe.

Atome als Kugeln. DALTON ging davon aus, dass alle Stoffe aus kleinsten, kugelförmigen Teilchen, den Atomen, aufgebaut sind. Über die Atome machte DALTON folgende Aussagen:

- Atome sind unteilbar und unzerstörbar.
- Es gibt genau so viele Atomsorten, wie es Elemente gibt.
- Alle Atome eines Elements sind gleich groß und gleich schwer.

Mit dem Atommodell von DALTON können auch heute noch sehr viele chemische Vorgänge erklärt werden – auch wenn man inzwischen weiß, dass Atome doch teilbar sind und in weitere Bestandteile zerlegt werden können.

Moleküle und Atomverbände in Elementen. Genauere Untersuchungen haben ergeben, dass *einzelne* Atome, wie sie sich DALTON vorgestellt hat, in der Natur selten zu finden sind. Nur die

kleinsten Teilchen der Edelgase wie Helium oder Neon bestehen aus einzelnen Atomen. Edelgase verwendet man hauptsächlich in Lampen. Helium dient als Füllgas in Ballons.

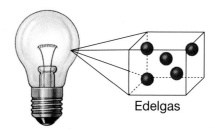

2 Edelgase bestehen aus einzelnen Atomen

Die kleinsten Teilchen anderer Gase sind dagegen **Moleküle.** Moleküle bestehen aus zwei oder mehreren miteinander verbundenen Atomen. So sind die kleinsten Teilchen des Elements Sauerstoff Moleküle, die aus jeweils zwei Sauerstoffatomen bestehen. Auch andere gasförmige Elemente wie Wasserstoff, Stickstoff und Chlor sind aus solchen zweiatomigen Molekülen aufgebaut.

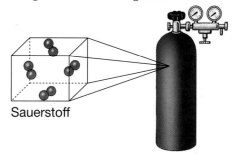

3 Sauerstoff besteht aus zweiatomigen Molekülen

Auch Metalle enthalten keine einzelnen Atome. In Metallen ist eine riesengroße Zahl von Atomen in regelmäßiger Weise aneinander gebunden. Sie bilden einen **Atomverband.**

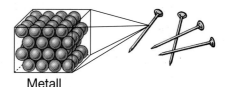

4 Eisenatome bilden einen Atomverband

Moleküle und Atomverbände in Verbindungen. Vereinigen sich Atome verschiedener Elemente zu Molekülen, entstehen Verbindungen. So besteht Kohlenstoffdioxid, das zum Beispiel bei der Verbrennung von Holz, Wachs oder auch Erdöl gebildet wird, aus Molekülen mit einem Kohlenstoff- und zwei Sauerstoff-Atomen.

Auch Atomverbände können aus verschiedenen Atomsorten gebildet werden. Eisenoxid, der Hauptbestandteil des Rostes, besteht zum Beispiel aus einer Vielzahl von aneinander gebundenen Eisen- und Sauerstoff-Atomen.

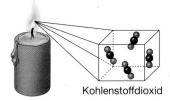

Kohlenstoffdioxid

1 Kohlenstoffdioxid-Moleküle bestehen aus einem Kohlenstoff- und zwei Sauerstoff-Atomen

Merke:

- Nach dem Atommodell von DALTON kann man sich die Atome als winzig kleine Kugeln vorstellen.
- Alle Atome eines Elementes sind gleich groß und gleich schwer.
- Es gibt genau so viele Atomsorten, wie es Elemente gibt.
- Atome können sich zu Molekülen und Atomverbänden aus gleichen oder verschiedenen Atomsorten zusammenschließen.

1 Fragen zum Text: a) Beschreibe das Atommodell von DALTON mit eigenen Worten.
b) Beschreibe, in welcher Form die Atome bei einem Edelgas, beim Sauerstoff und in einem Metall angeordnet sind.

2 Gib je ein Beispiel eines Atomverbandes aus gleichen Atomen und aus verschiedenen Atomsorten an.

Exkurs E

Kann man Atome wiegen?

Atome sind so winzig klein, dass man sie auch mit der empfindlichsten Waage der Welt nicht wiegen kann. Trotzdem gibt es ein Laborgerät, das *Massenspektrometer,* mit dem man die Masse von Atomen bestimmen kann. Die Atome werden elektrisch aufgeladen und mit hoher Geschwindigkeit durch das Gerät geschickt, bis sie auf eine fotografische Platte auftreffen. Von der Seite her wirkt dabei ein elektrisches Feld, das die geladenen Teilchen aus ihrer Flugbahn ablenkt. Je kleiner die Masse der Teilchen ist, desto stärker ist ihre Ablenkung. Aus dem Grad der Ablenkung kann man also die Masse berechnen!

Für das Wasserstoff-Atom erhält man die unvorstellbar kleine Masse von 0,000 000 000 000 000 000 000 001 67 g.

Man kann diesen Vorgang in dem abgebildeten Modellversuch verdeutlichen. Die Eisenkugeln entsprechen den Atomen.

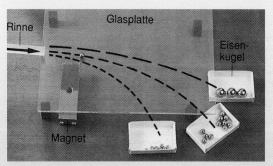

1 Beschreibe den Modellversuch.

2 Welche Kugeln werden am wenigsten abgelenkt?

1 Bernstein wird durch Reiben elektrisch aufgeladen

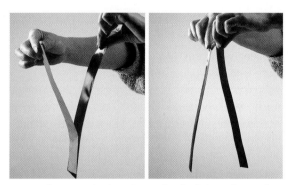

2 Anziehung und Abstoßung durch elektrische Kräfte

3.3 Atome enthalten elektrische Ladungen

Bereits im Altertum war Bernstein ein begehrtes Schmuckmaterial. Die Griechen nannten ihn *elektron*, „das Anziehende". Sie hatten beobachtet, dass Bernstein, der an Wolle gerieben wurde, kleine Fäden anzieht.

Reibungselektrizität. Diese Erscheinung kennen wir auch aus unserem Alltag: Kämmt man frisch gewaschene Haare oder zieht man sich einen Pullover über, hört man ein Knistern und sieht im Dunkeln kleine Blitze. Im Experiment lässt sich diese Reibungselektrizität mit Bernstein zeigen. Bernstein zieht zum Beispiel Papierschnitzel an. Der Bernstein wird durch die Reibung anscheinend elektrisch geladen. Dies kann durch Berühren des Bernsteins mit einer Glimmlampe nachgewiesen werden.

Elektrische Kräfte. Auch Folien aus Kunststoff werden durch Reiben an Papier elektrisch aufgeladen. Sie sind dann nur schwer vom Papier zu trennen. Reibt man hingegen zwei Folien zuerst jeweils an Papier und bringt sie dann zusammen, so stoßen sie sich ab.

Dies erinnert uns an das Verhalten von Magneten: Verschiedene Pole ziehen sich an und gleiche Pole stoßen sich ab. Bei den Folien und beim Bernstein wirken keine magnetischen Kräfte, sondern elektrische. Aber auch für sie gilt entsprechend: **Gleichartig** elektrisch geladene Körper **stoßen sich ab,** **ungleich** geladene **ziehen sich an.**

Die beiden Ladungsarten nennt man **positive** und **negative Ladungen.** Normalerweise sind alle Stoffe elektrisch **neutral,** da sie gleiche Mengen an positiver und negativer Ladung enthalten. Diese heben sich gegenseitig auf, die Stoffe zeigen nach außen keine wahrnehmbare Ladung.

Das Elektron. Im Jahre 1897 fand der englische Forscher Joseph John THOMSON das Teilchen, das die kleinstmögliche negative Ladung trägt. Es ist 2000-mal leichter und viel kleiner als ein Atom. Man gab ihm in Anlehnung an den Bernstein den Namen **Elektron.**

Elektronen verursachen die Aufladung von Gegenständen: Reibt man eine Folie an einem Papier, so werden Elektronen vom Papier auf die Folie übertragen. Die Folie erhält so überschüssige Elektronen, sie ist negativ geladen. Dem Papier mangelt es jetzt an Elektronen und es ist positiv geladen. Folie und Papier ziehen sich an.

Umgekehrt erhalten zwei an Papier geriebene Folien jeweils einen Elektronenüberschuss und stoßen sich daher ab.

Atome enthalten Elektronen. Wenn Stoffe nur aus Atomen aufgebaut sind, müssen die beim Reiben übertragenen Elektronen aus den Atomen stammen. Die Entdeckung des Elektrons war daher ein erster Hinweis darauf, dass die Atome nicht die einzigen und kleinsten Bausteine der Materie sein konnten. Die Ladung eines Elektrons ist die kleinste Ladungsmenge, die man kennt. Sie wird auch **Elementarladung** genannt.

Atome enthalten Protonen. Da Atome nach außen neutral sind, müssen sie neben den negativ geladenen Elektronen auch positive Teilchen enthalten. Das Teilchen, das die positive Elementarladung trägt, wurde erst 23 Jahre später entdeckt und **Proton** genannt.

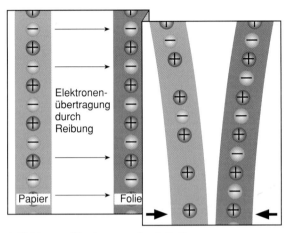

1 Elektronenübertragung durch Reibung

Aus Atomen entstehen Ionen. Elektronen können von den Atomen abgetrennt oder den Atomen zugefügt werden. So entstehen positiv geladene oder negativ geladene Teilchen. Geladene Teilchen nennt man **Ionen.**

⸛⸛⸛⸛⸛⸛⸛⸛⸛⸛⸛⸛⸛⸛⸛⸛⸛⸛⸛⸛⸛⸛⸛⸛⸛⸛⸛⸛⸛⸛

Merke:

- Atome enthalten elektrisch positive und negative Ladungen (Protonen und Elektronen).
- Das Elektron trägt die kleinstmögliche negative, das Proton die kleinstmögliche positive Ladung.
- Durch Aufnahme oder Abgabe von Elektronen entstehen aus Atomen negativ oder positiv geladene Teilchen, die Ionen.

1 **Fragen zum Text: a)** Beschreibe, was beim Reiben einer Kunststofffolie an einem Papier zu beobachten ist.
b) Erkläre diese Beobachtung.
c) Erkläre, weshalb sich zwei mit Papier geriebene Folien abstoßen.
d) Begründe, warum ein Atom neben den Elektronen auch positive Teilchen enthalten muss.

2 Vergleiche die elektrische Aufladung mit der magnetischen Wirkung.

3 Alle Atomsorten enthalten Elektronen und Protonen. Wodurch könnten sich die verschiedenen Atomsorten unterscheiden?

Exkurs

Salze bestehen aus Ionen

Salze wie Natriumchlorid (Kochsalz) oder Kupferchlorid sind aus geladenen Teilchen, den Ionen, aufgebaut.

Bringt man zwei Elektroden in eine Kupferchloridlösung und legt eine Gleichspannung an, so entsteht an der negativen Elektrode ein Überzug aus Kupfer und an der positiven Elektrode Chlorgas. In der Lösung wandern die *negativ geladenen Chlorid-Ionen* zur positiven Elektrode.

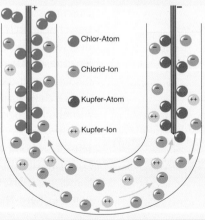

Chlor-Atom
Chlorid-Ion
Kupfer-Atom
Kupfer-Ion

Dort geben sie ihr überschüssiges Elektron ab und werden dadurch zu Chlor-Atomen. Chlor-Atome sind elektrisch neutral. Die *positiv geladenen Kupfer-Ionen* wandern zur negativ geladenen Elektrode. Sie nehmen dort Elektronen auf und werden so zu elektrisch neutralen Kupfer-Atomen. So kann man aus Kupferchlorid die Elemente Kupfer und Chlor gewinnen. Das Verfahren wird **Elektrolyse** genannt.

1 RUTHERFORD in seinem Labor

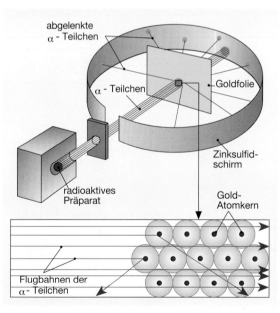

2 RUTHERFORDs Streuversuch

3.4 Kern und Hülle

Die Vorgänge bei der Reibungselektrizität zeigen, dass Atome negative geladene Elektronen und positiv geladene Protonen enthalten. Wo aber befinden sich im Atom positive oder negative Ladungen?

Ein berühmtes Experiment. Der englische Physiker Ernest RUTHERFORD entwickelte ein Experiment, das als **RUTHERFORDs Streuversuch** Geschichte machte. Er ließ eine 0,0004 mm dünne Goldfolie mit einer Dicke von etwa 1000 Atomschichten mit positiven Teilchen beschießen. Hinter der Folie war ein Schirm angebracht, der das Auftreffen der Teilchen durch einen winzigen Lichtblitz sichtbar machte.

Die Auswertung von mehr als 100 000 Beschüssen ergab folgendes Ergebnis: Die meisten Teilchen durchdringen die Folie ungehindert. Wenige Teilchen werden stark abgelenkt. Nur etwa jedes zehntausendste wird zurückgeworfen, so als wäre es auf ein festes Hindernis geprallt.

Das Kern-Hülle-Modell. Erst nach zwei Jahren gelang es RUTHERFORD diesen Befund durch ein neues Atommodell zu erklären: Im Zentrum jedes Atoms befindet sich ein winziger, positiv geladener, massiver Kern. Trafen RUTHERFORDs positive Teilchen zufällig auf einen solchen Atomkern, wurden sie abgelenkt oder zurückgeworfen. Der Atomkern enthält über 99,9 % der Masse des Atoms. Sein Durchmesser beträgt 0,000 000 000 01 mm. Das berechnete RUTHERFORD aus der geringen Zahl der stark abgelenkten Teilchen sowie ihrem Ablenkungswinkel. Die meisten Teilchen flogen ungehindert durch die Atome. Daraus schloss RUTHERFORD, dass der **Atomkern** von einer nahezu leeren **Atomhülle** umgeben ist. Sie wird von den winzigen negativ geladenen Elektronen gebildet, die sich sehr schnell um den Kern herum bewegen. Die Atomhülle ist fast 100 000-mal größer als der Atomkern. Diese von RUTHERFORD entwickelte Vorstellung wird das **Kern-Hülle-Modell** genannt.

DALTONs
massive Kugel

RUTHERFORDs
Kern-Hülle-Modell

1 Die Atommodelle von DALTON und RUTHERFORD

Merke:

- RUTHERFORD entwickelte das Kern-Hülle-Modell der Atome.
- Ein Atom besteht aus Atomkern und Atomhülle.
- Der Atomkern ist positiv geladen und enthält fast die ganze Masse des Atoms.
- In der Atomhülle bewegen sich die negativ geladenen Elektronen.

1 **Fragen zum Text: a)** Erkläre, weshalb einige Teilchen beim Streuversuch von RUTHERFORD abgelenkt oder ganz zurückgeworfen werden.
b) Erläutere die Aussage: „Atome sind fast leer!"
c) Welche Teilchen befinden sich im Atomkern?

2 Ein Tennisball hat etwa 7 cm Durchmesser. Berechne, wie groß der Durchmesser eines Atoms wäre, wenn der Kern die Größe eines Tennisballs annehmen würde.

3 Wenn ein Stecknadelkopf nur aus Atomkernen bestehen würde, hätte er die Masse von etwa 100 000 Tonnen. Erkläre dies.

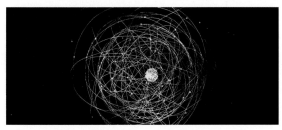

2 Kern-Hülle-Modell eines Uran-Atoms (Drahtmodell).
Um den Atomkern bewegen sich 92 Elektronen.

Atome sind (fast) leer

Stellen wir uns einmal vor, wir könnten ein Atom so weit vergrößern, dass der Olympiaturm in München darin Platz fände. Dann wäre der Atomkern im Inneren gerade mal so groß wie ein Zündholzköpfchen.

Das bedeutet, dass Atome fast nur aus leerem Raum bestehen.

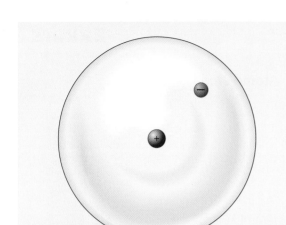

1 Bau eines Wasserstoff-Atoms

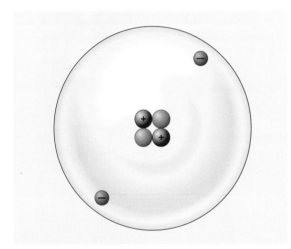

2 Bau eines Helium-Atoms

	Teilchen	Symbol	Ladung
+	Proton	p^+	+1
	Neutron	n	0
-	Elektron	e^-	−1

3 Die Elementarteilchen

3.5 Der Bau des Atomkerns

Der Kern eines Atoms enthält die positiv geladenen **Protonen.** Das einfachste Atom ist das Wasserstoff-Atom. Sein Kern besteht aus einem einzigen, positiv geladenen Proton.

Das Neutron als Kernbaustein. Ein Helium-Atom hat zwei Protonen im Kern. Da die tatsächliche Masse des Helium-Atoms etwa doppelt so groß ist wie die Masse zweier Protonen, muss es noch weitere, allerdings ungeladene Elementarteilchen im Kern enthalten. Diese Teilchen heißen **Neutronen.** Sie haben fast die gleiche Masse wie die Protonen, besitzen aber keine elektrische Ladung.

Ein Atomkern nur aus Protonen ist wegen der gleichartigen positiven Ladung nicht denkbar. Die Neutronen heben die Abstoßung der positiven Protonen untereinander auf. Sie bilden eine Art „Kittsubstanz". Dadurch wird der Atomkern stabil. Nur bei den leichten Atomkernen ist die Zahl der Protonen und Neutronen gleich. Bei schwereren Atomkernen nimmt die Zahl der Neutronen immer mehr zu. So bilden beim Element Eisen 26 Protonen und 30 Neutronen den Atomkern.

Damit kennen wir die drei Elementarteilchen, aus denen ein Atom aufgebaut ist: **Protonen** und **Neutronen** ergeben den Atomkern, die Hülle des Atoms bilden die **Elektronen.**

Merke:

- Der Atomkern besteht aus Protonen und Neutronen.
- Protonen tragen eine positive Ladung, Neutronen sind elektrisch neutral.

1 Fragen zum Text: a) Gib die Kernbausteine an. **b)** Was würde mit einem Atomkern passieren, der mehrere Protonen, aber keine Neutronen enthält?

2 Das auf Helium folgende Element ist Lithium. Wie viele Protonen und wie viele Neutronen wird der Atomkern von Lithium enthalten?

3.6 Sag mir, wie viele Protonen du hast …

Die Zahl der Protonen im Kern nimmt von einem Element zum nächsten jeweils um eins zu. So haben Wasserstoff-Atome stets ein Proton, Helium-Atome 2 Protonen und Lithium-Atome 3 Protonen im Kern. Uran, das schwerste natürliche Element, hat 92 Protonen im Atomkern.

Ordnungszahl. Durch die Zahl der Protonen ist eindeutig festgelegt, zu welchem Element ein Atom gehört. So ist ein Atom mit 6 Protonen im Kern immer ein Kohlenstoff-Atom. Ein Atom mit 17 Protonen im Kern ist immer ein Chlor-Atom. Durch die Zahl der Protonen kann man die Elemente ordnen, sie wird daher auch **Ordnungszahl** genannt.

Kernladungszahl. Weil jedes Proton auch der Träger einer positiven Ladung ist, wird die Zahl der Protonen im Kern auch **Kernladungszahl** genannt. Die Kernladungszahl entspricht der Ordnungszahl.

Massenzahl. Die Zahl aller Kernbausteine, also die Zahl der Protonen und Neutronen zusammen ist die **Massenzahl.** Aus dem Unterschied zwischen Massenzahl und Ordnungszahl lässt sich die Zahl der Neutronen berechnen. Zum Beispiel hat ein Natrium-Atom (Symbol Na) die Massenzahl 23 und die Ordnungszahl 11. Das heißt, es besitzt in seinem Kern 11 Protonen und 12 Neutronen.

Zahl der Protonen im Kern	Symbol	Element
1	H	Wasserstoff
2	He	Helium
3	Li	Lithium
4	Be	Beryllium
5	B	Bor
6	C	Kohlenstoff
7	N	Stickstoff
8	O	Sauerstoff
9	F	Fluor
10	Ne	Neon
:	:	:
17	Cl	Chlor
:	:	:

2 Sag mir, wie viele Protonen du hast, … und ich sage dir, zu welchem Element du gehörst!

Ordnung durch das Periodensystem. Am Ende des Buches findest du eine systematische Tabelle, das **Periodensystem der Elemente.** Es enthält alle Elemente mit ihren Massen- und Ordnungszahlen. Das Element Aluminium hat zum Beispiel die Massenzahl 27 und die Ordnungszahl 13.

27
Al
13

Merke:

- **Die Elemente unterscheiden sich durch die Zahl ihrer Protonen im Atomkern.**
- **Die Zahl der Protonen wird Ordnungszahl oder Kernladungszahl genannt.**
- **Die Gesamtzahl der Protonen und Neutronen ist die Massenzahl.**

---

1 Fragen zum Text: a) Erkläre die Begriffe Ordnungszahl, Kernladungszahl und Massenzahl. **b)** Nach welchem Elementarteilchen werden die Elemente geordnet?

2 Gib an, welche Ordnungs- und welche Massenzahl das Silber-Atom mit 47 Protonen und 61 Neutronen besitzt.

3 Zu welchem Element gehören Atome mit 6 Protonen, zu welchem mit 29 Protonen?

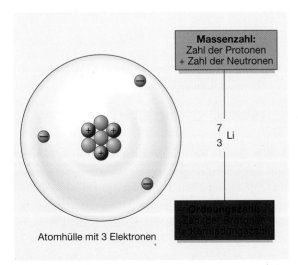

1 Lithium-Atom: Ordnungs- und Massenzahl

Von der Fleischtheke zurück zum Stall
München – Forscher können den Herkunftsort von Fleisch überprüfen. Der Lebensmittelchemiker staunte nicht schlecht: Über eine Tonne hormonverseuchte Schweinefleischportionen musste er sicherstellen! Der Schlachtbetrieb, aus dem das Fleisch stammte, konnte der Polizei gegenüber keine sicheren Angaben über die Herkunft dieser Fleischportionen machen. Dies besorgten aber speziell ausgerüstete Labors. Mithilfe der sogenannten Isotopen-Analytik kann das Gebiet, in dem die betreffenden Schweine gemästet wurden, ziemlich sicher bestimmt werden.

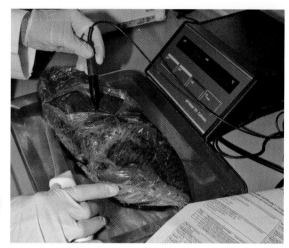

1 Lebensmittelkontrolle – stimmt der Herkunftsort des Fleisches? A *Zeitungsartikel;* **B** *Foto*

3.7 Gleiches Element und verschiedene Atome – die Isotope

Lebensmittelskandale mit hormonverseuchtem Fleisch kommen immer wieder vor. Mit falschen Deklarierungen versuchen Betrüger den Herkunftsort der Schweine zu verschleiern. Wie findet man heraus, wo diese Schweine gemästet wurden?

Gleiche Zahl von Protonen – verschiedene Zahl von Neutronen. Schweine nehmen über die Nahrung auch das Regenwasser des jeweiligen Gebiets auf. Die Wasser-Moleküle setzen sich aus je zwei Wasserstoff- und einem Sauerstoff-Atom zusammen. Ein Sauerstoff-Atom besitzt im Kern acht Protonen und acht Neutronen. Dies gilt jedenfalls für etwa 99,8 Prozent der Sauerstoff-Atome auf der Erde. Denn es gibt noch eine zweite Form von Sauerstoff-Atomen: Sie haben 8 Protonen, aber 10 Neutronen! Diese Form von Sauerstoff-Atomen kommt allerdings nur zu etwa 0,2 Prozent auf der Erde vor.

Isotope. Atome eines Elements mit verschiedener Zahl von Neutronen findet man bei fast allen Elementen. Man bezeichnet die Atome mit gleicher Anzahl von Protonen, aber unterschiedlicher Neutronenzahl als **Isotope** eines Elements. In

16	18
O	**O**
8	8
O-16	O-18
99,8 %	0,2 %

unserem Beispiel handelt es sich demnach um zwei verschiedene Sauerstoff-Isotope.

Um Isotope zu unterscheiden, gibt man mit dem Elementsymbol die für das spezielle Isotop gültige Massenzahl an. **Sauerstoff-16 (O-16)** steht für Sauerstoff-Atome mit 8 Protonen und 8 Neutronen im Kern, **Sauerstoff-18 (O-18)** für Sauerstoff-Atome mit 8 Protonen und 10 Neutronen.

Gleiche Eigenschaften, aber unterschiedliche Masse. Die Isotope eines Elements, in unserem Beispiel O-16 und O-18, haben die gleiche Eigenschaften, aber aufgrund ihrer Neutronenzahl eine unterschiedliche Masse. Diese kann mit empfindlichen Messgeräten wie dem Massenspektrometer (vgl. Exkurs S. 133) bestimmt werden.

Der Herkunft auf der Spur – die Isotopen-Analyse. Die beiden Sauerstoff-Isotope sind auch Bestandteil der Wasser-Moleküle. Der überwiegende Anteil der Wasser-Moleküle besitzt das Sauerstoff-Isotop O-16, ein kleiner Teil das Isotop O-18. Das Verhältnis der beiden Isotope zueinander im Wasser ist von Region zu Region geringfügig unterschiedlich. Im Süden Deutschlands enthält das Wasser weniger schwerere O-18-Atome als im Norden. Schweine, die im Süden gemästet wurde, enthalten also geringfügig leichteres Wasser als solche vom Norden Deutschlands. Auf diese Weise kann man die Herkunftsregion des Fleisches abschätzen.

Das Verhältnis der Sauerstoff-Isotope ist nicht nur vom Breitengrad, sondern auch von der Höhe abhängig. Die Isotopen-Analytik entschlüsselte auf diese Weise sogar die Aufenthaltsorte des Gletschermenschen Ötzi, der vor über 5000 Jahren lebte.

Merke:

- Isotope sind Atome des gleichen Elements, die sich in der Zahl ihrer Neutronen unterscheiden.
- Die verschiedenen Isotope eines Elements zeigen gleiches chemisches Verhalten, haben aber unterschiedliche Massen.
- Man kennzeichnet Isotope mit einer nachgestellten Massenzahl, z. B. O-16.

1 **Fragen zum Text: a)** Erkläre, wodurch sich die Isotope eines Elements unterscheiden.
b) Benenne die zwei Isotope des Sauerstoffs.

2 Es gibt zwei Chlor-Isotope mit 18 bzw. 20 Neutronen. Gib die korrekte Schreibweise für diese beiden Isotope an.

Exkurs

Die schweren Geschwister des Wasserstoffs

$^1_1$H — Wasserstoff $^2_1$H oder $^2_1$D — Deuterium $^3_1$H oder $^3_1$T — Tritium

Auch bei Wasserstoff gibt es verschiedene Isotope. Der größte Anteil der Wasserstoff Atome hat im Kern ein Proton, aber kein Neutron. Diese Isotope haben also eine Atommasse von etwa 1. Daneben gibt es aber auch wenige Wasserstoff-Atome mit der Atommasse 2 oder 3. Sie enthalten neben dem Proton noch ein oder zwei Neutronen im Kern. Wegen des großen Massenunterschiedes zum einfachen Wasserstoff hat man diesen Isotopen sogar besondere Namen gegeben: Deuterium (H-2) und Tritium (H-3).

Exkurs

Elemente kann man ordnen – das Periodensystem

Dimitrij MENDELEJEW und Lothar MEYER hatten 1869 ihr Periodensystem nach der Reihenfolge der Atommassen und der Eigenschaften der Elemente angeordnet. Wir erkennen, dass die Protonenzahl, also die Ordnungszahl die Größe ist, nach der die Elemente im Periodensystem angeordnet werden. Elemente mit ähnlichen Eigenschaften stehen untereinander. Am Ende des Buches ist ein vollständiges Periodensystem abgedruckt.

Die **Massenzahl** eines Elements (hier über dem Symbol des jeweiligen Elements) ergibt sich aus dem Durchschnitt der Häufigkeit seiner Isotope.

Peri-ode	Gruppe							
	I	II	III	IV	V	VI	VII	VIII
1	1,008 1 H — Massenzahl / Ordnungszahl							4,003 2 He
2	6,94 3 Li	9,01 4 Be	10,81 5 B	12,01 6 C	14,00 7 N	16,00 8 O	19,00 9 F	20,18 10 Ne
3	22,99 11 Na	24,31 12 Mg	26,98 13 Al	28,09 14 Si	30,97 15 P	32,07 16 S	35,45 17 Cl	39,94 18 Ar
4	39,10 19 K	40,08 20 Ca	69,72 31 Ga	72,61 32 Ge	74,92 33 As	78,96 34 Se	79,90 35 Br	83,80 36 Kr
5	85,47 37 Rb	87,62 38 Sr	114,82 49 In	118,71 50 Sn	121,75 51 Sb	127,60 52 Te	126,90 53 I	131,29 54 Xe
6	132,91 55 Cs	137,33 56 Ba	204,38 81 Ti	207,2 82 Pb	208,98 83 Bi	84 Po	85 At	86 Rn

1 Periodensystem der Elemente (Hauptgruppen)
Metalle sind braun, Nichtmetalle gelb unterlegt.

✱ 3.8 Schalenmodell und Periodensystem

Niels BOHR, ein dänischer Physiker und Chemiker, konnte mathematisch nachweisen, dass die Elektronen eines Atoms sich nicht beliebig in der Hülle aufhalten können. Er entwickelte daraufhin sein Modell vom Aufbau der Atomhülle.

Die Elektronen befinden sich in Schalen. Die Elektronen ordnen sich in ganz bestimmten Abständen um den Kern herum. Diese Aufenthaltsbereiche der Elektronen bezeichnet man als Schalen. Dadurch ist ein Atom ähnlich wie eine Zwiebel aufgebaut.

Schale	Maximale Elektronenzahl
K	2
L	8
M	18
N	32

1 Das Schalenmodell der Atomhülle

Das gleiche Bauprinzip bei allen Elementen. Die Schalen bezeichnet man von innen nach außen mit **K, L, M, N** usw. Jede Schale kann nur eine begrenzte Zahl von Elektronen aufnehmen und die Schalen werden immer von innen nach außen besetzt.

Das Wasserstoff-Atom hat ein Elektron und damit nur eine Schale, die K-Schale. Beim folgenden Helium-Atom befinden sich zwei Elektronen auf dieser Schale. Im Lithium-Atom verteilen sich die drei Elektronen bereits auf zwei Schalen: Zwei Elektronen auf der K- und eines auf der L-Schale.

H   He   Li

2 Die Anordnung der Elektronen in den ersten drei Elementen

Atomhülle und chemische Eigenschaften. Betrachtet man die Atomhüllen verwandter Elemente, so fällt auf, dass sie in der Besetzung ihrer äußersten Schalen übereinstimmen. So besitzen die Atome aller sechs Alkalimetalle von Natrium über Kalium bis Francium jeweils ein Elektron in der Außenschale. Die Halogene von Fluor bis Astat haben sieben Außenelektronen und Edelgase mit Ausnahme von Helium jeweils acht. Die chemischen Eigenschaften der Stoffe werden also durch die **Anzahl der Außenelektronen ihrer Atome bestimmt.**

Gruppen und Perioden. Dimitrij MENDELEJEW und Lothar MEYER ordneten in ihrem Periodensystem die Elemente mit ähnlichen Eigenschaften in **Gruppen** an. Alle Elemente einer Gruppe haben die gleiche Anzahl an Außenelektronen und stehen untereinander. Innerhalb einer Gruppe nimmt von Element zu Element die Zahl der Schalen um eine zu. Damit nimmt auch die Größe der Atome

Alkalimetalle	Halogene	Edelgase
Lithium	Fluor	Neon
Natrium	Chlor	Argon
Kalium Rubidium Cäsium Francium	Brom Iod Astat	Krypton Xenon
1 Außenelektron	7 Außenelektronen	8 Außenelektronen
Gemeinsame Eigenschaften:		
weiche Metalle, reagieren heftig mit Wasser, Laugenbildung, löslich	farbige Gase, bilden Säuren, giftig, in Wasser nur schlecht löslich	farblose Gase, reaktionsträge, hohe Siedetemperaturen

3 Verwandte Elemente haben die gleiche Anzahl von Außenelektronen

innerhalb einer Gruppe von oben nach unten zu. Die Gruppennummern werden in römischen Zahlen angegeben. Innerhalb der waagrechten Reihen, den **Perioden**, wird die äußere Schale bis zur Zahl von acht Elektronen aufgefüllt, bevor das Periodensystem in seine nächste Zeile springt. Damit steht am Ende einer jeden Periode ein Edelgas.

Da die erste Schale, die K-Schale, nur 2 Elektronen aufnehmen kann, umfasst die erste Periode nur zwei Elemente: Wasserstoff und Helium. Helium gehört aufgrund der abgeschlossenen K-Schale zu den Edelgasen, Wasserstoff nimmt eine Sonderstellung ein. Da die Schalen ab der M-Schale mehr als 8 Elektronen aufnehmen können, wird die maximale Besetzung der äußersten Schale ab der dritten Periode nicht erreicht.

Man erhält auf diese Weise ein Periodensystem mit den so genannten **Hauptgruppen.** Dieses Periodensystem wird auch als **verkürztes Periodensystem** bezeichnet. Ab der dritten Periode treten Elemente der **Nebengruppen** auf. Diese Elemente füllen Schalen auf, die noch nicht mit der maximalen Elektronenzahl besetzt sind. Am Ende des Buches ist ein vollständiges Periodensystem abgebildet.

Merke:

- **In der Atomhülle bilden die Elektronen Schalen um den Atomkern.**
- **Jede Schale ist mit einer bestimmten Anzahl von Elektronen besetzt.**
- **Das Periodensystem ist aus Perioden und Gruppen aufgebaut.**
- **Innerhalb der Perioden werden die Schalen mit Elektronen aufgefüllt.**
- **Innerhalb der Gruppen nimmt die Zahl der Schalen jeweils um eine zu.**

1 **Fragen zum Text: a)** Beschreibe das Schalenmodell der Atomhülle mit eigenen Worten.
b) Erkläre, wie die Perioden und wie die Gruppen im Periodensystem zustande kommen.
c) Wie viele Außenelektronen besitzen die Elemente der Sauerstoffgruppe?

2 Gib den Aufbau der Elektronenhülle des Elements Calcium (Ordnungszahl 20) an.

3 Das Hauptgruppenelement Silicium befindet sich in der 3. Periode und in der Gruppe IV. Finde heraus, wie viele Elektronen es hat.

Periode	Hauptgruppe							
	I	II	III	IV	V	VI	VII	VIII
1	H							He
2	Li	Be	B	C	N	O	F	Ne
3	Na	Mg	Al	Si	P	S	Cl	Ar

1 Schalenmodell der Atome für die ersten 18 Elemente im Periodensystem

Trainer · Trainer · Trainer · Trainer · Trainer · Trainer · Trainer · Trainer · Trainer

1 Vergleiche die Größe einer Zelle mit der eines Atoms. Um welchen Faktor ist das Atom kleiner als eine Zelle?

2 Ein Stecknadelkopf enthält unvorstellbar viele Atome. Würde man diese Atome aneinander reihen, würde die Strecke 50mal von der Erde bis zum Mond reichen. Gib diese Strecke in Kilometern an.

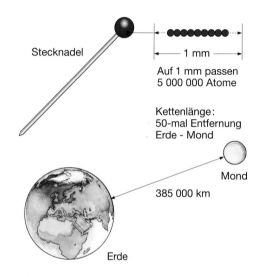

Stecknadel

1 mm

Auf 1 mm passen 5 000 000 Atome

Kettenlänge: 50-mal Entfernung Erde - Mond

Mond

385 000 km

Erde

3 Fasse die Aussagen DALTONs über Atome zusammen.

4 Nenne Beispiele von Stoffen, deren Moleküle
a) aus nur einer Atomsorte aufgebaut sind.
b) aus verschiedenen Atomsorten aufgebaut sind.

5 Erkläre, aufgrund welcher Erscheinung man auf die Existenz des Elektrons schloss.

6 Beim Befüllen von Tankstellen strömt Benzin mit
★ hoher Geschwindigkeit durch einen Kunststoffschlauch in den Vorratstank. Um die Gefahr einer Explosion auszuschließen, verbindet man den Vorratstank über ein Kabel mit dem Tankwagen. Wieso muss man ohne dieses Kabel Angst vor einer Explosion haben?

7 a) Durch welchen Versuch kam RUTHERFORD zu einer neuen Vorstellung vom Bau der Atome? Beschreibe den Versuch.
b) Beschreibe das RUTHERFORDsche Atommodell.

8 a) Aus welchen Teilen setzt sich ein Atom zusammen?
b) Welche Ladung tragen diese Teilchen?

9 Vergleiche die Atommodell von DALTON und RUTHERFORD. Welches sind die wesentlichen Unterschiede?

10 Ein Element hat die Ordnungszahl 25. Was sagt dies über den Bau seiner Atome aus?

11 Wie viele Protonen, Elektronen und Neutronen hat ein Neon-Atom?

12 a) Worin unterscheiden sich C-12 und C-14?
b) Wie nennt man unterschiedliche Atome des gleichen Elements?

13 Das BOHRsche Atommodell wird auch als „Zwiebelmodell" bezeichnet. Erkläre dies.

14 Nenne die möglichen Schalen eines Atoms und
★ ihre maximale Anzahl an Elektronen.

15 Die chemischen Eigenschaften eines Elements
★ werden von der Zahl der Elektronen auf der äußersten Schale bestimmt. Welche gemeinsamen Eigenschaften haben Edelgase?

16 Ein Element steht in der 5. Periode und in der 3.
★ Gruppe des Periodensystems.
a) Wie viele Schalen besitzt dieses Atom?
b) Wie viele Elektronen befinden sich auf der äußersten Schale?
c) Um welches Element handelt es sich?
d) Zeichne das Schalenmodell.

Auf einen Blick

- Die kleinsten Bausteine der Elemente sind die Atome. Sie haben einen Durchmesser von etwa einem zehnmillionstel Millimeter.

- Atome sind etwa hunderttausendmal kleiner als eine Zelle.

- Atome können sich zu Molekülen oder Atomverbänden zusammenschließen.

Sauerstoff-Moleküle   Kohlenstoff-dioxid-Moleküle   Eisen-Atome

- DALTON stellte sich die Atome als winzige massive Kugeln vor.

- RUTHERFORD entwickelte das Kern-Hülle-Modell der Atome:

- Atome bestehen aus Kern und Hülle.
- Die negativ geladenen Elektronen bilden die Hülle.
- Die positiv geladenen Protonen und die neutralen Neutronen bilden den Kern.

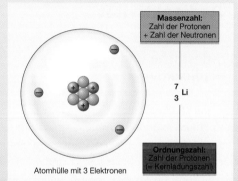

Massenzahl:
Zahl der Protonen + Zahl der Neutronen

$^{7}_{3}\text{Li}$

Ordnungszahl:
Zahl der Protonen
(= Kernladungszahl)

Atomhülle mit 3 Elektronen

- Die Ordnungszahl gibt die Zahl der Protonen an.
- An der Zahl der Protonen erkennt man das Element.

- Isotope eines Elements haben die gleiche Zahl von Protonen, unterscheiden sich jedoch in der Zahl der Neutronen.

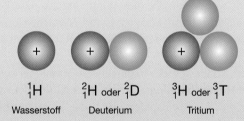

$^{1}_{1}\text{H}$ $^{2}_{1}\text{H}$ oder $^{2}_{1}\text{D}$ $^{3}_{1}\text{H}$ oder $^{3}_{1}\text{T}$

Wasserstoff   Deuterium   Tritium

Die Isotope des Wasserstoffs

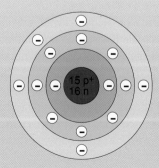

15 p+
16 n

- ∗ In der Atomhülle bewegen sich die Elektronen auf Schalen.
- ∗ Das Periodensystem ist aus senkrechten Gruppen und waagrechten Perioden aufgebaut.
- ∗ Die Zahl der Außenelektronen bestimmt die Gruppe.
- ∗ Die Zahl der Schalen bestimmt die Periode.
- ∗ Die Zahl der Außenelektronen bestimmt das chemische Verhalten der Elemente.

1 Ein Kernkraftwerk arbeitet mit Radioaktivität

4. Radioaktivität

4.1 Künstliche und natürliche Radioaktivität

Natürliche Radioaktivität. Radioaktive Strahlung kommt überall in unserer Umgebung vor. Sie stammt aus dem Weltraum oder tritt aus dem Erdboden heraus. Auch in unseren Häusern sind wir radioaktiver Strahlung ausgesetzt, weil Baumaterialien wie Stein oder Erde natürlich vorkommende radioaktive Stoffe enthalten. Da diese Strahlung aus natürlichen Quellen stammt und nicht vom Menschen erzeugt wird, spricht man von **natürlicher Radioaktivität.**

Ein großer Teil der radioaktiven Strahlung kommt als **Höhenstrahlung** aus dem Weltall. Auf dem Weg durch die Atmosphäre wird die Höhenstrahlung abgeschwächt. Daher ist man auf einem Berg in 3000 Metern Höhe einer viermal so hohen Höhenstrahlung ausgesetzt wie auf Meereshöhe.

Die **Bodenstrahlung** ist überwiegend auf uranhaltiges Gestein zurückzuführen, das meist in Mittelgebirgen vorkommt. Daher sind Bewohner der Oberpfalz oder des Bayerischen Waldes einer höheren Strahlung ausgesetzt als Menschen in Norddeutschland.

Auch über die Atemluft und über die Nahrung nehmen wir ständig winzige Mengen radioaktiver Stoffe auf.

Künstliche Radioaktivität. Viele **Kernkraftwerke** kann man schon von weitem an der großen Beton-kuppel des Reaktorgebäudes erkennen. Im Inneren des Reaktorgebäudes laufen physikalisch-chemische Vorgänge ab, mit deren Hilfe man Energie gewinnt. Dabei entstehen Isotope, die radioaktiv strahlen. Diese Strahlung dringt kaum nach außen. Allerdings müssen die radioaktiven Produkte auf Jahrhunderte hinaus sicher gelagert werden. Da diese Strahlung vom Menschen erzeugt wird, spricht man von **künstlicher Radioaktivität.**

Auch bei bestimmten **medizinischen Untersuchungen** werden radioaktive Strahlen künstlich erzeugt: Vor allem bei der Computertomografie, aber auch bei normalen Röntgenuntersuchungen setzen wir uns einer großen Strahlenbelastung aus. Daher achten Mediziner heutzutage genau auf die benötigte Strahlenmenge.

Insgesamt aber ist die durchschnittliche natürliche Strahlenbelastung wesentlich höher als die künstliche.

Merke:
- Überall in unserer Umgebung sind wir radioaktiver Strahlung ausgesetzt.
- Künstliche Radioaktivität stammt aus kerntechnischen Anlagen oder medizinischen Geräten.
- Natürliche Radioaktivität nehmen wir als Höhen- und Bodenstrahlung sowie über die Nahrung und die Atmung auf.

1 Fragen zum Text: a) Gib die Quellen der natürlichen radioaktiven Strahlung an.
b) Wo wird künstliche Radioaktivität erzeugt?
c) Erkläre, weshalb die Belastung durch radioaktive Strahlen von der Höhe über dem Erdboden abhängig ist.

2 Begründe, weshalb die Belastung mit radioaktiver Strahlung in schlecht gelüfteten Häusern hoch sein kann.

1 Henri BECQUEREL

3 Marie CURIE

★ 4.2 Eine geheimnisvolle Strahlung

Henri BECQUEREL. Im Jahre 1896 experimentierte der französische Physiker Henri BECQUEREL mit bis dahin ziemlich bedeutungslosen Uranverbindungen. Er legte ein Stück Uranerz auf eine lichtdicht verpackte Fotoplatte und verschloss die Fotoplatte in einem dunklen Schrank. Als er die Platte nach einigen Wochen zu Vergleichszwecken sicherheitshalber entwickelte, entdeckte er zu seinem Erstaunen, dass die Fotoschicht dort, wo das Erz gelegen hatte, kräftig geschwärzt war. Da die Fotoplatte verpackt war, konnte nur das Uran die Schwärzung hervorgerufen haben. Vom Uran mussten anscheinend unsichtbare, energiereiche Strahlen ausgehen.

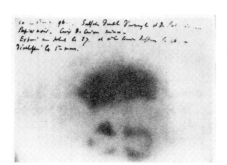

2 BECQUERELs Fotoplatte aus dem Jahr 1896

Marie CURIE. Ein Jahr später las die junge, polnische Doktorandin Marie CURIE in Paris den Bericht BECQUERELs über die Strahlung von Uransalzen und fand so ein Arbeitsgebiet für ihr ganzes Leben. Sie schlug den Namen *Radioaktivität* für die geheimnisvolle Strahlung vor.

Bei der Untersuchung der Pechblende, einem Uranerz, entdeckte sie zwei weitere radioaktive Elemente: *Radium* und *Polonium*. Marie CURIE konnte diese Elemente zunächst nur indirekt aufgrund ihrer radioaktiven Strahlung nachweisen. Sie entwickelte zusammen mit ihrem Mann, dem französischen Physiker Pierre CURIE, ein Trennverfahren, um die Elemente Radium und Polonium aus der Pechblende zu isolieren. Es folgten vier Jahre harte Arbeit in einem zu einem Labor umfunktionierten Schuppen, um schließlich aus 1000 Kilogramm Pechblende gerade mal 0,1 Gramm Radium zu isolieren.

Marie CURIE starb im Jahre 1934 mit 67 Jahren an Krebs – eine Folge der intensiven radioaktiven Strahlung, der sie bei ihren Arbeiten ausgesetzt war.

Merke:

- **Der Physiker Henri BECQUEREL entdeckte die Radioaktivität.**
- **Die Physiker Marie und Pierre CURIE erforschten als Erste radioaktive Strahlungen.**

1 **Fragen zum Text: a)** Gib an, wie BECQUEREL die radioaktive Strahlung entdeckte.
b) Wer erforschte als Erstes die Radioaktivität?
c) Welche radioaktiven Elemente entdeckte Marie CURIE?

1 Radioaktive Gegenstände

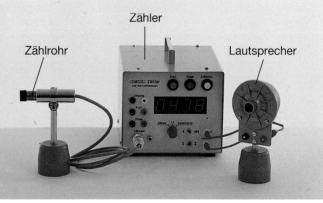

3 Geiger-Müller-Zähler

4.3 Radioaktivität kann man nachweisen

Radioaktivität kann man weder hören, sehen noch fühlen. Wie kann man sie trotzdem nachweisen?

Radioaktive Strahlen schwärzen Fotopapier. Mit der Schwärzung von Fotopapier durch Uranerz wurde die Strahlung entdeckt. Auch mit manchen Glühstrümpfen aus Camping-Gaslampen kann man Fotopapier schwärzen. Sie sind mit einer dünnen Schicht einer radioaktiven Substanz überzogen und senden eine schwache Strahlung aus.

Nebelkammer. Gibt man einen radioaktiven Stoff in eine mit Alkoholdampf übersättigte Kammer, bildet sich entlang der Strahlung eine Nebelspur. Auf diese Weise werden die Menge und der Weg der Strahlung sichtbar gemacht.

2 Nebelkammerspuren

Geiger-Müller-Zähler. Die deutschen Physiker Hans GEIGER und Walther MÜLLER entwickelten ein Messgerät, um die Menge der radioaktiven Strahlung genau messen zu können: den **Geiger-Müller-Zähler.** Er besteht aus einem gasgefüllten Zählrohr, an das eine Spannung angelegt ist. Die Strahlung gelangt über ein sehr dünnes Fenster in dieses Rohr und erzeugt einen kurzen Stromstoß, der in einem Lautsprecher ein Knacken hervorruft. Die Anzahl der Knackgeräusche pro Minute bezeichnet man als Zählrate. Auch ohne dass man einen radioaktiven Gegenstand untersucht, beträgt sie etwa 20. Dies ist die natürlichen Radioaktivität der Umgebung.

Der Glühstrumpf und die Uranerze zeigen Zählraten von etwa 30 bis 500. Radium, das gelegentlich aus Erdspalten austritt, verursacht dagegen ein prasselndes Knacken. Seine Zählrate kann über 100 000 liegen.

> **Merke:**
>
> - **Radioaktive Strahlung kann man mit Fotopapier, der Nebelkammer oder einem Geiger-Müller-Zähler nachweisen.**
> - **Der Geiger-Müller-Zähler gibt an, wie viel Radioaktivität vorhanden ist.**

1 **Fragen zum Text: a)** Durch welche Methoden kann man die radioaktive Strahlung nachweisen?
b) Was bedeutet es, wenn ein Gegenstand bei der Messung mit dem Geiger-Müller-Zähler eine hohe Zählrate besitzt?
c) Welche Vorteile hat der Geiger-Müller-Zähler gegenüber der Fotoplatte?

2 **★** Weshalb ist die Radioaktivität des Glühstrumpfes mit dem Geiger-Müller-Zähler gerade noch nachweisbar?

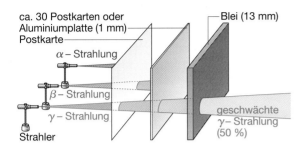

1 Abschirmung von radioaktiver Strahlung

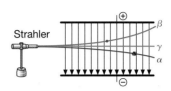

2 Ablenkungsversuch: Der radioaktive Strahl läuft durch ein elektrisches Feld.

4.4 Was ist Radioaktivität?

Drei Arten von Strahlung. Durch Abschirmung von Strahlung mit verschiedenen Gegenständen fand man heraus, dass es drei Arten radioaktiver Strahlung gibt. Ein Teil der Strahlung wird bereits von einem Briefumschlag abgeschirmt. Man bezeichnet diesen Teil als α-(alpha-)Strahlung. Ein dicker Stapel Postkarten oder eine dünne Aluminiumplatte verringert die Strahlung noch einmal deutlich und hält die β-(beta-)Strahlung zurück. Der Strahlungsanteil, der erst von einer 20 cm dicken Bleischicht vollständig abgeschirmt wird, heißt γ-(gamma-)Strahlung.

Die Natur der radioaktiven Strahlung. Um mehr über die Natur der radioaktiven Strahlung zu erfahren, leiteten Forscher radioaktive Strahlen durch ein elektrisches Feld. Dabei spalteten sich die Strahlen auf.

Ein Teil der Strahlung wird leicht zum negativen Pol hin abgelenkt. Es ist die Strahlung mit der geringsten Reichweite, die α-Strahlung. Sie besteht aus Atomkernen, die zwei Protonen und zwei Neutronen enthalten. α-Strahlen sind daher zweifach positiv geladen. Da sie exakt dem Kern eines Helium-Atoms entsprechen, schreibt man auch $^4_2$He.

Ein zweiter Teil der Strahlung wird stark in Richtung des positiven Pols abgelenkt. Es ist die β-Strahlung, die aus schnell fliegenden Elektronen besteht.

Der dritte Teil der Strahlung, die γ-Strahlung, geht unbeeinflusst durch das elektrische Feld und muss daher ungeladen sein. Wie Lichtstrahlen gehört sie zu den elektromagnetischen Strahlen, ist aber viel energiereicher.

Merke:

- Es gibt drei Arten radioaktiver Strahlung: α-, β- und γ-Strahlung.
- α-Strahlung besteht aus zweifach positiv geladenen Heliumkernen.
- β-Strahlung besteht aus schnell fliegenden Elektronen.
- γ-Strahlung ist vergleichbar mit sehr energiereicher Lichtstrahlung.

1 **Fragen zum Text: a)** Gib die Bezeichnungen der drei radioaktiven Strahlungsarten an.
b) Welche der Strahlungsarten lässt sich am leichtesten, welche am schwersten abschirmen?
c) Beschreibe mit eigenen Worten ein Experiment, mit dem man die Ladung der einzelnen Strahlungsarten bestimmen kann.

2 Mit dem Ablenkungsversuch erhält man auch
★ Hinweise auf die Größe der Ladung und auf die Masse der Teilchen. Erkläre dies.

4.5 Radioaktiver Zerfall – die Strahlung kommt aus den Atomen

Nach der Identifizierung der Teilchen der radioaktiven Strahlung war klar, dass diese aus den Atomkernen der radioaktiven Elemente kommen müssen.

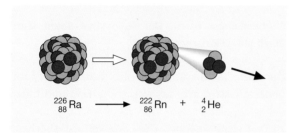

1 Kernumwandlung, die zu α-Strahlung führt

α-Strahlung durch Kernumwandlung. Das Element Radium-226 sendet α-Strahlung aus. Ein Stück Radium besteht aus sehr vielen Radiumatomen. Die α-Strahlung kommt aus diesen Atomen – und zwar aus deren Zentrum, aus den Atomkernen. Der Atomkern schleudert ein α-Teilchen heraus und verliert damit zwei Protonen und zwei Neutronen. Der Atomkern hat danach nicht mehr 226, sondern nur noch 222 Kernbausteine. Aus einem Radiumkern mit 88 Protonen und 138 Neutronen ist ein Atomkern mit 86 Protonen und 136 Neutronen geworden, nämlich Radon-222. Es hat also eine **Kernumwandlung** stattgefunden.

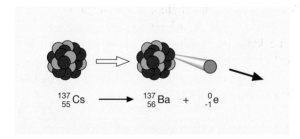

2 Kernumwandlung, die zu β-Strahlung führt

β-Strahlung durch Kernumwandlung. Auch β-Strahlung entsteht durch eine Kernumwandlung. Im Kern eines Atoms des Caesium-137 wandelt sich ein Neutron in ein Proton und ein Elektron um. Das Elektron wird herausgeschleudert, das Proton verbleibt im Kern.

Der entstandene Atomkern hat damit also ein Neutron weniger und dafür aber ein Proton mehr. Aus dem Caesiumkern mit 55 Protonen ist ein Atomkern mit 56 Protonen entstanden, ein Kern des Elements Barium.

γ-Strahlung entsteht zusätzlich bei vielen Kernumwandlungen.

Halbwertszeit. Misst man die Strahlung eines radioaktiven Gegenstandes oder eines radioaktiven Elements über einen längeren Zeitraum, so stellt man fest, dass die Strahlung gesetzmäßig abnimmt. Es zerfallen immer weniger Atome pro Zeiteinheit. Beträgt die Strahlung nach einer gewissen Zeit gerade noch die Hälfte der ursprünglichen Strahlung, so stellt man nach der doppelten Zeit genau ein Viertel der Ausgangsstrahlung fest, nach der dreifachen Zeit genau ein Achtel und nach der vierfachen Zeit genau ein Sechzehntel.

Betrachten wir als Beispiel 64 Atome des radioaktiven Elements Iod-131. Nach 8 Tagen sind 32 Atome umgewandelt. Die Strahlung ist nur noch halb so groß. Nach 16 Tagen sind noch 16 Iod-Atome vorhanden und die Strahlung beträgt nur noch ein Viertel. Nach 24 Tagen verbleiben noch 8 Iod-Atome. Die Strahlung beträgt jetzt nur noch ein Achtel der Ausgangsstrahlung.

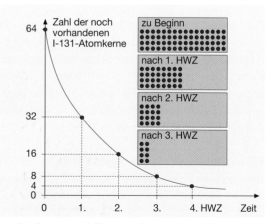

3 Radioaktiver Zerfall von Iod-131. Die Halbwertszeit beträgt 8 Tage.

Die Zeitspanne, in der sich die Strahlung halbiert, wird als **Halbwertszeit** bezeichnet. Sie ist für jedes radioaktive Element unterschiedlich und daher ein Kennzeichen der radioaktiven Elemente. Für Iod-131 beträgt die Halbwertszeit 8 Tage.

Elemente	Isotop	Halbwertszeit
Uran	U-238	4,4 Mrd. Jahre
	U-235	700 Mio Jahre
Radium	Ra-226	1600 Jahre
Radon	Rn-222	4 Tage
Strontium	Sr-90	28 Jahre
Iod	I-128	30 min

1 Halbwertszeiten verschiedener Isotope

Merke:

- **Radioaktive Strahlung kommt aus dem Atomkern.**
- **α- und β-Strahlung entstehen durch Kernumwandlungen.**
- **Bei vielen Kernumwandlungen entstehen auch γ-Strahlen.**
- **Halbwertszeit nennt man die Zeit, in der die Hälfte der Kerne eines radioaktiven Elements zerfallen.**
- **Radioaktive Isotope haben verschieden Halbwertszeiten.**

1 **Fragen zum Text: a)** Beschreibe die Kernumwandlungen beim α- und β-Zerfall.
b) Was versteht man unter der Halbwertszeit?

2 Das Element Polonium ($^{218}_{84}$Po) zeigt β-Zerfall. Gib die Neutronen- und Protonenzahl des entstehenden Elements an.

Exkurs **E**

Der Gletschermensch – Altersbestimmung durch Isotope

1991 machten deutsche Wanderer in den Ötztaler Alpen einen spektakulären Fund: Sie entdeckten eine Mumie, die Jahrtausende im Eis eingeschlossen und deshalb kaum verwest war. Wissenschaftler bestimmten das Alter des Gletschermannes Ötzi mit der **Radiocarbon-Methode:** Er lebte vor 5300 Jahren! Doch wie konnte man das so genau feststellen?

In der Atmosphäre kommt neben den „normalen" Kohlenstoff-Atomen C-12 auch eine geringe Menge des radioaktiven Isotops C-14 vor. C-14 zerfällt mit einer Halbwertszeit von 5730 Jahren. Da es aber immer wieder nachgebildet wird, bleibt der C-14-Gehalt der Atmosphäre konstant. Lebewesen nehmen ständig Kohlenstoffverbindungen aus ihrer Umgebung auf und weisen damit den gleichen Gehalt an C-14 auf – aber nur so lange sie leben! Sterben sie, endet auch der Stoffwechsel und es wird kein C-14 mehr zugeführt. Der Zerfall von C-14 geht jedoch weiter. Damit nimmt die Strahlung durch C-14 gesetzmäßig ab. Nach der Halbwertszeit von 5730 Jahren liegt nur noch die Hälfte des ursprünglichen C-14 vor. Damit ist auch die radioaktive Strahlung auf die Hälfte abgesunken.

Durch einen Vergleich der Zählrate von Ötzis Kleidung mit der von frischem Pflanzenmaterial konnte man das Alter exakt bestimmen.

1 In Ötzis Kleidung fand man nur noch etwa 50% der ursprünglichen Menge an C-14. In welchem Jahr ist Ötzi demnach gestorben?

Was strahlt?	Menge der Strahlung
Luft (im Freien)	14 Bq/m^3
Luft (in Wohnräumen)	50 Bq/m^3
Trinkwasser	bis 4 Bq/l
Nahrungsmittel	bis 40 Bq/kg
Waldpilze	bis 2500 Bq/kg
Natururan	$13,5 \cdot 10^6$ Bq/kg
Radium-226	$3,7 \cdot 10^{13}$ Bq/kg
Radon-222	$5,9 \cdot 10^{18}$ Bq/kg

1 Strahlung in unserer Umgebung

Um die radioaktive Strahlung verschiedener Stoffe miteinander vergleichen zu können, muss auch die Masse des untersuchten Gegenstandes mit angegeben werden, also Becquerel pro Kilogramm. Die Strahlungsbelastung in der Luft wird auf einen Kubikmeter (m^3) bezogen, die Strahlungsbelastung von Flüssigkeiten wie zum Beispiel Milch auf 1 Liter.

> **Merke:**
>
> • **Die Einheit für die Zahl der Kernumwandlungen pro Sekunde ist Becquerel: 1 Bq = 1/s**

✱ 4.6 Radioaktive Belastung

Unsere Umgebung und auch unsere Nahrungsmittel sind verschieden stark mit radioaktiver Strahlung belastet. Die Zahl der Zerfälle in Wohnräumen oder Lebensmitteln lassen sich mit dem Geiger-Müller-Zähler bestimmen. Für die Zahl der Kernumwandlungen pro Sekunde hat man die Einheit **Becquerel (Bq)** eingeführt: Ein Bq ist **ein Zerfall pro Sekunde.**

1 **Fragen zum Text: a)** In welcher Einheit wird die Strahlungsmenge angegeben?
b) Die radioaktive Strahlung wird meistens auf eine Masse bezogen. Erkläre dies.

2 Obwohl die Strahlung durch Uranerze wesentlich höher ist als zum Beispiel die durch Waldpilze, wird von einem häufigen Verzehr der Pilze abgeraten. Warum?

E Exkurs

Radioaktive Belastung von Waldpilzen und Wildschweinen

Als 1986 das ukrainische Kernkraftwerk Tschernobyl explodierte, wurden die dabei freigesetzten radioaktiven Teilchen mit dem Wind über Europa getragen und mit dem Regen in den Boden gewaschen. Südbayern war besonders betroffen.

Die Strahlung von Isotopen mit kurzen Halbwertszeiten ging schnell zurück. Cäsium-137 dagegen, das eine Halbwertszeit von 30 Jahren besitzt, setzt auch heute noch viel Strahlung frei. Unmittelbar nach dem Unfall wurden von Cs-137 Spitzenwerte bis zu 173 000 Bq/m^2 gemessen. Heute beträgt der Durchschnitt in Südbayern noch 15 000 Bq/m^2. Da Pilze ihre Nährstoffe hauptsächlich aus den oberen Bodenschichten beziehen, enthalten sie mehr radioaktive Stoffe als die Umgebung. Es gibt sogar Pilze wie den Maronenröhrling, die radioaktives Cäsium anreichern.

Im Tierreich sind Wildschweine am meisten von der Strahlenbelastung betroffen, da sie mit Vorliebe die oberen Bodenschichten nach Wurzeln und Pilzen durchwühlen. Im Jahre 2004 wurde im Bayerischen Wald bei Wildschweinen eine mittlere Strahlenbelastung von 6700 Bq/kg gemessen, das ist etwa der 11-fache Wert des EU-Grenzwerts von 600 Bq/kg!

1 Arbeitstisch von Otto HAHN

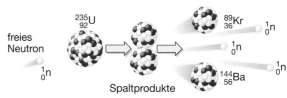

3 Kernspaltung von Uran-235

4.7 Atomkerne kann man spalten

Im Jahre 1938 bestrahlten die deutschen Chemiker Otto HAHN und Fritz STRASSMANN Uran mit Neutronen. Sie wollten herausfinden, ob Urankerne Neutronen einfangen und so noch schwerere Atomkerne entstehen können. Sie kamen aber zu einem Ergebnis, das sie selbst zunächst nicht glauben konnten: Als Folgeprodukte fanden sie nur Bariumatome, die aber nicht einmal zwei Drittel der Uran-Atommasse besitzen!

In einem Brief wandte sich HAHN an seine Kollegin Lise MEITNER: „Vielleicht kannst Du irgendeine fantastische Erklärung vorschlagen. Wir wissen dabei selbst, dass Uran eigentlich nicht in Barium zerplatzen kann." Nach vielen Berechnungen und Diskussionen mit anderen Wissenschaftlern war Lise MEITNER jedoch überzeugt, dass tatsächlich eine Kernspaltung vorlag. Als kurz darauf mit dem Edelgas Krypton das zweite Spaltprodukt nachgewiesen

wurde, war klar: Das Uran-235-Atom kann durch Beschuss mit Neutronen in Barium- und Krypton-Atome gespalten werden.

Bei der Kernspaltung wird eine gewaltige Energiemenge frei. Ein Gramm reines Uran-235 liefert etwa 100 Millionen Kilojoule Energie. Zum Vergleich: Ein Gramm Kohle liefert bei der Verbrennung gerade mal 29 Kilojoule!

HAHN, STRASSMANN und MEITNER veränderten durch ihre Forschung die Welt: Das Atomzeitalter begann. Der Mensch nutzt die gewaltigen Energien aus der Kernspaltung für Kraftwerke, aber auch in Form von Atomwaffen.

> **Merke:**
> - **Atomkerne kann man durch Beschuss mit Neutronen spalten.**
> - **Bei der Kernspaltung wird sehr viel Energie frei.**

1 **Fragen zum Text: a)** Welches Teilchen löst die Kernspaltung aus?
b) Welche Spaltprodukte entstehen bei der Spaltung eines Uran-235-Kerns?
c) Welche Wissenschaftler waren maßgeblich an der Entdeckung der Kernspaltung beteiligt?

2 Erkläre, welche Eigenschaft die Kernspaltung so bedeutend machte.

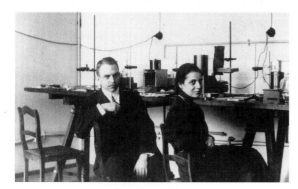

2 Lise MEITNER und Otto HAHN

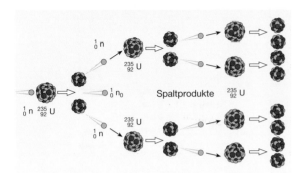

1 Kettenreaktion bei der Kernspaltung

4.8 Die Kettenreaktion

Bei Spaltung eines Kerns Uran-235 werden drei Neutronen frei, die wieder weitere Uran-235-Kerne spalten können. Wird nun die Menge von U-235 so groß gewählt, dass mindestens eines der drei Neutronen wieder auf einen Kern trifft, ist eine Kettenreaktion möglich.

Die ungesteuerte Kettenreaktion. In der Natur vorkommendes Uranerz besteht zu 99,3 % aus dem Isotop U-238 und zu 0,7% aus dem Isotop U-235. Spaltbar ist aber nur das Isotop U-235. Daher konnte HAHN, der ja Natururan untersuchte, auch nur wenige Spaltungen beobachten.

Das spaltbare U-235 kann man mit großem Aufwand aus Natururan gewinnen. Ab einer bestimmten Masse von U-235, der kritischen Masse, kommt es zu einer ungesteuerten Kettenreaktion. In Bruchteilen von Sekunden wächst die Zahl der Spaltungen millionenfach und es wird eine gewaltige Wärmemenge frei. Gleichzeitig entsteht eine Vielzahl radioaktiver Spaltprodukte. Diese ungeheure Energiefreisetzung führte zum Bau einer der verheerendsten Waffen, der Atombombe.

Die gesteuerte Kettenreaktion. Schon bald versuchte man aber auch, die enorme Wärmeenergie der Kernspaltung sinnvoll zu nutzen. Ziel war es, die Zahl der Spaltungen nach Erreichen eines bestimmten Werts konstant zu halten, die Kettenreaktion also zu steuern. So kann man kontrolliert Wärmeenergie aus den Spaltungen erhalten.

Dies gelingt mit einem Anteil von etwa 3% U-235 im Natururan. Ist die erwünschte Spaltungsrate erreicht, müssen die überschüssigen Neutronen abgefangen werden. Eine ungesteuerte Kettenreaktion wie die Explosion einer Atombombe dagegen ist bei diesem Mischungsverhältnis nicht möglich.

Merke:

- **Bei der Spaltung von U-235 ist eine Kettenreaktion möglich.**
- **In Kernkraftwerken findet eine gesteuerte Kettenreaktion statt.**

1 **Fragen zum Text: a)** Erkläre, wie bei der Spaltung von Uran-235 eine Kettenreaktion zustande kommt.
b) Weshalb kam es bei den Versuchen von HAHN zu keiner unkontrollierten Kettenreaktion?
c) Was ist der wesentliche Unterschied zwischen einer ungesteuerten und einer gesteuerten Kettenreaktion?

2 Erkläre, weshalb für die ungesteuerte Kettenreaktion eine bestimmte Masse U-235 nötig ist.

3 Modellversuch zur Kettenreaktion. Das Streichholz in der ersten Reihe bringt in der zweiten Reihe zwei oder drei Streichhölzer zum Entflammen. In den folgenden Reihen entzünden sich dann immer mehr. Erkläre warum.

4.9 So arbeitet ein Kernkraftwerk

Weltweit nutzt man seit etwa 60 Jahren in Kernkraftwerken die bei der Kernspaltung freiwerdende Wärmeenergie zur Stromerzeugung.

Brennstäbe als Wärmequelle. Das Herzstück des Kernkraftwerks ist der **Reaktorkern.** Er enthält eine Vielzahl von Metallhülsen, die als Brennstäbe bezeichnet werden. Sie sind mit Uranoxid gefüllt, das auf 3% Uran-235 angereichert ist. In den Brennstäben läuft die Kettenreaktion der Kernspaltung ab. Durch die Kernspaltung erhitzen sich die Brennstäbe im Inneren auf etwa 800 °C. Die Wärme erhitzt Wasser auf über 300 °C. In einem **Wärmetauscher** gibt das Wasser die Wärme an einen zweiten Wasserkreislauf ab. Auch dieses Wasser verdampft und der Wasserdampf treibt eine Turbine an. Zur Stromerzeugung ist die **Turbine** mit einem **Generator** verbunden.

Regelstäbe steuern die Kettenreaktion. Zwischen die Brennstäbe sind **Regelstäbe** eingeschoben. Diese Stäbe fangen die überschüssigen Neutronen ein.

Je nach Einschubtiefe lassen sie mehr oder weniger Spaltungen zu und steuern somit die Kettenreaktion.

Vielfältige Schutzeinrichtungen. Eine dicke Bodenplatte, ein Stahlmantel und eine Betonhülle schützen die Umwelt vor dem Reaktor und den Reaktor vor der Umwelt. Notstromaggregate stehen ständig bereit, um bei einem möglichen Stromausfall den Betrieb der Pumpen zu gewährleisten.

Merke:
- In einem Kernkraftwerk findet eine kontrollierte Kettenreaktion statt.
- Die entstehende Wärme wird auf unter Druck stehendes Wasser übertragen.
- In einem Wärmetauscher entsteht Dampf, der über eine Turbine den Generator antreibt.

1 **Fragen zum Text: a)** Beschreibe den Aufbau eines Kernkraftwerks mit eigenen Worten. **b)** Gib die Sicherheitseinrichtungen eines Kernkraftwerks an.

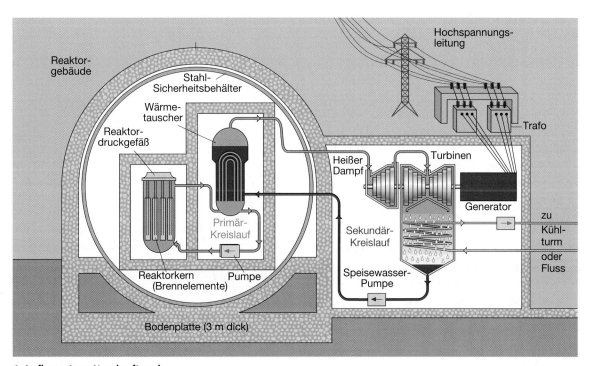

1 Aufbau eines Kernkraftwerks

Exkurs

Die Atombombe

Bei einer Atombombe muss die Kettenreaktion so schnell ablaufen, dass die im Uran steckende ungeheuere Energiemenge nahezu auf einen Schlag frei wird. Dies gelingt nur mit praktisch reinem Uran-235 bzw. einem anderen spaltbaren Stoff wie Plutonium. Eine weitere Voraussetzung ist eine Mindestmenge des spaltbaren Materials, die so genannte „kritische Masse". Sie beträgt für U-235 etwa 15 kg. Zum Zünden der Bombe werden zwei kleinere Mengen mithilfe von Pulverladungen zusammengepresst. Bei der in Sekundenbruchteilen ablaufenden Kettenreaktion entsteht im Bombenkern eine Temperatur von 100 Millionen Grad.

Am 16. Juli 1945 wurde im US-Staat New Mexiko die erste Atombombe gezündet. Die zweite der drei gebauten Bomben zerstörte am

1 Hiroshima nach der Explosion der Atombombe am 6. 8. 1945

6. August 1945 die japanische Stadt Hiroshima, die dritte vernichtete drei Tage später die Stadt Nagasaki. 114 000 Menschen kamen bei diesen beiden Explosionen ums Leben.

Exkurs

Der Super-GAU von Tschernobyl

Am 26. April 1986 kam es in Tschernobyl (Ukraine) zu einem so genannten **Super-GAU**, einem **g**rößten **a**nzunehmenden **U**nfall, der nicht mehr mit den reaktoreigenen Sicherheitssystemen beherrscht werden kann.
Bei der Explosion gelangten etwa 4 % des Kernbrennstoffes in den Umkreis von 30 km um den Reaktor. Die Gegend wurde damit so stark verseucht, dass 135 000 Menschen evakuiert werden mussten. Die meisten von ihnen erhielten eine so hohe Strahlendosis, dass sie mit Spätfolgen rechnen müssen. Tausende von ihnen sind bereits gestorben.

Die radioaktiven Stoffe, darunter Iod-131, Cäsium-137 und Strontium-90, breiteten sich

2 Das Kraftwerk in Tschernobyl nach dem Unfall

aber durch östliche Winde bis in das westliche Europa aus. In Süddeutschland, mehr als 2000 km von Tschernobyl entfernt, wurden im Durchschnitt um den Faktor 1,5 erhöhte Strahlungswerte gemessen. Iod-131 mit seiner Halbwertszeit von 8 Tagen ist inzwischen zerfallen, dagegen wird Cäsium-137 mit der Halbwertszeit von 30 Jahren noch lange strahlen.

4.10 Schutz vor Strahlung

Jeder Mensch erhält aufgrund der natürlichen Strahlung eine bestimmte Jahresdosis, die sich nicht verhindern lässt. Um die zusätzliche, künstlich erzeugte Strahlung so niedrig wie möglich zu halten, hat der Staat **Grenzwerte** festgelegt. Grenzwerte werden für den gesamten Körper oder auch für einzelne Organe angegeben.

Grenzwerte am Arbeitsplatz. Wo das *Strahlenwarnzeichen* hängt, zum Beispiel in kerntechnischen Anlagen oder in den Röntgenabteilungen der Krankenhäuser, muss man mit Strahlung rechnen. Erwachsene, die am Arbeitsplatz mit radioaktiven Stoffen umgehen, dürfen in einem Jahr nur eine ganz bestimmte Strahlungsmenge erhalten. Besonders geschützt werden Frauen im gebärfähigen Alter und Jugendliche. Für sie gelten besonders niedrige Grenzwerte.

Betroffene tragen zur Kontrolle kleine Nachweisgeräte, so genannte **Dosimeter.** Das Filmdosimeter enthält einen speziellen Film, der sich durch radioaktive Strahlung schwärzt. In monatlichen Kontrollen ermittelt man die aufgenommene Strahlendosis. Wird die Jahresdosis erreicht, darf die betroffene Person nicht mehr an ihrem Arbeitsplatz eingesetzt werden.

1 Personendosimeter: Taschen- und Filmdosimeter (rechts)

Grenzwerte für die Bevölkerung. Auch für Menschen, die in der Nähe eines Kernkraftwerkes wohnen, wurden Grenzwerte festgelegt. Da dieser Personenkreis nicht ständig kontrolliert werden kann, werden diese Menschen durch besonders niedrige Grenzwerte geschützt.

Röntgenuntersuchungen. Für Röntgengeräte gibt es strenge Vorschriften, um die Strahlendosis pro Untersuchung so niedrig wie möglich zu halten.

Persönliche Gefährdung. Die Strahlenbelastung steigt mit zunehmender Höhe. In Flugzeugen und auf Bergen ist man deshalb einer erhöhten Belastung ausgesetzt. Die Hauptbelastung in Häusern geht von dem radioaktiven Gas Radon aus. Es bildet sich in Böden, Gesteinen und Baustoffen und gelangt durch Risse und Undichtigkeiten nach innen. Man sollte daher alle Räume ausreichend lüften, so dass die Radonkonzentration in den Räumen nicht zu stark ansteigen kann.

> **Merke:**
>
> - **Zum Schutz vor zu hoher Strahlung gibt es Grenzwerte, deren Einhaltung überwacht wird.**
> - **Die Zahl der Röntgenaufnahmen pro Person und Jahr soll nicht zu groß sein.**
> - **In großer Höhe und in schlecht gelüfteten Räumen kann man einer erhöhten Strahlung ausgesetzt sein.**

1 **Fragen zum Text: a)** Wie funktioniert ein Filmdosimeter?
b) Weshalb sind die Grenzwerte für die Bevölkerung kleiner als für Menschen, die beruflich mit radioaktivem Material zu tun haben?

2 In Filmdosimetern ist der Film häufig mit
★ verschiedenen Metallplättchen abgedeckt. Begründe, weshalb dadurch die Stärke der Strahlung abgeschätzt werden kann.

3 Welche Personengruppen sind besonders durch Strahlung gefährdet? Begründe deine Entscheidung.

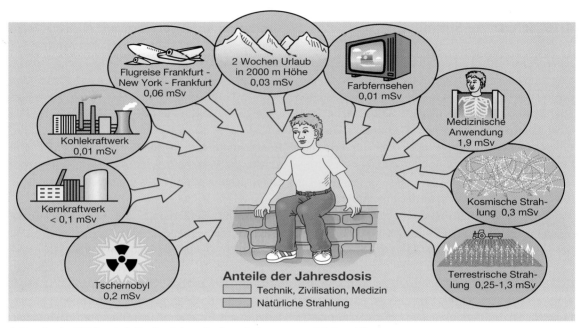

1 Durchschnittliche Anteile der Jahresdosis auf einen menschlichen Körper

Innerhalb der Abbildung:

Flugreise Frankfurt - New York - Frankfurt 0,06 mSv

2 Wochen Urlaub in 2000 m Höhe 0,03 mSv

Farbfernsehen 0,01 mSv

Kohlekraftwerk 0,01 mSv

Medizinische Anwendung 1,9 mSv

Kernkraftwerk < 0,1 mSv

Kosmische Strahlung 0,3 mSv

Tschernobyl 0,2 mSv

Terrestrische Strahlung 0,25-1,3 mSv

Anteile der Jahresdosis
☐ Technik, Zivilisation, Medizin
☐ Natürliche Strahlung

✳ 4.11 Der Mensch nimmt Strahlung auf

Radioaktive Strahlung wird in Forschung, Technik und Medizin eingesetzt. Sie bringt dadurch dem Menschen einerseits einen großen Nutzen. Auf der anderen Seite werden wir neben der natürlichen radioaktiven Strahlung zusätzlich belastet.

Strahlung wird vom Körper absorbiert. Genauso wie in einem Buch oder in einer Bleischicht bleibt auch im Menschen Strahlung stecken. Man sagt, die Strahlen werden vom menschlichen Körper **absorbiert**. Kommt die Strahlung unmittelbar an die Zellen heran, zum Beispiel durch radioaktive Partikel in der Nahrung oder in der Atemluft, sind die Zellen besonders gefährdet und können geschädigt werden.

Radioaktive Strahlung wirkt unterschiedlich. Je höher die Energie der Strahlung ist, umso stärker ist ihr Einfluss auf die Zellen. Aber auch die Art der Strahlung ist entscheidend. So wirken zum Beispiel α-Teilchen 20-mal stärker auf Zellen als β-Teilchen.

Die Energie und die Art der Strahlung, die auf den Körper wirkt, fasst man als **Strahlendosis** zusammen. Die Einheit der Strahlendosis ist **Sievert (Sv)**

oder auch **Millisievert (mSv)** nach dem Mediziner Rolf SIEVERT. Der schwedische Arzt hat systematisch die Wirkung der radioaktiven Strahlung auf Versuchstiere untersucht und damit die Grundlage für Grenzwerte geschaffen.

Da neben der Größe einer Strahlendosis auch die Zeitdauer, die eine Strahlung einwirkt, wichtig ist, gibt man häufig die **Jahresdosis** an.

Radioaktive Strahlung schädigt Körper- und Keimzellen. Unser Körper besitzt die Fähigkeit geschädigte Zellen zu erkennen und mit Hilfe des Immunsystems abzubauen. Die biologische Wirkung der Strahlung bleibt für den Betreffenden meist ohne Folgen. Werden wir allerdings einer übermäßigen Belastung ausgesetzt, kommt es in unserem Körper zu Veränderungen, welche der Reparaturmechanismus in unseren Zellen nicht mehr bewältigen kann. Die geschädigten Zellen bleiben oft weiterhin aktiv und können unterschiedliche Krankheiten hervorrufen. Man unterscheidet bei den Krankheiten Körperschäden und Schäden der Keimzellen in den Fortpflanzungsorganen, die an Nachkommen weitergegeben werden. Deshalb muss man zum Beispiel bei Röntgenaufnahmen den Unterleib besonders schützen.

Früh- und Spätschäden. Je nach Stärke der radioaktiven Belastung kommt es zur *unmittelbaren Zerstörung* des betroffenen Gewebes, zu Entzündungen der Luft- und Speisewege und zu Haarausfall. Sehr starke Strahlenbelastungen rufen zusätzlich innere Blutungen und hohes Fieber hervor.

Spätschäden können sowohl bei kurzzeitig hoher als auch bei längerer schwacher Strahlungsbelastung auftreten. Leukämie (Blutkrebs) oder Veränderungen in der Erbsubstanz, die für Missbildungen bei den Nachkommen verantwortlich sein können, sind Beispiele für Folgen von Strahlenbelastung.

Merke:

- Jeder Mensch ist einer natürlichen Strahlenbelastung ausgesetzt.
- Die Wirksamkeit der radioaktiven Strahlung auf den Menschen bezeichnet man als Strahlendosis (Einheit: Sievert, Sv); sie hängt von der Strahlungsart und der Energie der Strahlung ab.
- Radioaktive Strahlung kann beim Menschen Früh- und Spätschäden auslösen.

1 Fragen zum Text: **a)** Beschreibe die unterschiedliche Wirkung radioaktiver Strahlung.
b) Nenne Beispiele für Früh- und Spätschäden bei zu hoher radioaktiver Belastung.
c) Mit welcher Größe und in welcher Einheit wird die biologische Strahlenbelastung angegeben?

2 Erkläre, weshalb die natürliche radioaktive Stahlung in der Regel keine nennenswerten Schäden in unserem Körper hervorruft.

3 Begründe, weshalb Schäden in den Keimzellen folgenreicher sein können als Schäden in Körperzellen.

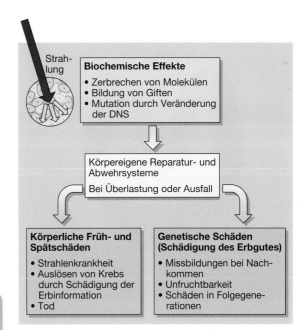

1 Wirkung und Folgen von Strahlung

Körperbereich	Bevölkerung (mSv/Jahr)	Arbeitsplatz (mSv/Jahr)
Ganzkörper, Geschlechtsorgane, Knochenmark	1	20
Hände, Unterarme, Unterschenkel, Füße (einschließlich Haut)	3,6	500
Übrige Haut, Knochen, Schilddrüse	1,8	300
Alle anderen Organe	0,9	150

2 Grenzwerte der Strahlenschutzverordnung in mSv pro Jahr

Dosis	Strahlenschäden
bis 500 mSv	Veränderungen im Blutbild
1000 mSv	beginnende Strahlenkrankheit, Erbrechen, Haarausfall
2000 mSv	Hautschäden (10% Todesfälle)
3000 mSv	Blutungen (20% Todesfälle)
4000 mSv	schwere Entzündungen (50% Todesfälle)
ab 6000 mSv	90% Todesfälle

3 Strahlenschäden

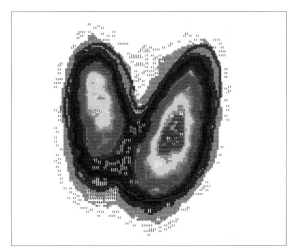

1 Szintigramm einer Schilddrüse

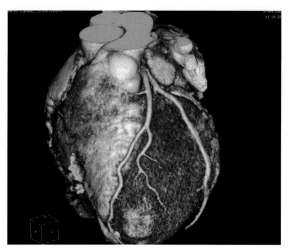

2 Aufnahme des Herzens mit dem Computertomografen

4.12 Radioaktive Stoffe – vielseitige Helfer

Radioaktive Stoffe in der Medizin. Eine Reihe von inneren Organen unseres Körpers kann man auch ohne Operationen untersuchen. Eines davon ist die *Schilddrüse*. Sie nimmt Iod aus der Nahrung und dem Trinkwasser auf, weil sie es zur Herstellung bestimmter Hormone benötigt. Man sagt auch, die Schilddrüse *reichert* Iod an.

Spritzt man einem Patienten mit Verdacht auf eine Schilddrüsenerkrankung eine Flüssigkeit in die Blutbahn, die radioaktives Iod enthält, so wird auch dieses Iod in der Schilddrüse angereichert. Es lagert sich in kranken und gesunden Geweben unterschiedlich stark an. Diese Stellen senden nun radioaktive Strahlen aus, welche Mediziner dann messen können. Ein Computer erstellt aus der Strahlungsverteilung ein Abbild der Schilddrüse, ein so genanntes **Szintigramm.** Der Facharzt erkennt auf dem Szintigramm den gesunden und den erkrankten Teil einer Schilddrüse.

Bei der **Computertomografie** durchleuchtet man den Körper scheibchenweise mit Röntgenstrahlen. Die Aufnahmen werden durch einen Computer zu einem dreidimensionalen Bild der betreffenden Körperstellen zusammengefügt. Damit kann der Arzt krankhafte Veränderungen gut erkennen und genau lokalisieren.

Radioaktive Strahlung hoher Energie kann Gewebe direkt zerstören. Das nutzt man bei der Bekämpfung von bösartigen **Krebszellen (Tumoren)** aus. Dabei besteht allerdings auch immer die Gefahr, dass benachbartes gesundes Gewebe bestrahlt und zerstört wird. Mediziner versuchen, die Schäden so gering wie möglich zu halten und die Strahlung der Behandlung entsprechend zu dosieren.

Leckstellensuche. Das Aufspüren von Lecks in unterirdisch verlegten Gasleitungen ist sehr aufwändig, wenn man die Leitungen über eine längere Strecke ausgraben muss. Viel kostengünstiger ist es, dem Gas zum Beispiel radioaktives Xenon beizumischen. Mithilfe eines Zählrohrs kann man dann feststellen, an welcher Stelle das Gas zusammen mit dem radioaktiven Gas aus dem Erdboden strömt und so die Leckstelle finden.

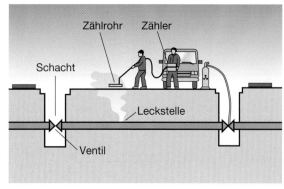

3 Aufsuchen einer Leckstelle

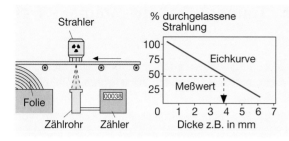

1 Laufende Dickenmessung einer Folie

Dickenmessung. β- und γ-Strahlen können feste Stoffe durchdringen, werden dabei aber abgeschwächt. Dies nutzt man zur Bestimmung der Dicke von Materialien wie von Folien. Beim Ziehen der Folien misst man laufend die durch die Folie gehende Strahlung. Bei Abweichungen vom Standardwert wird die Dicke automatisch korrigiert.

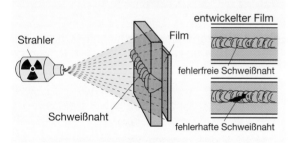

2 Fehlersuche bei Schweißnähten

Fehlersuche. Schweißnähte lassen die Strahlung an fehlerhaften Stellen besser durch. Die Abbildung der Naht auf einem Film zeigt daher Fehler als dunkle Stellen. Solche Untersuchungsmethoden ermöglichen eine zerstörungsfreie Prüfung von Werkstoffen und Anlagenteilen.

Radioaktive Stoffe in der Forschung. In der Forschung werden zahlreiche natürliche und künstliche Radioisotope eingesetzt. Ein Beispiel ist das Markieren von Molekülen, indem man die Atome eines Elements durch ein radioaktives Isotop desselben Elements ersetzt. Damit können zum Beispiel die Wege von Stoffen in Organismen aufgeklärt werden.

Kunsthandel. Im Kunstgewerbe muss man häufig Fälschungen von echten Meisterwerken unterscheiden. Man beschießt die Bilder mit Neutronen.

Die Atome werden dadurch radioaktiv. Auf diese Weise lassen sich tiefere Farbschichten untersuchen, ohne dass das Bild zerstört werden muss.

Merke:

- **Radioaktive Stoffe finden vielseitige Verwendung in Medizin, Technik und Forschung.**

1 **Fragen zum Text: a)** Nenne je zwei Beispiele für die Verwendung von radioaktiven Stoffen in der Medizin, der Technik und der Forschung.
b) Weshalb ist die Leckstellensuche bei unterirdisch verlegten Gasleitungen mit einer radioaktiven Beimischung relativ kostengünstig?
c) Erkläre das Prinzip der laufenden Dickenmessung mit eigenen Worten.

2 In Abbildung 1 ist eine Grafik enthalten. Interpretiere den Kurvenverlauf.

Exkurs **E**

Bestrahlen von Lebensmitteln

Mikroorganismen wie Bakterien, Hefen und Schimmelpilze zersetzen die in den Lebensmitteln enthaltenen Nährstoffe. Üblicherweise werden Lebensmittel mit Konservierungsstoffen haltbar gemacht.

Mikroorganismen sind aber auch gegenüber radioaktiven Strahlen empfindlich. Deshalb kann man zum Beispiel Kräuter mit γ-Strahlung konservieren. Gegen die Methode der Bestrahlung gibt es allerdings Vorbehalte. Man befürchtet, dass durch die hohe Strahlendosis Gesundheitsschäden verursacht werden. Da dies bisher nicht bewiesen werden konnte, erlaubt eine EU-Richtlinie aus dem Jahr 2000 die Bestrahlung von getrockneten Kräutern und Gewürzen.

Trainer · Trainer · Trainer · Trainer · Trainer · Trainer · Trainer · Trainer · Trainer

1 Wir sind ständig einer natürlichen Strahlung aus unserer Umgebung ausgesetzt. Woher stammt sie?

2 Welche Wissenschaftler waren hauptsächlich an der Entdeckung der radioaktiven Strahlung beteiligt?

3 Gib an, durch welche Methoden man radioaktive Strahlung nachweisen kann.

4 Beschreibe die drei Arten der radioaktiven Strahlung.

5 $^{222}_{86}$Radon und $^{238}_{92}$Uran sind α-Strahler, $^{14}_{6}$Kohlenstoff und $^{234}_{91}$Protactinium sind β-Strahler. Bestimme jeweils die Folgekerne und formuliere die Umwandlungen.

6 Ein radioaktiver Stoff enthält zu Beginn eines Versuchs 120 000 000 Kerne.
a) Berechne wie viele Kerne nach Ablauf von vier Halbwertszeiten zerfallen sind.
b) Wie viele Kerne sind unverändert geblieben?

7 ★ Von einem hölzernen Fundgegenstand soll das Alter bestimmt werden. Bei der Untersuchung mit der Radiocarbonmethode ergibt sich eine Impulsrate von 0,5 Impulsen pro Minute.
Ermittle das Alter des Fundgegenstandes, wenn die Impulsrate des frischen Holzes 16 Impulse pro Sekunde beträgt.

8 Bei der Spaltung von Uran kann es zu einer Kettenreaktion kommen.
a) Beschreibe, was bei der Spaltung von Uran-235 passiert.
b) Zeichne das Schema einer Kettenreaktion.

9 Beschreibe in eigenen Worten den Aufbau und die Arbeitsweise eines Kernkraftwerks.

10 ★ Obwohl ein Kernkraftwerk auch spaltbares Material im Reaktorkern enthält, kann es nicht wie eine Atombombe explodieren. Warum?

11 a) Radioaktive Strahlen können im menschlichen Körper Schäden hervorrufen. Gib einige stichwortartig an.
b) Begründe, weshalb gerade Keimzellen vor radioaktiven Strahlen geschützt werden müssen.

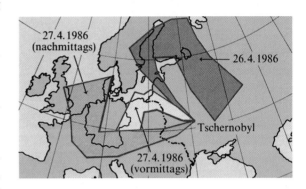

12 Beim Reaktorunfall von Tschernobyl wurden die radioaktiven Isotope Iod-131 und Cäsium-137 auch über Deutschland verteilt.
a) Begründe, weshalb heute kein Iod-131, aber noch fast so viel Cäsium-137 wie 1986 vorhanden ist.
b) In Süddeutschland war die Belastung von Lebensmitteln durch die natürliche Strahlung durchschnittlich doppelt so hoch wie die Belastung durch Tschernobyl. Trotzdem verzichteten viele Menschen auf den Verzehr von Milch und Freilandgemüse. Nimm Stellung hierzu.
★ **c)** In manchen Gebieten wurde lange vor dem Verzehr von Pilzen gewarnt. Überlege weshalb.

13 Obwohl Kernkraftwerke nur wenig zu der radioaktiven Strahlenbelastung auf den menschlichen Körper beitragen, gibt es immer wieder heftige Kritik gegen ihren Betrieb. Warum?

14 a) Bei einigen medizinischen Untersuchungen werden radioaktive Substanzen eingesetzt. Erkläre dies an einem Beispiel.
b) Worin besteht der Vorteil dieser Untersuchungen?

15 Radioaktive Substanzen werden vielfach in der Technik eingesetzt. Beschreibe ein Verfahren.

Auf einen Blick

- Überall in unserer Umgebung befindet sich Radioaktivität, natürliche und künstlich erzeugte.

- Radioaktive Strahlung lässt sich mit einem Geiger-Müller-Zähler, in einer Nebelkammer oder mit Fotopapier nachweisen.

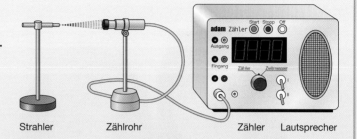

Strahler   Zählrohr   Zähler   Lautsprecher

- Radioaktive Strahlung entsteht durch Kernumwandlung:
  α-Strahlung: Atomkerne des Elements Helium, zweifach positiv geladen
  β-Strahlung: Elektronen
  γ-Strahlung: energiereiche Lichtstrahlung

- Halbwertszeit nennt man die Zeit, in der die Hälfte aller Kerne eines radioaktiven Elements zerfallen sind.

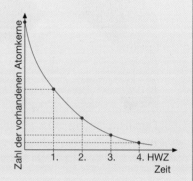

- ✱ Die Zahl der Kernumwandlungen pro Sekunde gibt man in der Einheit Becquerel (Bq) an.

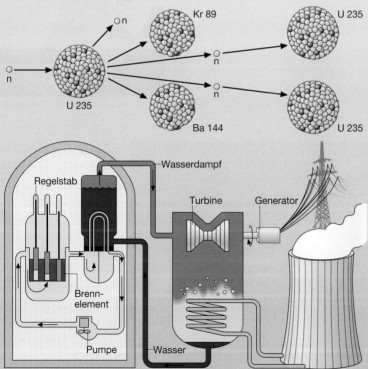

- Bei der Spaltung von Uran-235 ist eine Kettenreaktion möglich, bei der sehr viel Energie frei wird.

- In einem Kernkraftwerk findet eine kontrollierte Kettenreaktion statt. Die dabei entstehende Wärme wird über eine Turbine zur Stromerzeugung genutzt.

- Radioaktive Strahlung kann beim Menschen Schäden hervorrufen. Die Wirksamkeit der Strahlung auf den Menschen gibt man in der Einheit Sievert (Sv) an. Grenzwerte sorgen dafür, dass die künstlich erzeugte Strahlung möglichst gering bleibt.

- Radioaktive Stoffe werden in Medizin und Technik vielseitig genutzt.

Entwicklung des Menschen

Familienplanung muss gut überlegt sein und erfordert Reife und Zuverlässigkeit.

Fetus kurz vor der Geburt:
Am Ende des neunten Monats wiegt der Fetus 3-4 Kilogramm. Er ist jetzt vorbereitet auf ein Leben außerhalb des Körpers der Mutter.

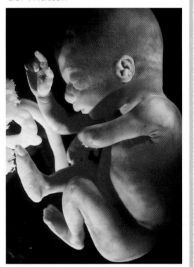

So klein und doch schon ein vollständiger Mensch. Was im Bauch einer Schwangeren im Laufe von 9 Monaten heranreift, ist eines der größten Wunder der Welt. Aus nur einer Samenzelle und einer Eizelle entwickelt sich ein ganzer Mensch mit einem komplizierten Organismus.

Der Blick in die Vergangenheit:
Finden Wissenschaftler Knochen von früher lebenden Menschen, können sie daraus Rückschlüsse auf die körperliche Entwicklung des Menschen ziehen. Viele tausend Jahre alte Höhlenmalereien zeigen, dass sich auch die Frühmenschen schon auf einer hohen kulturellen Entwicklungsstufe befanden.

Die älteste Mutter der Welt:
Mit 66 Jahren ist die Spanierin Carmela Bousada im Dezember 2006 Mutter von zwei Söhnen geworden. Die Rentnerin hatte sich in einer amerikanischen Klinik künstlich befruchten lassen und wurde so das erste Mal schwanger. Nun hofft sie, dass sie Pau und Christian noch möglichst lang in ihrem Leben begleiten kann.

Unsere Stammesgeschichte:
Vor fast 150 Jahren wurde zum ersten Mal eine Theorie über die Abstammung des Menschen veröffentlicht. Die dort beschriebene Vorstellung, Mensch und Tier wären verwandt, erschien den meisten damals als etwas Ungeheuerliches. Forscher haben schon viel über unsere Abstammung herausgefunden, doch bis heute ist die Frage „Woher kommt der Mensch?" noch nicht vollständig beantwortet.

1 Liebespaar

2 Hochzeit

➡ Beschreibe, was du unter einer guten Partnerschaft verstehst.

1. Individualentwicklung – Sexualität

1.1 Partnerschaft von Mann und Frau

Bekanntschaft. Anna (25) und Enrico (28) sind bereits seit drei Jahren ein Paar und haben jetzt beschlossen in eine gemeinsame Wohnung zu ziehen. Sie wollen ausprobieren, ob ihnen ein gemeinsames Leben auch im alltäglichen Miteinander gelingt.

Wenn sich ein Mann und eine Frau länger kennen, wachsen Achtung und Vertrauen. Wichtig für eine dauerhafte Partnerschaft ist Offenheit und die Bereitschaft, den anderen so anzunehmen, wie er ist. Konflikte sollten offen ausgetragen werden, sind aber immer von der grundsätzlichen Wertschätzung des Partners geprägt.

Liebe. Aus der anfänglichen Freundschaft von Anna und Enrico ist Liebe geworden. Ihre Partnerschaft ist harmonisch, sie gehen zärtlich und rücksichtsvoll miteinander um. Dabei kommt bei beiden neben der seelischen Erfüllung ihrer Liebe auch der Wunsch nach körperlicher Vereinigung, dem Koitus, auf. Ihm geht ein zärtliches Liebesspiel voraus, in dem die Partner sich eng umarmen, streicheln und küssen. So erreichen sie den sexuellen Höhepunkt, den Orgasmus. Die körperliche Liebe sollte nie selbstsüchtig, sondern partnerbezogen und zärtlich sein.

Ehe und Familie. Bei vielen Paaren, die einander sicher sind, wächst der Wunsch nach Kindern. Für Anna und Enrico wird immer klarer, dass sie eine eigene Familie gründen und deshalb auch heiraten wollen. Vor allem für Enrico ist eine kirchliche Trauung wichtig und sie freuen sich auf das großartige Fest. Anna möchte unbedingt ihren Familiennamen behalten. Dies ist nach dem neuen Eherecht auch möglich. Anna und Enrico wissen, dass der Staat Ehe und Familie finanziell fördert.

Merke:
- **Viele Erwachsene leben in stabilen Partnerschaften.**
- **Stabile Partnerschaften sind von gegenseitigem Respekt geprägt.**
- **Die Ehe als Lebensform ist eine gute Voraussetzung, wenn man sich für Kinder entscheidet.**

1 **Fragen zum Text: a)** Was fördert eine stabile Partnerschaft?
b) Wie wird die körperliche Vereinigung von Mann und Frau im Fachbegriff der Biologie genannt?

2 Was könnte ein Paar besprechen, wenn es um die gemeinsame Zukunft geht?

3 Diskutiert in kleinen Gruppen: Wie stellt ihr euch eure familiäre Zukunft vor?

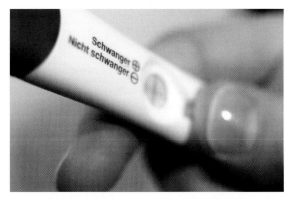

1 Anna hat jetzt Gewissheit – sie ist schwanger

➡ Was ändert sich im Leben einer Frau, wenn sie schwanger ist?

1.2 Familienplanung

Kinderwunsch. Anna und Enrico sind seit einem Jahr verheiratet und leben in einer stabilen Partnerschaft. Da sie sich sehr mögen, schlafen sie regelmäßig miteinander. Bisher haben sie sich gemeinsam um Empfängnis verhütende Maßnahmen gekümmert. Anna hat die Antibaby-Pille genommen, Enrico benutzt Kondome. Jetzt möchten sie ein Kind bekommen und haben alle Verhütungsmaßnahmen abgesetzt. Als dann Annas Regelblutung ausbleibt, macht sie einen Schwangerschaftstest. Das Ergebnis ist eindeutig: Anna ist schwanger!

Schwangerschaft. Während der Schwangerschaft verwirrt Anna Enrico immer wieder, weil sie bei Meinungsverschiedenheiten unvermittelt heftig reagiert. Ursache dieser Reaktionen sind Stimmungsschwankungen, die während der Schwangerschaft häufig auftreten. Ängste und Zweifel treten auf, aber das Gefühl der Vorfreude überwiegt. Enrico macht Anna immer wieder Mut und zerstreut ihre Ängste.

Planung der Kinderzahl. Im Gegensatz zu früher können Paare heutzutage zwischen vielen die Empfängnis verhütenden Mitteln wählen. Früher war die Planung der Kinderzahl eher zufällig. Heute haben viele Paare ganz genaue Vorstellungen, wie sich die Kinderzahl entwickeln soll. Wenn die Familie dann vollständig ist, denken viele auch an eine endgültige Methode zur Empfängnisverhütung.

Sterilisation. Bei einer Sterilisation der Frau werden die beiden Eileiter unterbrochen und damit undurchgängig gemacht. Dies kann nur in Vollnarkose vollzogen werden, weil eine Operation im Bauchraum durchgeführt werden muss. Beim Mann ist der Eingriff einfacher. Hier werden die beiden Samenleiter im Hodensack unter örtlicher Betäubung durchtrennt. Die Fähigkeit zum Geschlechtsverkehr bleibt in beiden Fällen erhalten.

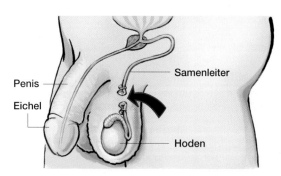

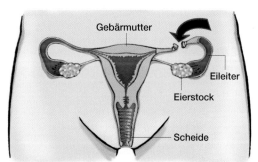

2 Sterilisation bei Mann und Frau

Merke:
- Viele Paare wünschen sich ein Kind, wenn sie die Ausbildungsphase in ihrem Leben abgeschlossen haben.
- Empfängnisverhütung (Empfängnisregelung) ist eine Hilfe bei der Familienplanung.

1 **Fragen zum Text: a)** Wie verhindern junge Paare, die regelmäßig miteinander schlafen, dass die Frau schwanger wird?
b) Wie kann man eine Schwangerschaft nach Abschluss der Familienplanung endgültig verhüten?

2 Sammelt in zwei Gruppen Argumente für eine Pro-Contra Diskussion zum Thema „Sterilisation".

E Exkurs

Methoden der Empfängnisverhütung	Vorteile	Nachteile
Pille: Sicherheit: 0,1-0,9* Die Pille greift in den Hormonhaushalt des weiblichen Körpers ein. Die Hormone bewirken, dass die Eierstöcke die Eireifung einstellen und sich die Gebärmutterschleimhaut nicht ausreichend aufbaut.	Bei ordnungsgemäßer Anwendung verhältnismäßig sicherer Schutz vor Empfängnis.	Darf erst nach ärztlicher Beratung verschrieben werden. Muss täglich eingenommen werden.
Hormon-Implantat: Sicherheit: 0,1-0,8* Beim Frauenarzt wird ein ca. vier Zentimeter langes und zwei Millimeter dickes Stäbchen an der Innenseite des Oberarms unter die Haut eingesetzt. Drei Jahren lang werden sehr kleine Mengen des Hormons *Gestagen* laufend in die Blutbahn abgegeben und so der Eisprung verhindert.	Schützt drei Jahre lang relativ zuverlässig. Hormonbelastung geringer als bei der Pille. Die tägliche Einnahme von Tabletten entfällt.	Unregelmäßig auftretende Blutungen werden von manchen Frauen als unangenehm empfunden.
Spirale: Sicherheit: 0,5-2,5* Der Arzt setzt ein T-förmiges, mit Kupfer umwickeltes Plastikstück in die Gebärmutter ein. Die Spirale verhindert nicht die Befruchtung an sich, sondern die Einnistung der bereits befruchteten Eizelle in der Gebärmutter. Wegen möglicher Nebenwirkungen ist eine regelmäßige ärztliche Kontrolle notwendig.	Verhindert die Empfängnis während der gesamten Liegezeit.	Stärkere Monatsblutungen möglich. Erhöhte Gefahr von Unterleibsentzündungen und Eileiterschwangerschaften.
Natürliche Familienplanung: Sicherheit: 0,8-2,6* Aus Körpertemperaturmessung und Beobachtung des Körpers werden fruchtbare und unfruchtbare Tage ermittelt.	Sehr sanfte Methode, da keine künstlichen Hormone eingenommen werden.	Der Geschlechtsverkehr ist nur an bestimmten Tagen möglich. Erfordert viel Erfahrung.
Kondom *(Präservativ)***:** Sicherheit: 3-7* Ein dünner Gummiüberzug wird vor dem Geschlechtsverkehr über das steife Glied gestreift. Nach dem Samenerguss wird das Kondom beim Herausziehen aus der Scheide am oberen Rand festgehalten, damit keine Samenflüssigkeit herauslaufen kann.	Kann zusätzlich vor Krankheiten wie Aids schützen, wenn es richtig angewendet wird.	Kann bei falscher Verwendung einreißen oder abgleiten.
Diaphragma: Sicherheit: 3-4* Eine Gummikappe wird vor den Muttermund geschoben und verhindert so das Eindringen der Spermien in die Gebärmutter.	Muss nur eingesetzt werden, wenn es zum Geschlechtsverkehr kommt.	Kann abrutschen, wenn es nicht die richtige Größe hat.
Chemische Verhütungsmittel: Sicherheit: 1-5* *Cremes, Sprays, Zäpfchen* oder *Schaum* müssen vor dem Geschlechtsverkehr in die Scheide eingeführt werden. Sie wirken meist Samen abtötend und bilden dort eine Sperre für Samenzellen.	Muss nur eingesetzt werden, wenn es zum Geschlechtsverkehr kommt. Kein Schutz vor Aids oder Geschlechtskrankheiten.	Nicht sicher genug. Wenn zusätzlich Kondome benutzt werden, steigt die empfängnisverhütende Wirkung deutlich.

* Die Zahlenangaben zur Sicherheit richten sich nach dem Pearl-Index: Von 100 Frauen, die ein Jahr lang mit dieser Methode verhütet haben, werden so viele wie angegeben schwanger. Je kleiner die Zahl also ist, desto sicherer ist die Methode. Einen vollkommen sicheren Schutz gibt es jedoch nicht.

1 Geschlechtsverkehr

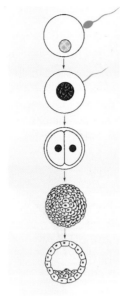

2 Befruchtung

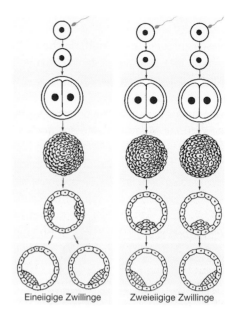

Eineiigige Zwillinge   Zweieiigige Zwillinge

3 Zwillingsbildung

➡ Wenn ein Paar sich ein Kind wünscht, wartet die Frau oft gespannt auf das Ausbleiben der Regel. Was würde dies anzeigen?

1.3 Ein Embryo entwickelt sich

Befruchtung. Neues Leben entsteht, wenn sich eine reife **Eizelle** der Frau und eine **Samenzelle** des Mannes vereinigen. Dies geschieht nach dem Geschlechtsakt. Dabei wird der Penis des Mannes in die Vagina der Frau eingeführt. Wenn es zum Samenerguss kommt, werden mehrere Millionen Spermienzellen ausgestoßen. Einigen Samenzellen gelingt es bis zur Eizelle in einem Eileiter vorzudringen. Nur die erste Samenzelle dringt mit dem Kopf in die äußere Zellhaut der Eizelle ein. Diese Zellhaut wird daraufhin sofort für weitere Samenzellen undurchdringlich. Während sich der winzige Kern der Samenzelle durch Flüssigkeitsaufnahme vergrößert, wandern beide Kerne aufeinander zu und verschmelzen miteinander. Diesen Vorgang bezeichnet man als **Befruchtung.**

Einnistung. Die befruchtete Eizelle teilt sich und es entstehen daraus 2 Zellen. Die Teilung setzt sich fort, bis sich ein Zellhaufen gebildet hat. Nach ungefähr 7 Tagen setzt er sich in der Schleimhaut der Gebärmutter fest: Man spricht von *Einnistung*. Manchmal zerfällt ein Zellhaufen auch in zwei Teile. Wenn sich aus jedem ein vollständiger Embryo entwickelt, entstehen *eineiige Zwillinge*. Wenn sich gleichzeitig zwei befruchtete Eizellen entwickeln, spricht man von *zweieiigen Zwillingen*.

Entwicklung des Embryos. Im Laufe des **1. Schwangerschaftsmonats** entwickelt sich durch fortgesetzte Zellteilungen der **Embryo**. Er ist dann 6 mm groß. Aus verschiedenen Gewebeschichten wachsen die Anlagen für die späteren Organe heran. Am Embryo lassen sich bereits Kopf und Körperumriss erkennen. Gehirn, Herz und Blutgefäße entwickeln sich in diesem gerade stecknadelkopfgroßen Wesen. Bereits in der 3. Woche macht das Herz die ersten, noch unregelmäßigen Schläge. Von diesen Entwicklungsschritten hat die werdende Mutter meist noch nichts gemerkt. Wenn ihre Regelblutung ausbleibt, kann ein Schwangerschaftstest und eine ärztliche Untersuchung Gewissheit verschaffen. Der Arzt berechnet auch den voraussichtlichen Geburtstermin nach etwa 280 Tagen Schwangerschaft. Dies ist gerade für berufstätige Mütter wichtig, da die Schutzfristen sich danach richten.

Während der gesamten **Embryonalentwicklung** wird das werdende Leben im Mutterleib versorgt. Dies geschieht über den **Mutterkuchen (Plazenta),** der sich in der Gebärmutter gebildet hat und Mutter und Kind miteinander verbindet.

Das kindliche Blut bleibt vom mütterlichen Blut durch eine dünne Membran getrennt, sodass es sich nicht mit ihm vermischt. Lebenswichtige Nährstoffe und Sauerstoff gelangen aus dem mütterlichen Blut über die Nabelschnur in das embryonale Blut. In umgekehrter Richtung wandern Kohlenstoffdioxid und Abbauprodukte des kindlichen Stoffwechsels durch die Membran und werden dann vom mütterlichen Blut abtransportiert.

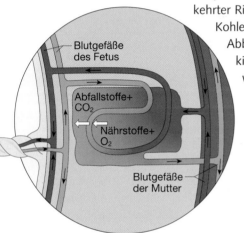

1 Mutterkuchen (Ausschnitt)

Der Embryo schwimmt in der mit Fruchtwasser gefüllten *Fruchtblase* und ist so gegen Stöße weitgehend geschützt. Im Laufe des **2. Monats** entwickelt sich die äußere Form des Embryos: Arme und Beine entstehen, der Kopf wächst und allmählich bildet sich das Gesicht aus. Er wiegt jetzt etwa ein Gramm und ist 2 cm groß.

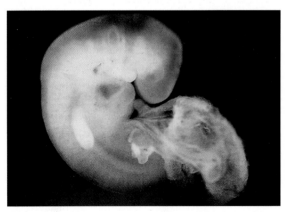

2 Embryo (5 Wochen, etwa 1 cm groß)

Während des **3. Monats** erreicht er dann eine Größe von 7 bis 8 cm und ein Gewicht von etwa 30 Gramm. Jetzt kann man den Embryo schon deutlich als menschliches Wesen erkennen. Seine Gliedmaßen mit Fingern und Zehen wachsen heran und können selbstständig bewegt werden. Innere Organe wie Magen, Leber, Herz und Nieren sind bereits angelegt. Auch die Geschlechtsorgane entwickeln sich.

3 Embryo (9 Wochen, etwa 5 cm groß)

Fetus. Nach dem 3. Schwangerschaftsmonat wird der Embryo **Fetus** oder Fötus (lateinisch: Leibesfrucht) genannt. Der Fetus macht einen Wachstumsschub durch, sodass er am Ende des **4. Monats** etwa 20 cm groß und 250 Gramm schwer ist. Das zunächst aus Knorpel bestehende Skelett bildet sich zum *Knochenskelett* um. Eine feine, dichte Behaarung bedeckt den gesamten Körper. Der Fetus bewegt sich zeitweise so stark, dass die Mutter die ersten *Kindsbewegungen* spürt. Der Arzt kann die Herztöne des Kindes abhören. Das kindliche Herz schlägt etwa doppelt so schnell wie das eines Erwachsenen.

Im **5. Monat** kann der Fetus bereits *Greifbewegungen* ausführen und am Daumen nuckeln. Die Haut hat noch kein Fett eingelagert und ist deshalb durchsichtig. Man kann die Blutgefäße sehen. Das Kind ist jetzt etwa 25 cm lang und 300 Gramm schwer.

Medizinische Indikation. Ist das Leben der Frau, ihre körperliche oder auch seelische Gesundheit durch die Fortsetzung der Schwangerschaft gefährdet, kann die Schwangerschaft abgebrochen werden. Eine körperliche Gefährdung liegt zum Beispiel bei einer Eileiterschwangerschaft vor. In diesem Fall entwickelt sich der Embryo nicht in der Gebärmutter, sondern im Eileiter. Dies ist lebensgefährlich für die werdende Mutter, weil sich die Eileiter nur wenig dehnen kann und irgendwann platzt. Das Kind hat keine Überlebensmöglichkeit.

1 Fruchtwasseruntersuchung. A *Entnahme des Fruchtwassers;* **B** *Abtrennen der Zellen des Fetus;* **C** *weitere Untersuchungen*

Die medizinische Indikation gilt auch, wenn eine Schädigung des Kindes vorliegt oder zu befürchten ist. Der Abbruch kann dann auch nach der 12. Woche durchgeführt werden, eine zeitliche Befristung gibt es nicht. Wird bei einer Untersuchung entdeckt, dass ein Kind im Mutterleib geschädigt ist, so entscheiden die Eltern, ob ein Schwangerschaftsabbruch in Frage kommt oder ob das behinderte Kind zur Welt kommen soll. Bei einer solchen Entscheidung spielt es eine große Rolle, um welche Krankheit es sich handelt und ob später medizinische Behandlungsmöglichkeiten bestehen.

Ein ärztliches Attest muss die Indikation belegen. Allerdings darf der Arzt, der die Indikation feststellt, nicht gleichzeitig auch den Eingriff vornehmen. Die Krankenkassen tragen die Kosten für den Eingriff.

Kriminologische Indikation. Wird eine Frau Opfer einer Vergewaltigung und durch den erzwungenen Geschlechtsverkehr schwanger, kann sie diese Schwangerschaft abbrechen. Dies muss auch hier durch eine ärztliche Untersuchung bestätigt und innerhalb der 12-Wochenfrist durchgeführt werden.

> **Merke:**
>
> - **Zahlreiche Hilfsangebote erleichtern die Entscheidung für das Kind.**
> - **Nach einem Beratungsgespräch kann eine unerwünschte Schwangerschaft innerhalb der 12-Wochenfrist abgebrochen werden.**
> - **Aus medizinischen, kriminologischen und sozialen Gründen sind Schwangerschaftsabbrüche möglich.**

1 **Fragen zum Text: a)** Wer hilft jungen Paaren, die sich auch unter schwierigen Umständen für ein Kind entscheiden?

b) Unter welchen Umständen kann auch noch nach der 12. Woche eine Abtreibung durchgeführt werden?

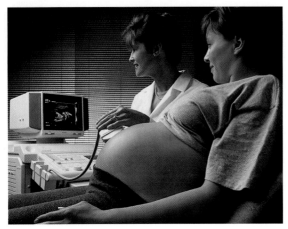

1 Vorsorgeuntersuchung

2 Schädlich: Das Kind raucht mit

➡ Wie würdest du deine Lebensweise während einer Schwangerschaft ändern?

1.5 Vorsorge in der Schwangerschaft

Vorsorge. Während der Schwangerschaft sind Vorsorgeuntersuchungen wichtig. Mit ihnen lässt sich überprüfen, ob die Entwicklung des Kindes normal verläuft. Bei einer *Ultraschall-Untersuchung* machen Schallwellen den Körper des Kindes sichtbar. Ein Abhören der Herztöne des Kindes zeigt, ob sein Herz in Ordnung ist. Das mütterliche Blut wird auf *Aids* untersucht. Auch ein plötzliches Ansteigen des Blutdruckes während der Schwangerschaft muss sofort behandelt werden, weil der *Schwangerschaftshochdruck* dem Kind schadet.

Umstellung der Lebensweise. Durch eine vernünftige Lebensweise vermeidet die Mutter während der Schwangerschaft Gefahren für ihr Kind. Eine ausgewogene Ernährung mit Obst, Gemüse und Vollkornprodukten ist für die Gesundheit von Mutter und Kind ebenso sinnvoll wie viel Bewegung an der frischen Luft. Große Mengen Kaffee können schädlich sein und zu einer Früh- oder Fehlgeburt führen.

Gefahren für das ungeborene Kind. Die werdende Mutter sollte während der Schwangerschaft weder rauchen noch Alkohol trinken. *Alkohol, Nikotin* und andere *Drogen* beeinträchtigen die Kindesentwicklung, sodass die Neugeborenen meist mit einem zu

geringen Geburtsgewicht auf die Welt kommen. Außerdem besteht erhöhte Gefahr durch den plötzlichen Kindstod. Die unkontrollierte Einnahme von *Medikamenten* während der Schwangerschaft kann für das Ungeborene gefährlich werden kann. Die Einnahme – auch von rezeptfreien – Medikamenten sollte daher immer mit einem Arzt besprochen werden.

Eine versäumte *Schutzimpfung* der Mutter kann Folgen für den Säugling haben. *Röteln* sind eine recht harmlose Infektionskrankheit im Kindesalter. Erkrankt aber eine Schwangere, weil sie nicht geimpft wurde, kann ihr Kind blind oder mit anderen Missbildungen geboren werden. Eine Impfung mit Antikörperpräparaten kann diese Gefahr mindern, wenn die Infektion früh genug erkannt wird.

Merke:
- **Vorsorgeuntersuchungen und eine vernünftige Lebensweise der Mutter helfen Gefahren vom Ungeborenen abzuwenden.**
- **Alkohol, Nikotin, Drogen und bestimmte Medikamente können das Ungeborene schädigen.**

1 **Fragen zum Text: a)** Welche Gefährdungen kann man bei Vorsorgeuntersuchungen entdecken? **b)** Nenne einige Verhaltensregeln für Schwangere. **c)** Was gefährdet das ungeborene Kind?

1 Schluss gemacht

2 Prostitution

➡ Wie würdest du reagieren, wenn dein Freund bzw. deine Freundin mit dir Schluss macht?

1.6 Häufig wechselnde Partnerschaften – ein Problem

Bei Michael hat es „gefunkt". Wenn er Carolin begegnet, spürt er eine merkwürdige Aufgeregtheit. Und auch Carolin bekommt jedes Mal Herzklopfen, wenn sie ihn sieht. Wenn man sich verliebt, ist das ein starkes Gefühl: Wir gehören zusammen.

Enttäuschungen. Umso schlimmer ist es dann, wenn eine Partnerschaft in die Brüche geht. Das kann sehr wehtun – vor allem wenn einer Schluss macht und der andere ist noch in ihn verliebt. Bei Anke und Philipp war das so: Anke hat sich in Timo verliebt. Von einem Tag auf den anderen war alles vorbei. Schon am nächsten Abend ging sie mit Timo Hand in Hand ins Kino. Bei Philipp flossen die Tränen, er war wütend und fühlte sich elend und verlassen.

Zuneigung oder Prahlerei? Manche Jungen zählen stolz auf, wie viele Mädchen sie schon „gehabt" haben. Einige Mädchen ziehen sich so aufreizend an, dass sie nur noch als Sexualobjekt betrachtet werden. Doch gerade in der Liebe und Sexualität sind Verantwortung und Verständnis für den anderen wichtig, echte Zuneigung hat nichts mit Protzerei zu tun. Heranwachsende müssen sich aber oft erst festigen, bevor sie eine länger andauernde Partnerschaft aufbauen können.

Gefahren bei wechselnden Partnern. Gerade wenn man häufig mit wechselnden Partnern ungeschützten Geschlechtsverkehr hat, wächst das Risiko, sich mit Geschlechtskrankheiten oder dem HI-Virus anzustecken. Besonders gefährdet sind Prostituierte, die ihre Dienste gegen Bezahlung anbieten. Mangelnde Aufklärung, schlechte Hygiene und Prostitution können dazu führen, dass sich selten gewordene Geschlechtskrankheiten wieder ausbreiten.

Merke:

- Wenn Partnerschaften in die Brüche gehen, kann das starke Gefühle hervorrufen.
- Bei oft wechselnden sexuellen Beziehungen steigt das Risiko, sich mit Geschlechtkrankheiten anzustecken und zu erkranken.

1 **Fragen zum Text: a)** Wie verhalten sich Paare, die echte Zuneigung zueinander verspüren?
b) Warum gefährdet jemand seine Gesundheit, wenn er häufig ungeschützten Geschlechtsverkehr mit wechselnden Partnern hat?

2 Ein Freund erzählt dir von seiner letzten „Eroberung" beim Disco-Besuch am Wochenende. Überlege, wie sich dieses Mädchen wohl fühlt, wenn es bemerkt, dass es nur eines unter vielen war?

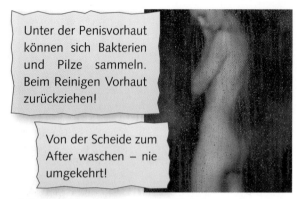

Unter der Penisvorhaut können sich Bakterien und Pilze sammeln. Beim Reinigen Vorhaut zurückziehen!

Von der Scheide zum After waschen – nie umgekehrt!

1 Sauberkeit – Schutz vor Krankheit

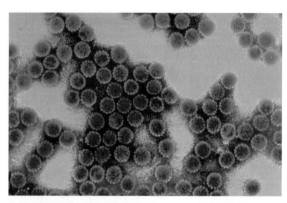

2 Menschliches Papilloma-Virus

1.7 Erkrankungen der Geschlechtsorgane

Bakterielle Geschlechtskrankheiten. Wie alle anderen Organe unseres Körpers können auch die Geschlechtsorgane erkranken. Die früher weit verbreiteten bakteriellen Geschlechtskrankheiten **Tripper** und **Syphilis** sind bei uns stark zurückgegangen. Die Übertragung der Bakterien erfolgt fast ausschließlich beim Geschlechtsverkehr. Einige Zeit nach der Infektion machen sich die Krankheiten durch Brennen und Stechen beim Wasserlassen oder durch ein kleines Geschwür bemerkbar. Man sollte dann unbedingt zum Arzt gehen, denn nur er kann die richtige Diagnose stellen. Tripper und Syphilis lassen sich mit Antibiotika heilen. Ihre ärztliche Behandlung ist Pflicht.

Einzeller und Pilze. Häufiger kommen Entzündungen mit Ausfluss in der Scheide der Frau bzw. in der Harnröhre des Mannes vor. Ursache ist oft eine Infektion mit **Trichomonaden**. Trichomonaden sind Einzeller, die vorwiegend beim Geschlechtsverkehr übertragen werden können. Auch **Pilzerkrankungen** der Geschlechtsorgane sind weit verbreitet. Übertriebene Hygienemaßnahmen wie Scheidenspülungen sowie Stress oder eine Behandlung mit Antibiotika begünstigen den Befall mit Hautpilzen. Anzeichen sind Rötungen, Schwellung und weißlicher, juckender Ausfluss.

Viren. Mann und Frau können auch von Viren befallen werden, die über die Geschlechtsorgane bis in den Bauchraum vordringen. Schmerzen und Unfruchtbarkeit können die Folge sein. Erkennt man die Erreger, die sich auf den Schleimhäuten der Geschlechtsorgane ausbreiten, kann eine gezielte Behandlung erfolgen. Bestimmte Viren wie das menschliche Papilloma-Virus lösen Warzen am Gebärmutterhals aus und gelten als Ursache für eine Krebserkrankung.

Es ist sehr wichtig, dass man sich gerade bei Beschwerden im Bereich der Geschlechtsorgane nicht scheut, **ärztliche Hilfe** in Anspruch zu nehmen. Nur so kann die Krankheit schnell geheilt werden. Außerdem sollte man jeden sexuellen Kontakt vermeiden, um die Krankheit nicht weiter zu verbreiten.

Merke:

- Geschlechtsorgane können wie andere Organe des Körpers erkranken.
- Krankheiten der Geschlechtsorgane sind z. B. Tripper, Syphilis, eine Infektion mit Trichomonaden und Pilzerkrankungen.
- Bei Erkrankungen der Geschlechtsorgane muss man ärztliche Hilfe in Anspruch nehmen.

1 **Fragen zum Text: a)** Woran erkennt man eine Erkrankung an Syphilis oder Tripper und was kann der Arzt dagegen tun?
b) Was begünstigt eine Pilzerkrankung der Geschlechtsorgane?
c) Warum ist eine fachgerechte Behandlung von Viruserkrankungen so wichtig?

München – Von einem Unbekannten wurde am Montagnachmittag eine 15-jährige Schülerin belästigt, als sie von der Schule nach Hause ging. In der Gartenstraße merkte sie, dass ihr ein Mann folgte. Direkt nach der Unterführung hielt er das Mädchen am Arm fest und berührte es unsittlich. Als die 15-Jährige schrie, ließ der Mann sie los und flüchtete ...

1 Zeitungsmeldungen über sexuelle Belästigungen findet man immer wieder in Tageszeitungen

2 Tipps gegen sexuellen Missbrauch im Chat

1.8 Sexuelle Belästigung

Unangenehme Situationen. Zeitungsmeldungen über sexuelle Belästigungen kann man immer wieder lesen. Neben diesen offensichtlichen Übergriffen gibt es auch noch andere Verhaltensweisen, die vor allem von Mädchen und Frauen als sehr unangenehm erlebt werden. Viele Frauen und Mädchen und manchmal auch Jungen haben schon solche oder ähnliche Situationen erlebt:

- Ein Mann drängt sich in einem überfüllten Bus ganz dicht an dich, sodass du seinen Körper fühlen kannst.
- Ein Nachbarjunge macht Bemerkungen über deinen Busen, lässt den Verschluss an deinem BH schnappen oder zieht den Rock hoch.
- Jemand erzählt immer wieder ordinäre Witze und verwendet dabei verletzende Worte.

Sehr oft kennst du die Personen, die dich mit Bemerkungen, Blicken, Berührungen oder ausgesprochenen Angeboten belästigen. Deshalb ist es umso wichtiger, dass du ganz deutlich reagierst, am besten mit einem energischen „Nein, ich will das nicht!". Fremde solltest du grundsätzlich mit „Sie" ansprechen, wenn du Annäherungsversuche zurückweist. Dies macht deutlich, dass du diesen Kontakt nicht willst und die Person nicht zu deinem Bekanntenkreis gehört.

Internet. Klasse, wenn man in einem Chat einen witzigen Gesprächspartner findet. Da man den Menschen nicht persönlich gegenübersteht, ist man viel lockerer, schreibt Dinge, die man sich sonst vielleicht nicht trauen würde, oder gibt sich als jemand aus, der man nicht ist. Die üblichen Konventionen werden auch mal zur Seite gelassen und Worte verwendet, die man in der Öffentlichkeit nicht so ohne weiteres aussprechen würde. Kein Wunder, dass sich in diesen Chatrooms auch Leute tummeln, die andere Absichten haben. Deshalb gilt:

- Beende einen Chat, wenn jemand offensichtlich sexuelles Interesse bekundet.
- Lasse dich auf keinen Fall auf Treffen ein und gib niemandem Adressen oder Telefonnummern weiter.
- Lass dich nicht zu Intimaufnahmen mit Webcams überreden und schalte ab, wenn dir jemand solche Aufnahmen sendet.
- Gib keine Fotos von dir weiter. Diese können für pornographische Fotomontagen verwendet werden.

Vermeide also Chatrooms, in denen sexuelle Gespräche überhand nehmen. Bedenke, dass Altersangaben und Lebenssituationen der Chatpartner frei erfunden sein können. Die Anonymität der *Nicknames* führt dazu, dass du nie weißt, mit wem du dich austauschst.

Hilfsangebote. Wenn Probleme mit sexueller Belästigung oder sogar Missbrauch auftauchen, gibt es zahlreiche Hilfsangebote. Vielen Menschen fällt es dabei sehr schwer, in diesen Situationen um Hilfe zu bitten. Sie fühlen sich selbst schuldig, schämen sich oder haben Angst. Erst wenn sie sich klar gemacht haben, dass sie nicht die einzigen sind, die sich in einer solchen Situationen befinden, können sie um Hilfe bitten.

Eine **Vertrauensperson** kann die erste Station sein, an die man sich wendet: eine Lehrerin oder ein Lehrer, ein Arzt, ein Familienmitglied, das einem besonders nahe steht, oder auch jemand aus der Verwandtschaft. Sie beraten, was weiter zu tun ist.

1 Hilfe im Gespräch

In jeder größeren Stadt gibt es **Gesundheitsämter** und **soziale Beratungsstellen,** die weiterhelfen. Ihre Anschriften stehen im Telefonbuch. Die Mitarbeiter in diesen Institutionen sind zum Schweigen über ihre Tätigkeit verpflichtet. Niemand muss Angst haben, dass Informationen weitergegeben werden, solange man das nicht will.

In den örtlichen Tageszeitungen und im Telefonbuch finden sich die Kontaktadressen von **Selbsthilfe-Gruppen.** Ihr Ziel ist es, sich gegenseitig bei Problemen durch sexuelle Belästigungen oder sexuellem Missbrauch zu helfen. Sie kennen sich aus und wissen, was zu tun ist. Wer betroffen ist, muss aber den Mut finden, sich mit seinen Schwierigkeiten an diese Gruppen zu wenden.

Viele Städte und Gemeinden geben **Druckschriften mit Kontaktadressen** von Selbsthilfe-Gruppen heraus. Die Gruppen stellen sich in den Heften vor und erläutern dabei ihre Ziele. Anhand dieser Beschreibungen kann jeder das Richtige für sich herausfinden.

Auch im **Internet** finden sich Institutionen, die sich mit dem Problem der sexuellen Belästigung beschäftigen. Hier kann jeder Hilfe finden und sich von Experten beraten lassen. Ein guter Ausgangspunkt für die Recherche ist die Internetseite *www.hinsehen-handeln-helfen.de* des Bundesministeriums für Familie, Senioren, Frauen und Jugend.

Schwierigkeiten nach sexuellem Missbrauch oder sexueller Belästigung können jemanden ein ganzes Leben lang quälen. Wichtig ist immer, dass keiner mit seinen Problemen alleine bleibt, sondern möglichst bald auf Menschen zugeht, die sich auskennen und ihm weiterhelfen können. Für jedes Problem lässt sich eine Lösung finden!

Merke:

- Sexuelle Bemerkungen, Blicke und Berührungen oder Angebote, die du nicht willst, sind Belästigungen.
- Vor Belästigungen kann man sich schützen, indem man sie energisch und deutlich abwehrt.
- Wahre auch im Internet deine Intimsphäre.
- Wer von sexuellem Missbrauch betroffen ist, braucht Hilfe und sollte sich an eine Vertrauensperson, soziale Beratungsstellen oder eine Selbsthilfe-Gruppe wenden.

1 **Fragen zum Text: a)** Wie kannst du dich vor sexuellen Belästigungen schützen?
b) Welche Regeln solltest du beim Chatten beachten?
c) Wo finden sich Hilfsangebote zu Fragen des sexuellen Missbrauchs?

2 Trainiert im Rollenspiel, wie man in den Situationen, die sexuelle Belästigungen darstellen, energisch und richtig reagieren kann.

Exkurs

Wie soll man sich verhalten?

Lena und Maria gehen wie immer gegen 13.00 Uhr durch die kleine Parkanlage von der Schule nach Hause. Plötzlich kommt ein Mann hinter einem Busch hervor, der die Hose offen hat und will, dass die Mädchen hinsehen. Vor Schreck wissen die beiden nicht, wie sie reagieren sollen.

Max sitzt gemütlich in der Badewanne und will seine Ruhe haben. Da geht die Tür auf und Tante Uschi kommt herein, weil sie sich die Zähne putzen möchte. Max sagt zu ihr, dass er alleine im Badezimmer sein möchte, aber Tante Uschi nimmt ihn nicht ernst und antwortet: „Stell dich nicht so an, ich guck dir schon nichts weg."

Julia ist mit ihrer Freundin bei einer Party. Die beiden sind gut drauf und haben die Zeit vollkommen vergessen. Als sie auf die Uhr sehen, ist es kurz vor 22 Uhr. Um 22 Uhr sollten sie zu Hause sein. Der Bus ist weg und zu Fuß sind es fast 3 Kilometer. Sollen sie trampen?

Anna ist auf dem Weg nach Hause. Nach einiger Zeit bemerkt sie, dass ihr zwei Jungen folgen, die immer näher kommen und anzügliche Bemerkungen machen. Sie hat Angst und weiß nicht, was sie tun soll.

1 Wie würdest du dich in ähnlichen Situationen verhalten? Überlege dir verschiedene Lösungsmöglichkeiten.

Exkurs

Schutz vor Sexualverbrechen

In Zeitungen und Zeitschriften wird nicht immer sachlich über Sexualverbrechen geschrieben. Oft werden dramatische Einzelfälle aufgegriffen, bei denen Frauen und Mädchen auf offener Straße vergewaltigt wurden. In vielen Fällen gehen die Täter aber zunächst ohne Gewalt vor. Sie versuchen durch besondere Freundlichkeit oder Geschenke die Zuneigung von Kindern oder Jugendlichen zu erwerben. Anschließend erfolgt oft die Aufforderung, den Täter irgendwohin zu begleiten. Es kann sehr gefährlich werden, wenn Jungen oder Mädchen mitgehen, denn häufig werden sie dann sexuell missbraucht oder vergewaltigt.
Um gar nicht erst in eine solche Situation zu kommen, solltest du dir folgende Tipps merken:
1. Lehne jedes Mitgehen oder Mitfahren, etwa um einen Weg zu zeigen oder dir etwas zeigen zu lassen, sehr bestimmt ab. Gib freundlich Auskunft, das reicht.
2. Will dich jemand mit Gewalt festhalten oder mitnehmen, dann versuche, schnell zu anderen Leuten zu laufen oder ganz laut zu schreien. Oft bewirkt das die Flucht des Täters.
3. Sprich mit deinen Eltern oder jemand anderem darüber, wohin du gehst, welchen Weg du nimmst oder welche Verkehrsmittel du benutzt!
4. Gewöhne dir an, zuverlässig und pünktlich zu sein!
5. Bei Dunkelheit solltest du nie allein unterwegs sein. Jungen und Mädchen in Gruppen sind viel sicherer!
6. Wenn du öffentliche Verkehrsmittel benutzt, setze dich in die Nähe des Fahrers. Steige in Straßenbahnen deshalb in den ersten Wagen!
7. Wenn irgendetwas passiert ist, das du als unangenehm oder falsch empfindest, so sprich auf jeden Fall mit jemandem darüber! Meist ist es richtig, zur Polizei zu gehen und solche Vorfälle anzuzeigen, auch wenn es dir schwer fällt, weil du dich verletzt fühlst oder den Täter vielleicht gut kennst.

Trainer · Trainer · Trainer · Trainer · Trainer · Trainer · Trainer · Trainer · Trainer

1 Was ist wichtig für eine dauerhafte Beziehung?

2 Erläutere, was man unter Familienplanung versteht.

3 Beschreibe drei Methoden der Empfängnisverhütung.

4 Für das Hormon-Implantat gibt der Pearl Index eine Zahl von 0,1 bis 0,8 an. Was bedeutet diese Zahl?

5 Nenne drei Methoden der Empfängnisverhütung mit einem Pearl Index von unter 1.

6 Ordne die folgenden Entwicklungsschritte des Kindes im Mutterleib den Bildern zu.
a) Embryo 4 Wochen
b) Fetus 4 Monate
c) Fetus 9 Monate

7 Nenne die besonderen Ausnahmefälle, in denen eine Schwangerschaft abgebrochen werden darf.

8 Was besagt die 12-Wochen-Frist?

9 Wie kann man das Kind im Mutterleib durch Vorsorge schützen?

10 Anna hat gerade erfahren, dass sie schwanger ist. Worauf sollte sie nun im alltäglichen Leben besonders achten?

11 Warum sollten Schwangere auf Alkohol und Nikotin verzichten?

12 Beschreibe einige Probleme, die sich bei häufig wechselnden Partnerschaften ergeben können.

13 Erkrankungen der Geschlechtsorgane können verschiedene Ursachen haben. Finde je ein Beispiel für eine von Bakterien, Einzellern, Pilzen oder Viren verursachte Geschlechtskrankheit.

14 Wie reagiert man richtig auf sexuelle Belästigungen im Alltag und im Internet? Erstellt in der Gruppe ein Plakat.

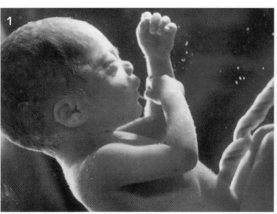

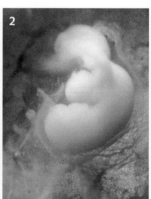

Auf einen Blick

- Aus einer Bekanntschaft entwickelt sich manchmal Liebe. Wenn diese zu einer gefestigten Partnerschaft führt, kommt oft auch der Wunsch nach eigenen Kindern auf und viele Paare heiraten.

- Damit unerwünschte Schwangerschaften verhindert werden können, verwenden viele Paare Verhütungsmittel. Der Pearl-Index informiert über die Sicherheit eines Verhütungsmittels.

Pille   Hormonimplantat   Kondom   Chemische Verhütungsmittel

- Nach der Befruchtung entwickelt sich das Kind innerhalb von 9 Monaten im Mutterleib zu einem fertigen Menschen:
- Zunächst teilt sich die befruchtete Eizelle und es bildet sich ein Zellhaufen.
- Gehirn, Herz und Blutgefäße entwickeln sich. Bereits in der 3. Woche sind Herztöne nachweisbar.
- Im 2. Monat entwickeln sich Arme und Beine.
- Ab dem 4. Monat wird der Embryo Fetus genannt. Das Knorpelskelett bildet sich zum Knochenskelett um.
- Im 7. Monat kann der Fetus seine Augen öffnen und schließen.
- Der Fetus nimmt an Gewicht und Größe zu und ist ab dem 8. Monat lebensfähig.

- Vorsorgeuntersuchungen wie das Abhören der Herztöne des Embryos oder Untersuchung auf Aids tragen zum Schutz des ungeborenen Lebens bei. Außerdem ist für den Embryo eine vernünftige Lebensweise der werdenden Mutter, z. B. der Verzicht auf Alkohol und Nikotin, wichtig.

- Häufig wechselnde Partnerschaften bergen gesundheitliche Gefahren.

- Auch die Geschlechtsorgane können erkranken. Solche Krankheiten sind z. B. Tripper oder Syphilis. Im Krankheitsfall muss ärztliche Hilfe in Anspruch genommen werden.

- Gegen sexuelle Belästigungen kann man sich schützen, indem man sich energisch und deutlich zur Wehr setzt. Man kann sich zusätzlich an Personen seines Vertrauens oder an spezielle Institutionen wenden.

2. Evolution des Menschen

2.1 Stammt der Mensch vom Affen ab?

Im Zoo herrscht Andrang vor dem Schimpansengehege. Eine Schimpansenmutter hält ihr Junges liebevoll in den Armen, wie auch Menschenmütter das tun. „Ist doch klar", sagt Christine zu Katharina, „der Mensch stammt vom Affen ab!" Ist es wirklich so?

Vergleich Menschenaffe – Mensch. Schimpansen sind geschickte Kletterer. Beim Laufen auf dem Boden stützen sie sich meist mit den langen Armen ab. Der Mensch dagegen hat einen **aufrechten Gang.** Beim Vergleich der Skelette von Menschenaffe und Mensch erkennt man deutlich, wodurch diese unterschiedliche Fortbewegungsweise hervorgerufen wird. Bei den Menschenaffen kann die *große Zehe* abgespreizt und zum Festhalten von Gegenständen benutzt werden. Beim Menschen ist sie nicht sehr beweglich. Fußsohle und Zehen sind nur zum Gehen da. Die **Wirbelsäule** der Menschenaffen ist bogenförmig, diejenige des Menschen doppelt-S-förmig gekrümmt. Der Kopf des Menschen wird dadurch

gefedert und ist genau unter seinem Schwerpunkt befestigt. Der Kopf des Affen dagegen hängt eher an der Wirbelsäule und muss mit starken Nackenmuskeln gehalten werden. Die **Hand** der Affen ist eine Klammerhand, bei der alle fünf Finger um den Ast eines Baumes gelegt werden. Der Mensch stellt dagegen seinen Daumen den übrigen Fingern gegenüber und kann so einen Gegenstand umfassen oder greifen. Das **Gebiss** des Menschen ist schwächer ausgebildet als das der Menschenaffen. Die Eckzähne sind nicht größer als die Schneidezähne. Menschenaffen haben zwischen den Eck- und Schneidezähnen eine deutliche Zahnlücke, die Backenzahnreihen verlaufen parallel.

Der wichtigste Unterschied zwischen Menschen und Menschenaffen besteht in der Größe und Ausformung des **Gehirns.** Das Gehirn des Menschen ist etwa viermal so groß wie ein Schimpansengehirn. Vor allem das Großhirn ist stark entwickelt. Es ermöglicht die besonderen **geistigen Fähigkeiten** wie Denken, Planen und Sprechen. Dementsprechend ist der Hirnschädel stark vergrößert. Wissenschaftler nehmen an, dass Mensch und Menschenaffen vor vielen Millionen Jahren **gemeinsame Vorfahren** hatten. Sowohl Affen als auch Menschen haben sich in diesen Jahrmillionen jedoch weiterentwickelt

1 Buschmann-Familie in Afrika. So könnten unsere Vorfahren gelebt haben.

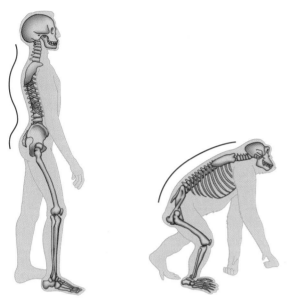

1 Skelett von Mensch und Schimpanse

und sind sich heute unähnlicher als vor einer Million Jahren. Der Mensch stammt also nicht vom Affen ab, sondern beide Lebewesen haben eine gemeinsame Stammform. Wie diese ausgesehen haben mag und wann sie lebte, gehört zu den spannendsten Fragen in der Forschung über die Abstammung des Menschen.

Merke:

- Mensch und Menschenaffe unterscheiden sich voneinander z. B. in der Gehweise, im Bau der Wirbelsäule, der Hände, des Gebisses und des Gehirns.
- Das Großhirn ermöglicht dem Menschen besondere geistige Fähigkeiten: Denken, Planen und Sprechen.
- Mensch und Menschenaffe haben sich vor Jahrmillionen aus gemeinsamen Vorfahren entwickelt.

1 **Fragen zum Text: a)** Vergleiche den Körperbau von Mensch und Schimpanse. Stelle die Ergebnisse in einer Tabelle dar.
b) Welche Unterschiede bestehen beim Gehirn?
c) Welche verwandtschaftlichen Beziehungen bestehen zwischen Menschenaffen und Menschen?

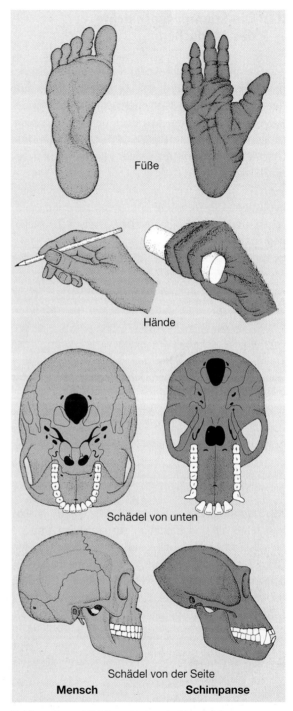

Füße

Hände

Schädel von unten

Schädel von der Seite

Mensch **Schimpanse**

2 Mensch und Schimpanse – ein Vergleich

2 Sammle Informationen über das Verhalten von Schimpansen. Welche Gemeinsamkeiten haben Schimpansen und Menschen, welche Unterschiede?

2.2 Die Stammesgeschichte des Menschen

Als Stammesgeschichte oder Evolution bezeichnet man die Entwicklung der Lebewesen im Laufe der Erdgeschichte. Man untersucht alle Merkmale, sowohl der lebenden als auch der als Versteinerungen gefundenen Teile von Pflanzen, Tieren und Menschen. So kann man viele Millionen Jahre zurückblicken.

Evolution. Die Trennung von Menschen und Menschenaffen hat möglicherweise vor etwa 10 Millionen stattgefunden. Zu dieser Zeit lebten in Afrika vermutlich gemeinsame Vorfahren der heutigen Menschenaffen und der jetzt lebenden Menschen. Man weiß nicht genau, wann unsere Vorfahren die Schwelle vom Tier zum Menschen überschritten haben. Es war aber kein plötzlicher Schritt, sondern eine langsame Entwicklung über viele Stufen. Diese Entwicklung heißt *Evolution.*

Vor etwa 5–7 Millionen Jahren änderte sich das Klima. Es wurde trockener, die offenen Savannenflächen, vor allem die Afrikas, nahmen zu. Hier konnte der „Vormensch" die Beute in aufrechter Körperhaltung möglicherweise besser entdecken als in gebückter Haltung. Außerdem wurden so seine Hände für das Halten von Jagdwerkzeugen frei.

Australopithecus. Skelettreste, die einige Millionen Jahre alt sind, findet man selten. Oft sind sie unvollständig. Auch die geistigen Fähigkeiten, die einen Menschen erst zum Menschen machen, bleiben natürlich nicht als Fossil erhalten. Trotzdem haben Forscher viel über unsere Vorfahren und ihre Lebensweise herausgefunden.

1 Fußabdrücke von zwei unterschiedlich alten Südaffen, vermutlich einer Mutter mit ihrem Kind

Die ältesten Knochenreste, die man schon aufrecht gehenden Lebewesen zuordnet, stammen aus Afrika und sind etwa 4 Millionen Jahre alt. Sie stammen vom *Australopithecus,* was so viel bedeutet wie „Südaffe". Die Südaffen waren etwa 120–150 cm groß und benutzten Steine oder Knochenreste als Werkzeuge. Ihr Gehirninhalt betrug etwa 450–650 cm^3. Einen überzeugenden Beweis, dass diese Lebewesen schon aufrecht gingen, fand man in Laetoli in Tansania. Dort sind 3,7 Millionen Jahre alte Fußspuren gefunden worden, die von einem erwachsenen Australopithecus und einem Kind stammen. Sie hatten sich in frische Vulkanasche eingeprägt, die dann fest wurde.

Alle Fundorte von Südaffen liegen in Ost- und Südafrika. Die letzten Vertreter dieser Gruppe lebten vor etwa 800 000 Jahren.

Homo habilis. Vor etwa 2 Millionen Jahren lebte in Afrika der *Homo habilis,* der „geschickte Mensch". Er konnte gute, brauchbare Werkzeuge herstellen. Sein Gehirn war etwa 800 cm^3 groß und damit viel größer als das heutiger Schimpansen. Ob er allerdings ein direkter Vorfahre des heutigen Menschen war, ist unklar.

Homo erectus. Der *Homo erectus,* der „aufrecht gehende Mensch", war größer als 150 cm. Er besaß ein Gehirn von 800–1200 cm^3 und hat sich vermutlich von Afrika aus weit über die Erde verbreitet. Seine Werkzeuge sind zur Jagd und zum Zerteilen der Beute geeignet. Der „aufrecht gehende Mensch" konnte wahrscheinlich vor einer Million Jahren schon Feuer entzünden und war dadurch den damals noch lebenden Südaffen weit überlegen.

Homo sapiens. Aus dem „aufrecht gehenden Menschen" entwickelte sich schließlich der *Homo sapiens,* der „vernunftbegabte Mensch". Auch der Neandertaler war ein solcher „vernunftbegabter Mensch". Seine Gehirngröße betrug 1400–1600 cm^3 und war mächtiger als das heute lebender Menschen. Er gilt nicht als direkter Vorfahre von uns. Vor etwa 100 000 Jahren war er in Europa weit verbreitet, starb allerdings vor etwa 30 000 Jahren aus.

Homo sapiens sapiens. Zu dieser Zeit lebte bereits der *Jetztmensch,* der *Homo sapiens sapiens.*

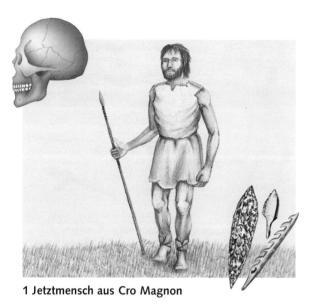

1 Jetztmensch aus Cro Magnon

Er ist wahrscheinlich vor etwa 150 000 Jahren entstanden. Diese Menschen besitzen keine Überaugenwülste mehr, haben eine steile Stirn, sowie ein gewölbtes Schädeldach. Ihre Gehirngröße betrug etwa 1500 cm³. Die ältesten Skelettreste dieser Menschen in Europa fand man in Frankreich, zum Beispiel in Cro Magnon. Sie waren vermutlich über Vorderasien aus Afrika eingewandert. Kunstvolle Steinwerkzeuge und Höhlenmalereien zeugen von ihrer hohen Kultur. Das erkennen wir auch daran, dass sie ihre Toten bestattet haben.

Merke:

- Der Jetztmensch hat sich über viele Millionen Jahre hinweg entwickelt.
- Diese Entwicklung nennt man Evolution.
- Wichtige Stufen der menschlichen Evolution waren der „geschickte Mensch" (Homo habilis) und der „aufrecht gehende Mensch" (Homo erectus).
- Der Neandertaler war kein direkter Vorfahre des Jetztmenschen.

1 **Fragen zum Text: a)** Was versteht man unter Evolution allgemein und was unter Evolution des Menschen?
b) Vergleiche Australopithecus, Homo erectus und Homo sapiens sapiens miteinander. Welche Veränderungen traten bei ihrer Entwicklung auf?

Exkurs

Wie sah der Frühmensch aus?

2 Frühmensch (Gesichts-Rekonstruktion)

Mit Skizzenblock, Fotoapparat oder Videokamera war damals niemand dabei. Woher wissen wir dann eigentlich, wie unsere menschlichen Vorfahren ausgesehen haben?

Aus den relativ wenigen Funden von Skelettteilen kann die Wissenschaft heute zum Teil das Aussehen der frühen Menschen rekonstruieren. Nicht gefundene Knochen werden durch Vergleich mit anderen Funden ergänzt. Findet man etwa Menschenknochen, so überlegt man: An großen Knochen müssen kräftige Muskeln befestigt sein, große, kräftige Kiefer müssen durch starke Muskeln bewegt werden. Mithilfe von Computer-Simulationen lassen sich dann Gesichtszüge sowie Körperbau und Muskulatur ungefähr nachempfinden. Dazu verwendet man Informationen aus Datenbanken, die nach Ultraschall-Untersuchungen heutiger Menschen erstellt wurden.

Viel problematischer ist es, diesen Körper dann mit Haut und Haaren zu versehen. Über deren Farbe oder Länge kann man nämlich kaum etwas sagen. War die Haut schwarz, bräunlich oder ziemlich hell? Wir wissen auch nichts darüber, ob die Haare glatt oder kraus, blond oder schwarz waren. Trugen die Männer lange Bärte? Welche Augenfarben gab es? All diese Fragen lassen sich bislang nicht sicher beantworten.

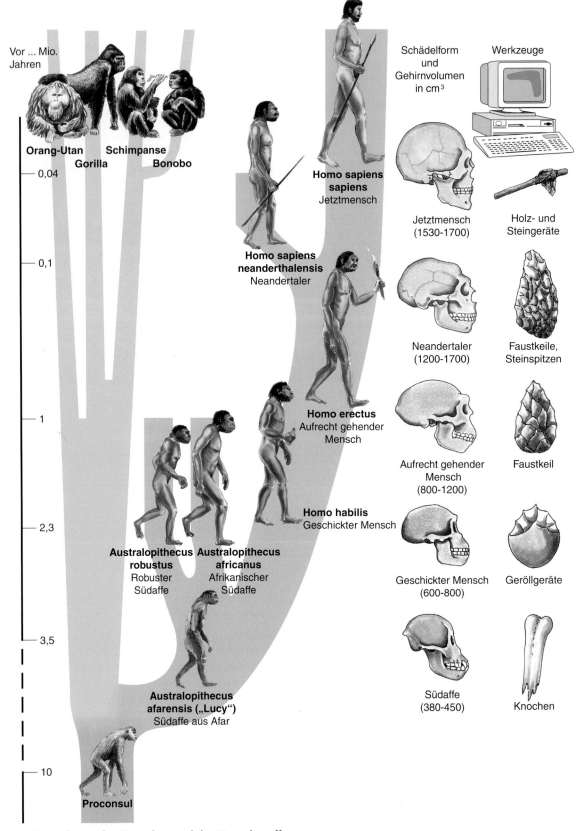

Vor ... Mio.
Jahren

Orang-Utan **Schimpanse**
  Gorilla   **Bonobo**

— 0,04

— 0,1

— 1

— 2,3

— 3,5

— 10

**Homo sapiens
sapiens**
Jetztmensch

**Homo sapiens
neanderthalensis**
Neandertaler

Homo erectus
Aufrecht gehender
Mensch

Homo habilis
Geschickter Mensch

**Australopithecus   Australopithecus
   robustus   africanus**
Robuster   Afrikanischer
Südaffe   Südaffe

**Australopithecus
afarensis („Lucy")**
Südaffe aus Afar

Proconsul

Schädelform
und
Gehirnvolumen
in cm^3

Werkzeuge

Jetztmensch
(1530-1700)

Holz- und
Steingeräte

Neandertaler
(1200-1700)

Faustkeile,
Steinspitzen

Aufrecht gehender
Mensch
(800-1200)

Faustkeil

Geschickter Mensch
(600-800)

Geröllgeräte

Südaffe
(380-450)

Knochen

1 Stammbaum der Menschen und der Menschenaffen

Exkurs

Lucy – 3,5 Millionen Jahre alt

Die Afarwüste liegt in Äthiopien. Dort trafen sich 1974 einige Amerikaner und Franzosen unter der Leitung von Donald JOHANSON, um nach Fossilien zu suchen.

Um Fossilien zu finden, braucht man viel Glück, Übung und Geduld. Durch die sehr seltenen, aber starken Regenfälle in dieser Gegend werden immer wieder Knochenreste freigespült. Am 30. November 1974 fand Donald JOHANSON etwa die Hälfte eines mehrere Millionen Jahre alten Skeletts. Ein vollständiges Skelett war eine

Sensation, denn bisher mussten sich Forscher oft mit einem Teil eines Kieferknochens oder nur wenigen Zähnen zufrieden geben.

JOHANSON schreibt: „In der ersten Nacht nach der Entdeckung gingen wir nicht zu Bett. Wir redeten unaufhörlich und tranken ein Bier nach dem anderen. Irgendwann an diesem unvergesslichen Abend – ich kann mich an den genauen Zeitpunkt nicht mehr erinnern – gaben wir dem Skelett den Namen Lucy und seither heißt es so. Seine wissenschaftliche Bezeichnung lautet allerdings AL 288/1.

Jeder, der dieses fossile Skelett zum ersten Mal sieht, fragt mich nach diesem Namen und ich muss seinen Ursprung erklären: ,Ja, es handelt sich um ein weibliches Skelett. Wir waren außer uns vor Freude, als wir sie fanden; das müssen Sie verstehen.'

Dann kommt die nächste Frage: ,Woher wissen Sie, dass es ein weibliches Wesen war?'

,Das erkennt man am Becken. Wir haben einen vollständigen Beckenknochen und das Kreuzbein gefunden. Da bei den Hominiden die Beckenöffnung bei weiblichen Skeletten größer ist als bei männlichen, damit der relativ große Kopf des Kindes bei der Geburt hindurchgehen kann, darf man hier sagen, dass es sich um ein weibliches Skelett handelt.'

,Ist es denn ein hominides Skelett?'

,Ja, natürlich. Lucy ging aufrecht; ebenso wie Sie und ich.'

(Aus Johanson/Edey: Lucy, Die Anfänge der Menschheit, München 1982)

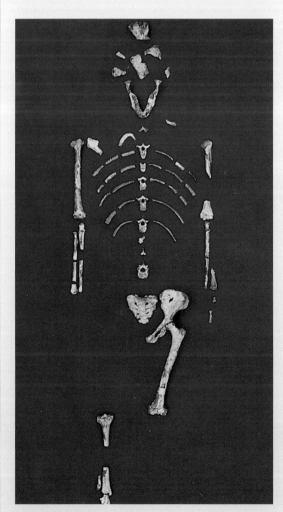

1 Das Skelett von „Lucy"

1 Wo wurde „Lucy" gefunden? Suche den Fundort auf einer Karte.

2 Warum war dieser Fund so bedeutsam?

3 Kläre mithilfe eines Lexikons den Begriff „Hominiden".

E Exkurs

Auf der Suche nach Menschenknochen

So arbeiten Archäologen. Archäologen sind Altertumsforscher. Sie erforschen die Wohnhöhlen, Siedlungsplätze und Grabstätten der frühgeschichtlichen Menschen.

Ausgrabungen sind eine sehr mühselige Arbeit, weil man dabei sehr aufmerksam und sorgfältig oft mehrere Erdschichten eines Ausgrabungsfeldes untersuchen muss. Die Erde wird dabei schichtweise abgetragen. Um auch kleinste Gegenstände zu entdecken, wird die Erde durchgesiebt. Größere „Schätze" löst der Wissenschaftler vorsichtig mit Pinseln, Stahlnadeln oder Meißeln aus den Erdschichten. Hat man etwas Wertvolles entdeckt, wird seine Lage fotografiert und in einen Lageplan eingetragen.
Aus den einzelnen Funden lässt sich dann das Aussehen etwa eines Grabes rekonstruieren. Auch das Alter von Fundstücken kann man erschließen. In den untersten Erdschichten liegen die ältesten Stücke. Darauf haben sich in Jahrtausenden jüngere Schichten abgelagert, aus denen sich dann auch die jüngeren Funde bergen lassen.

Ein Blumengrab. Vor etwa 40 Jahren führte man im nördlichen Irak bei Shanidar Grabungen durch. Die dabei gemachten frühmenschlichen Funde waren etwa 60 000 Jahre alt. Es waren Mischformen zwischen dem Neandertaler und dem Jetztmenschen.

In einer Höhle entdeckte man das Grab eines Mannes. Von den Gebeinen des Toten war nicht mehr sehr viel übrig. Die Feuchtigkeit in der Höhle hatte sie bis auf einige Überbleibsel zerstört. Aber rings um die Knochenreste fand man Pollenkörner von verschiedenen Blüten. Pollen sind gegen Zersetzung außerordentlich widerstandsfähig und können viele Jahrtausende lang überstehen.

Nach einer wissenschaftlichen Bestimmung der Pollen stand fest: Die Grabstätte war mit Malven, Farnen, Schafgarben, Spitzwegerich und Kornblumen geschmückt. Die Zusammenstellung der Blütenfarben und die Lage der Pflanzen um die Grabstätte ließen vermuten: Hier wurde einst ein Mensch liebevoll und in einem feierlichen Begräbnis bestattet.

1 Archäologen bei der Arbeit

2 Bestattung vor 60 000 Jahren

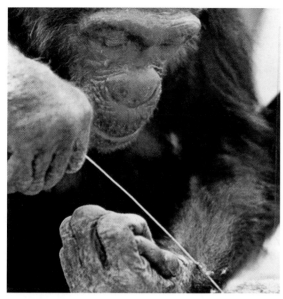

1 Werkzeuggebrauch bei Schimpansen

2.3 Entwicklung einer Kultur beim Menschen

Kulturelle Evolution. Parallel zur biologischen Evolution des Menschen kann man eine kulturelle Evolution beobachten. Sie zeigt sich in vielen überlieferten „Kulturfossilien".

Alles, was im Laufe der Evolution von der Lebensweise der Menschen weitergegeben wird, nennt man **Kultur.** Hierzu gehören die Behausung, Kleidung, Buchdruck, Waffen und Gegenstände des täglichen Gebrauchs. Aber auch Musik, Malerei, Religion und das Wissen um Gut und Böse sind Bestandteile der Kultur.

Die kulturelle Evolution ist vergleichbar mit der biologischen Evolution. Neue Ideen, Erfahrungen und Erfindungen sind für die Kulturentwicklung das, was für die biologische Evolution Mutationen, also Veränderungen im Erbgut, sind.

Auch kulturelle Errungenschaften unterliegen der Prüfung durch die Umwelt. Gute und brauchbare Ideen setzen sich durch, unbrauchbare verschwinden.

Durch die kulturelle Evolution wurde der Homo sapiens sapiens zu der erfolgreichsten Art der Welt. Er besiedelte innerhalb weniger hunderttausend Jahre fast die gesamte Erde.

Werkzeuggebrauch. Der Schimpanse sitzt vor einem Termitenhügel. Termiten sind für ihn eine Delikatesse, aber wie kann er an die Tierchen im zementharten Termitenbau gelangen? Da bricht er sich einen Zweig von einem Busch, streift die Blätter ab und steckt ihn in eine Öffnung des Termitenhügels. Die aufgeregten Tiere beißen sich fest und können leicht aus dem Bau gezogen werden.

Dies ist ein Beispiel für *Werkzeuggebrauch* bei Tieren. Auch der Mensch hat im Verlaufe seiner Entwicklung sicher in ähnlicher Weise begonnen, Gegenstände als Werkzeuge zu benutzen. Die ältesten, ganz grob behandelten Steine stammen von den Südaffen Afrikas. Sie sind über zweieinhalb Millionen Jahre alt.

Im Laufe von Jahrmillionen hat der Mensch immer kompliziertere **Werkzeuge** und **Maschinen** entwickelt. Sie helfen ihm, sein Dasein besser zu meistern. Das Rad, die Dampfmaschine, das Auto, der Elektromotor und der Computer sind Beispiele dafür.

2 Die Dampfmaschine war ein Meilenstein in der Geschichte der Technik

Sprache. Besonders wichtig für die Entwicklung der menschlichen Kultur war die Sprache. Auch Tiere können sich verständigen: So warnt die Henne ihre Küken durch Rufe, wenn sich der Habicht am Himmel zeigt. Aber kein Tier kann wie der Mensch Sätze aus Wörtern bilden. Der Mensch ist außerdem in der Lage, über Zukünftiges zu sprechen und vorausschauend zu planen. Die Erfindung der Wortsprache ist ein unschätzbarer Vorteil. Damit können gute und schlechte Erfahrungen anderen Mitgliedern der Gemeinschaft mitgeteilt werden, bevor diese sie selber machen müssen.

Schrift. Vor etwa 6000 Jahren erfand der Mensch die Schrift. Ab diesem Zeitpunkt konnte das gesprochene Wort festgehalten und an die Nachkommen weitergegeben werden. Hier besteht ein bemerkenswerter Unterschied zwischen Mensch und Tier: Ein Tier muss alle Erfahrungen selber machen. Was es von seinen „Mit-Tieren" lernen kann, ist auf einen engen Bereich beschränkt. Der Mensch hingegen kann ein Leben lang von seinen Mitmenschen lernen. Ohne Sprache und Schrift wäre das nicht möglich.

Verantwortung des Menschen. Die geistigen Fähigkeiten des Menschen verlangen von ihm eine besondere Verantwortung. Da er seine Umwelt selbst gestalten und auch verändern kann, muss er auch die Folgen seiner Handlungen bedenken. Damit übernehmen wir die Pflicht zur Fürsorge gegenüber Mitmenschen, aber auch gegenüber Pflanzen und Tieren.

Merke:

- Biologische und kulturelle Evolution lassen sich vergleichen.
- Ergebnisse der kulturellen Evolution sind der Gebrauch von komplizierten Werkzeugen und Maschinen, von Sprache und Schrift.
- Alles, was im Laufe der Evolution von der Lebensweise der Menschen an nachfolgende Generationen weitergegeben wird, nennt man Kultur.

---

1 **Fragen zum Text: a)** Nenne Beispiele für die kulturelle Evolution beim Menschen.
b) Nenne ein Beispiel für Werkzeuggebrauch bei Tieren.
c) Welche Bedeutung hatten und haben Sprache und Schrift für die kulturelle Entwicklung des Menschen?

2 Wie verhält sich ein verantwortungsvoller Mensch gegenüber Pflanzen, Tieren und anderen Menschen?

1 Höhlenmalerei – 10 000 Jahre alt

2 Computer – „Werkzeug" des Menschen

Trainer · Trainer · Trainer · Trainer · Trainer · Trainer · Trainer · Trainer · Trainer

1 Nenne drei Unterschiede zwischen Mensch und Menschenaffe.

2 Jemand sagt: „Der Mensch stammt vom Affen ab." Hat er recht? Begründe.

3 Welche Unterschiede bestehen im Gebiss von Mensch und Menschenaffe?

4 Beschreibe die Evolution des Menschen.

5 Nenne zwei Vorfahren des heutigen Menschen. Wann lebten sie ungefähr?

6 Welche Vorteile brachte der aufrechte Gang für die frühen Menschen?

7 Nenne einige wichtige Werkzeuge und Maschinen in der Geschichte der Technik.

8 Wie unterscheiden sich biologische und kulturelle Evolution des Menschen?

9 Weshalb war die Entwicklung der Sprache ein sehr wichtiger Schritt für die Entwicklung der menschlichen Kultur?

10 Wann etwa hat der Mensch die Schrift erfunden? Welche Vorteile brachte sie der Menschheitsentwicklung?

11 Nenne Unterschiede im Lernverhalten von Mensch und Tier.

Auf einen Blick

Schädel von unten:

Mensch   Schimpanse

- **Die heutigen Menschen und Menschenaffen stammen von gemeinsamen Vorfahren ab.**

- **Mensch und Menschenaffe unterscheiden sich in wichtigen Punkten wie im Gehirn voneinander.**

- **Der Mensch hat sich über verschiedene Stufen über viele Millionen Jahre hinweg entwickelt. Dies nennt man die „Evolution des Menschen".**

- **Australopithecus, Homo erectus, Neandertaler und Jetztmensch gehören zum Stammbaum von Menschen und Menschenaffen. Nicht alle sind Vorfahren der heute lebenden Menschen.**

„Südaffe"
450 – 650 cm³

„Aufrecht gehender Mensch"
800 – 1200 cm³

„Neandertaler"
1400 – 1600 cm³

„Jetztmensch"
1500 cm³

- **Sprache, Schrift, Gebrauch komplizierter Werkzeuge und Maschinen sind besondere menschliche Entwicklungen und Bestandteile der menschlichen Kultur.**

Stoffe im Alltag und in der

Leben auf Pump:
Wir verbrauchen die fossilen Rohstoffe Erdöl, Erdgas und Kohle in riesigen Mengen. Allein vom Erdöl benötigt die Welt am Tag die unvorstellbare Zahl von 13 Milliarden Litern, Tendenz weiter steigend. Doch schon bald wird der Bedarf die Vorräte übertreffen.

Mobilitat dank Benzin und Diesel:
Benzin und Diesel sind Erdölprodukte. Sie werden in Raffinerien durch aufwendige Verfahren hergestellt. Etwa 50% der gesamten Erdölproduktion benötigt der Verkehr. In Zukunft sind Alternativen gefragt

Technik

**Biokraftstoffe –
eine Alternative?**
Aus nachwachsenden Rohstoffen
wie Raps kann auch Treibstoff für
Kraftfahrzeuge hergestellt werden.
Der Flachenbedarf ist allerdings
groß und steht in Konkurrenz mit
dem Anbau von Lebensmitteln.

Stimmung beim Rockkonzert:
Das Gasfeuerzeug ist ein billiger Gebrauchsartikel. Es enthält Butan, eine gasförmige Kohlenwasserstoff-Verbindung,
die unter Duck leicht flüssig wird. Kohlenwasserstoffe sind
aus unserem Leben nicht wegzudenken. Sie sind nicht nur in
Brennstoffen, sondern auch in Nahrungsfetten wie Margari-
ne oder in Kosmetikartikeln wie Shampoo enthalten.

Butan C_4H_{10}

Fast 60 km/h:
Wer solche Geschwindigkeiten mit dem Fahrrad erreichen will, benötigt extrem leichte
und windschlüpfrige Materialien. Dies geht
nur mit Kunststoffen, die für das Bahnrennrad
maßgeschneidert werden.

Ab sofort: Biosprit in jeden Tank!

München – Zum Jahreswechsel fahren alle deutschen Autofahrer mit Biosprit.
Ab Januar sind die Mineralölkonzerne verpflichtet, dem normalen Treibstoff Biosprit beizumischen. Ein Sprecher der Bundesregierung betonte, dass dies ein erstes Zeichen sei, die Abhängigkeit vom Rohöl zu verringern. Allerdings könnte dies den Literpreis um zwei bis drei Cent erhöhen. Die Automobilclubs forderten die Konzerne auf, auf die Weitergabe der Preiserhöhung an die Kunden zu verzichten.

1 Zeitungsbericht vom 28.12.2006

2 Es geht auch mit Biosprit alleine

1. Organische Rohstoffe

1.1 Endliche und nachwachsende Rohstoffe

Seit 2007 enthält jede Tankfüllung ein bis zwei Prozent Biosprit, entweder Alkohol oder Biodiesel. Weshalb wird der Biosprit beigemischt?

Nachwachsende Rohstoffe. Benzin und Diesel werden aus Erdöl gewonnen. Die Erdölvorräte werden aber irgendwann einmal erschöpft sein. Man sagt, diese Rohstoffe sind **endlich.** Es gibt aber auch Rohstoffe, die in der Natur immer wieder nachgebildet werden. Man nennt sie **nachwachsende Rohstoffe.** Zu ihnen gehören alle forst- und landwirtschaftlich erzeugten Produkte wie Holz oder Raps, die der Mensch verwerten kann und nicht als Nahrungsmittel verwendet.

Nachwachsende Rohstoffe als Energieträger. Biodiesel wird zum Beispiel aus Rapsöl, einem Produkt der Rapspflanze hergestellt. Alkohol gewinnt man aus Zuckerrüben oder Zuckerrohr. Vor allem in Brasilien wird er in großem Maßstab erzeugt. Das Beimischen von Biosprit trägt dazu bei, den fossilen Rohstoff Erdöl einzusparen.

Nachwachsende Rohstoffe im täglichen Gebrauch. Früher bestand nahezu alles, mit Ausnahme von metallischen Gegenständen, aus nachwachsenden Rohstoffen: Kleidung aus Fasern, Fell oder Leder, Decken aus Wolle oder Hanffasern, Behausungen aus Stroh und Holz. Heute stellt man viele Gebrauchsgegenstände auch aus länger haltbaren Kunststoffen her.

Merke:

- **Endliche Rohstoffe sind natürlich vorkommende Stoffe wie z. B. Öl, Kohle und Erdgas.**
- **Nachwachsende Rohstoffe sind forst- und landwirtschaftlich erzeugte Produkte, die nicht als Nahrungsmittel eingesetzt werden.**

1 **Fragen zum Text: a)** Erläutere den Unterschied zwischen endlichen und nachwachsenden Rohstoffen.
b) Gib Beispiele für endliche und nachwachsende Rohstoffe an.
c) Woraus gewinnt man Biodiesel und woraus Alkohol?

2 Finde zuhause Beispiele für Gegenstände aus Kunststoff und aus nachwachsenden Rohstoffen.

Zahnbürsten

Pflanztöpfe

Textilien

Einweggeschirr

Bremsbeläge

Verpackungs-material

Stärke

Fasern

Motoröl

Energieträger

Holz

Pflan-zenöl

Lacke

Pizza

Papier

Zucker

Schmiermittel

Celluloseacetat (Filme)

Arzneimittel

Kosmetika

Flaschen

1 Nachwachsende Rohstoffe findet man in vielen Bereichen

1.2 Dem Klima zuliebe – nachwachsende Energieträger

Fossile Rohstoffe – als Energieträger noch unersetzlich. Die fossilen Rohstoffe Erdöl, Erdgas und Kohle dienen hauptsächlich als Treib- und Brennstoffe in Kraftfahrzeugen, Kraftwerken und im Haushalt. Trotz alternativer Energiequellen sind sie zurzeit noch nicht zu ersetzen. Zudem speichern sie eine hohe Menge Energie, lassen sich leicht transportieren und sind immer noch relativ preisgünstig.

Was spricht gegen die Verwendung fossiler Rohstoffe als Energieträger? Die meisten Fachleute sind sich sicher, dass das Weltklima durch die Verbrennung fossiler Rohstoffe beeinflusst wird. Die entscheidende Rolle spielt hierbei das Kohlenstoffdioxid, das bei der Verbrennung freigesetzt wird.

Die fossilen Rohstoffe sind vor sehr langer Zeit aus Pflanzen entstanden. Beim Wachstum haben diese Pflanzen im Laufe von Jahrmillionen durch die Fotosynthese eine ungeheuer große Menge an Kohlenstoffdioxid aus der Atmosphäre aufgenommen und in ihren Pflanzenkörper eingebaut. Starben die Pflanzen, lagerte sich ihr Pflanzenkörper im Erdboden ab und fossile Rohstoffe entstanden.

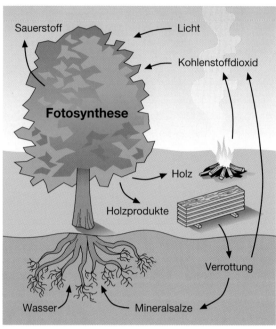

2 Geschlossener Kohlenstoffdioxidkreislauf bei nachwachsenden Rohstoffen

Verbrennen wir heute die fossilen Rohstoffe, werden riesige Mengen des während sehr langer Zeiträume in die Pflanzen eingebauten Kohlenstoffdioxids innerhalb sehr kurzer Zeit freigesetzt.

Jedes Jahr erzeugt die Menschheit so zusätzlich die unvorstellbare Menge von 21 Milliarden Tonnen Kohlenstoffdioxid. Das ist so viel, wie von den Pflanzen in 500 000 Jahren Erdgeschichte aus der Atmosphäre gebunden wurde.

Kohlenstoffdioxidkreislauf. Werden Pflanzen, zum Beispiel als Holz oder Stroh, in der Menge verbrannt, in der sie wieder nachwachsen können, bleibt der Kohlenstoffdioxidgehalt der Erde konstant. Verwertet man zum Beispiel den Raps eines Feldes als Biodiesel, wird dabei genausoviel Kohlenstoffdioxid freigesetzt wie das Rapsfeld im darauf folgenden Jahr beim Wachsen wieder aufnimmt. Über zwei Jahre hinweg entsteht so ein **geschlossener Kreislauf.** Er ist nur mit nachwachsenden Energieträgern möglich. Allerdings muss für die Ernte, die Verarbeitung und den Transport zusätzlich Energie eingesetzt werden.

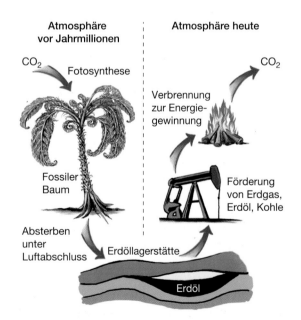

1 Kein Kreislauf bei fossilen Rohstoffen

Kohlenstoffdioxid und Klima. Kohlenstoffdioxid hat nur einen Anteil von 0,04 % in der Atmosphäre. Trotzdem beeinflusst es unser Klima entscheidend, denn es gehört zu den Treibhausgasen. Treibhausgase verhindern, dass die Wärme der Erde in das Weltall abgegeben wird. Dieser **Treibhauseffekt** macht Leben auf der Erde erst möglich – ohne ihn wäre es zu kalt.

1 Der Treibhauseffekt erwärmt die Erde

Der Anteil des Kohlenstoffdioxids in der Atmosphäre ist in den letzten 200 Jahren um 25 % gestiegen und nimmt auch weiterhin zu. Als Folge erwärmt sich die Erdatmosphäre. Forscher gehen davon aus, dass sich die globale Durchschnittstemperatur bis zum Jahr 2100 abhängig vom weiteren Anstieg des Kohlenstoffdioxidgehalts um 1,1 bis 6,4 °C erhöht. Schmelzende Gletscher, ansteigende Meeresspiegel, Überschwemmungen, Wetterextreme wie Stürme und Dürren werden befürchtet.

Den Ausstoß von Kohlenstoffdioxid senken. In nächster Zeit werden fossile Rohstoffe nicht vollständig zu ersetzen sein. Um die Zunahme des Kohlenstoffdioxidgehalts in der Atmosphäre zu reduzieren, setzt man in vielen Ländern zunehmend auf den Anbau pflanzlicher Rohstoffe als Energieträger. Denn auch unter Berücksichtigung aller Faktoren wie zum Beispiel Düngung, Ernte, Verarbeitung und Vertrieb ist die Kohlenstoffdioxidbilanz der nachwachsenden Energieträger günstiger als die der fossilen Rohstoffe.

Eine sehr wichtige Rolle spielt der sparsame Umgang mit Energie. So kann zum Beispiel der Treibstoffverbrauch von Kraftfahrzeugen durch sparsame Motoren und eine leichte, windschnittige Karosserie stark reduziert werden. Alte Häuser sind oft nicht optimal gegen Wärmeverluste geschützt und können besser wärmeisoliert werden.

Merke:

- Fossile Rohstoffe erhöhen bei ihrer Verbrennung den Kohlenstoffdioxidgehalt der Erdatmosphäre.
- Bei der Verbrennung nachwachsender Rohstoffe bleibt der Kohlenstoffdioxidgehalt der Erdatmosphäre gleich.
- Um das Klima zu schützen, muss der Kohlenstoffdioxidausstoß weltweit gesenkt werden.

1 **Fragen zum Text: a)** Fasse die Vorteile und Nachteile der fossilen Rohstoffe mit eigenen Worten zusammen.
b) Beschreibe den Treibhauseffekt.
c) Was können Folgen einer Erhöhung der Durchschnittstemperatur auf der Erde sein?

2 Bei nachwachsenden Rohstoffen spricht man auch von einem geschlossenen Kohlenstoffdioxidkreislauf. Erläutere, was man darunter versteht.

3 Spritsparende Autos und wärmeisolierte Häuser
★ tragen dazu bei, den Kohlenstoffdioxidausstoß zu senken. Überlege dir weitere Möglichkeiten.

1.3 Holz – Energie aus der Sonne

Nachhaltige Nutzung von Holz. Seit der Mensch Feuer machen kann, wird Holz als Brennstoff verwendet. Dies war zunächst kein Problem, denn Wälder gab es genügend. Als jedoch die Bevölkerungszahl stieg, wurden manche Gegenden bereits in der Antike völlig entwaldet. Das Holz wurde verheizt, für Schiffe, Häuser und Befestigungen verwendet und auf den nun waldfreien Flächen Ackerbau betrieben. Um nachfolgenden Generationen die Nutzung des Waldes zu ermöglichen, darf in einem Wald nur so viel Holz entnommen werden wie auch wieder nachwächst. Dieses **Prinzip der nachhaltigen Nutzung** wurde in Deutschland vor etwa 200 Jahren eingeführt. Gleichzeitig begann man, Wälder wieder aufzuforsten, also neue Bäume anzupflanzen.

Aufbereitung von Holz. Heutzutage erleichtern Maschinen die Ernte von Brennholz. Die gefällten Bäume werden vor Ort geschnitten und gehäckselt. Die Hackschnitzel haben einen Wassergehalt von etwa 60 %. Das Holz wird vor dem Verbrennen daher zwei Jahre getrocknet.

Was verbrennt, wird wieder benötigt. Bei der Verbrennung in modernen Hackschnitzelöfen entstehen neben Wärme hauptsächlich Kohlenstoffdioxid, Wasser und Asche mit Mineralsalzen. Diese Stoffe werden von der Pflanze wieder genutzt. Der Kreislauf ist geschlossen.

> **Merke:**
> - Bei der Verwendung von Holz achtet man auf nachhaltige Nutzung.
> - Bei der Verbrennung von Holz entsteht ein geschlossener Stoffkreislauf.

1 **Fragen zum Text: a)** Beschreibe, was man unter nachhaltiger Nutzung von Holz versteht.
b) Beschreibe den Kreislauf beim Verbrennen von Holz.
c) Weshalb sollte Holz vor dem Verbrennen mindestens zwei Jahre trocken gelagert werden?

2 „Holz – Energie aus der Sonne!" Erkläre diese Aussage.

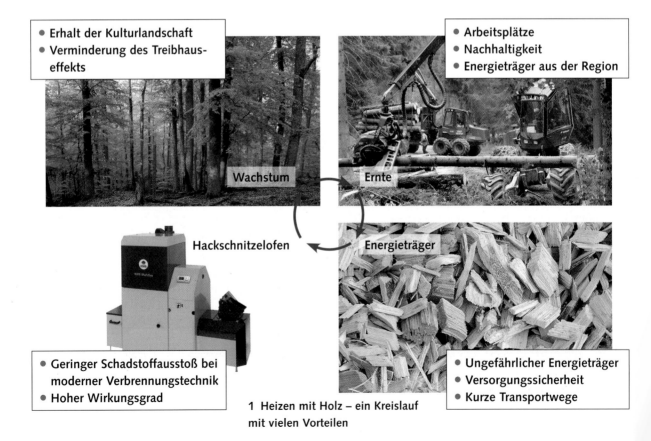

- Erhalt der Kulturlandschaft
- Verminderung des Treibhauseffekts

- Arbeitsplätze
- Nachhaltigkeit
- Energieträger aus der Region

Wachstum

Ernte

Hackschnitzelofen

Energieträger

- Geringer Schadstoffausstoß bei moderner Verbrennungstechnik
- Hoher Wirkungsgrad

- Ungefährlicher Energieträger
- Versorgungssicherheit
- Kurze Transportwege

1 Heizen mit Holz – ein Kreislauf mit vielen Vorteilen

1.4 Holz als Werkstoff und Rohstoff

Holz als Baustoff und Rohstoff. Die Verwendung von Holz in Form von Möbeln oder im Bausektor ist allgemein bekannt. Auch für die Papierherstellung ist Holz der Grundstoff. Die wenigsten wissen aber, dass Holz auch Ausgangsmaterial für Folien, Tapetenkleister, Brillengestelle, Tischtennisbälle oder Kämme sein kann! Diese Dinge können eigentlich auch aus günstigerem Mineralöl hergestellt werden. Berücksichtigt man aber auch die Kosten, die ein Produkt bei der Herstellung und bei der Verwertung nach Gebrauch für die Umwelt verursacht, erzielen Holzprodukte ein besseres Ergebnis.

Zellstoff – das wichtigste Holzprodukt. Holz besteht etwa zur Hälfte aus **Zellstoff (Cellulose).** Ein anderer wichtiger Bestandteil ist der **Holzstoff (Lignin).** Der Zellstoff muss von dem Holzstoff abgetrennt werden, bevor man ihn verwenden kann. Hierzu wird das zerkleinerte Holz mit einer Lösung behandelt, in der sich das Lignin, jedoch nicht der Zellstoff löst. Zellstoff wird zur Herstellung aller möglichen Sorten von Papier vom Taschentuch bis zur festen Pappe verwendet. Er ist außerdem Ausgangsmaterial für Textilien, Lederersatz oder Isoliermaterialien.

> **Merke:**
>
> - Holz dient als Werkstoff und Rohstoff für viele Produkte.
> - Das wichtigste Holzprodukt ist Zellstoff (Cellulose).

1 **Fragen zum Text: a)** Stelle Dinge des täglichen Lebens zusammen, die aus Holz gefertigt sind.
b) Nenne die beiden wichtigsten Holzbestandteile. Wie kann man sie voneinander trennen?

2 Erkläre, weshalb Holzprodukte in der Regel bei der Herstellung und nach dem Gebrauch umweltfreundlicher sind als Kunststoffe.

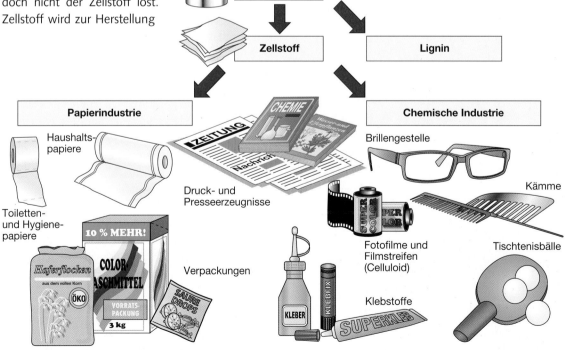

1 Vom Holz zum Produkt

1 Ein Rapsfeld – Produktionsstätte für Treibstoff

➡ Schneide einen Sonnenblumensamen auf. Reibe ihn auf einem Stück Papier und halte das Papier gegen das Licht. Was stellst du fest?

1.5 Biodiesel – vom Feld in den Tank

Herstellung von Biodiesel. Ein Kraftstoff aus nachwachsenden Rohstoffen kann grundsätzlich aus jeder Ölsorte hergestellt werden. In unseren Breitengraden ist aufgrund der klimatischen Bedingungen vor allem der Anbau von Raps vorteilhaft. Um aus der Ölpflanze einen geeigneten Kraftstoff für Motoren zu gewinnen, sind einige Verfahrensschritte nötig.

Zunächst werden die geernteten Samen gemahlen und getrocknet. Dann wird das Öl ausgepresst oder mit Hilfe eines Lösungsmittels dem Mehl entzogen (extrahiert). Die zurückbleibenden, ölfreien Rapssamen, der Rapsschrot, sind ein wertvolles, eiweißreiches Futtermittel. Die übrige Rapspflanze wird, getrocknet als Stroh, als Brennstoff oder als Dünger verwendet.

In einer Biodieselanlage lässt man das Rapsöl mit dem Alkohol Methanol reagieren. Bei dieser chemischen Reaktion entstehen Biodiesel und Glycerin. Biodiesel ist dünnflüssiger als Rapsöl und kann auch in Dieselmotoren eingesetzt werden. Das Glycerin ist ein wichtiger chemischer Grundstoff, zum Beispiel in der Kosmetikindustrie.

Auf diese Weise gewinnt man aus einem Hektar Raps etwa 1300 Liter Biodiesel. Ein Auto mit einem Verbrauch von 3 Liter Biodiesel auf 100 Kilometer könnte mit dieser Menge fast die Erde umrunden!

Biodiesel ist umweltfreundlich. Biodiesel hat eine ausgeglichene Kohlenstoffdioxidbilanz. Außerdem ist Biodiesel biologisch abbaubar. Deshalb wird Biodiesel vor allem auch in umweltsensiblen Bereichen wie in Schiffen, für Maschinen in Wasserschutzgebieten oder bei Traktoren im Ackerbau eingesetzt.

Biodiesel schafft auch Probleme. Der großflächige Anbau von Ölpflanzen wirft allerdings auch einige Probleme auf. Die Ölpflanzen müssen in Monokultur angepflanzt werden. So große Anbau-

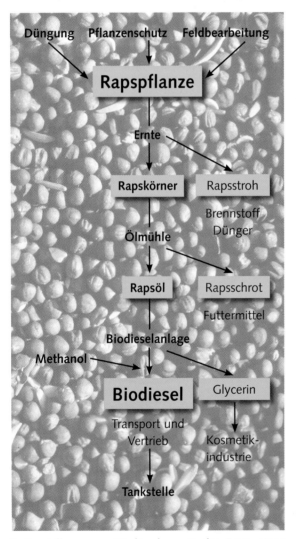

2 Herstellung von Biodiesel – mit der Ernte eines Hektars einmal um die Erde

gebiete sind von massiven Schädlingsbefall bedroht und müssen mit Pflanzenschutzmitteln behandelt werden. Um möglichst hohe Erträge zu erzielen, ist viel Dünger notwendig, der den Boden und die Luft belastet. Stehen nicht genügend Ackerflächen zur Verfügung, konkurrieren Energiepflanzen mit dem Anbau von Nahrungsmitteln. Diese werden knapp und verteuern sich.

Biodiesel kann fossile Kraftstoffe deshalb nur zu einem kleinen Teil ersetzen, zurzeit zu etwa 3 %. Wollte man den gesamten Dieselkraftstoff in Deutschland durch Biodiesel ersetzen, müsste man auf 70 % der Fläche Deutschlands Raps anbauen!

Probleme beim Anbau von Energiepflanzen
- Hoher Flächenbedarf
- Konkurrenz zur Nahrungsmittelproduktion
- Hoher Preis
- Durch Anbau als Monokulturen Probleme mit Schädlingen und der Düngung
- Menge und Qualität unterliegen Wettereinflüssen

Merke:
- **Öle lassen sich durch Extraktion aus Pflanzensamen gewinnen.**
- **Biodiesel lässt sich durch Reaktion mit Alkohol aus allen Ölsorten herstellen.**
- **Biodiesel ist umweltfreundlich.**
- **Der großflächige Anbau von Energiepflanzen ist mit Problemen verbunden.**

1 **Fragen zum Text: a)** Beschreibe mit eigenen Worten die wichtigsten Schritte von der Rapspflanze zum Biodiesel.
b) Stelle die Vorteile von Biodiesel gegenüber Erdöldiesel zusammen.
c) Welche Nachteile können bei einem großflächigen Anbau von Biodiesel auftreten?

2 ★ Spiritus ist ungenießbarer Alkohol. Welche chemische Eigenschaft spielt bei der Verwendung von Spiritus zur Ölgewinnung eine Rolle?

Praktikum **P**

Extraktion von Öl aus Sonnenblumen

Material: Alte Kaffee-Mühle; Kristallisierschale; 2 Bechergläser (100 ml); Filtriervorrichtung; Spiritus; Sonnenblumenkerne; Waage; Glasstab.

Durchführung: Etwa 20 g gemahlene Sonnenblumenkerne werden über Nacht offen auf der Heizung aufbewahrt. Etwa 10 g des getrockneten Mehls werden mit 40 ml Spiritus im Abzug (oder im Freien) 20 min unter Erwärmen im Wasserbad auf 60 °C gerührt und anschließend filtriert. Durch Stehenlassen dampft der Spiritus vom Öl ab.

Aufgabe: Bei der industriellen Herstellung wird das Lösungsmittel nicht einfach verdampft, sondern durch Destillation wieder aufgefangen. Weshalb macht man das?

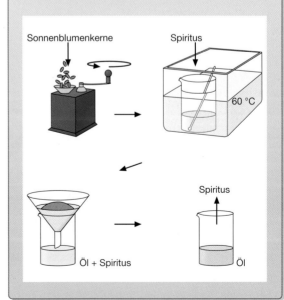

1.6 Erdöl – unser wichtigster Energieträger

„Erdöl auf Rekordjagd – so teuer wie nie zuvor!" „Droht eine neue Energiekrise?" „Erdöl-Reserven am Ende?" Solche oder ähnliche Schlagzeilen findet man immer wieder in den Meldungen von Presse, Rundfunk und Fernsehen. Sie zeigen uns, wie sehr unser Leben vom Erdöl bestimmt wird.

Energie aus Erdöl. Benzin, Dieselöl und Kerosin sind unsere häufigsten Treibstoffe für Autos, Schiffe und Flugzeuge. Sie werden aus Erdöl gewonnen. Erdöl ist der wichtigste Rohstoff der modernen Industrieländer wie Deutschland. Je weiter sich die Industrie entwickelt, desto größer wird auch die Nachfrage nach Ölprodukten. Heute werden weltweit etwa 4 Milliarden Tonnen Erdöl jährlich gefördert. Erdöl ist zum wichtigsten **Energieträger** geworden.

Erdölvorkommen. Erdöl wird meist aus Lagerstätten tief unter der Erdoberfläche gefördert. In manchen Gebieten der Erde wie zum Beispiel Kanada findet man zähflüssiges Öl auch als Ölschiefer oder Ölsand näher an der Oberfläche der Erde. Die Erdöllagerstätten sind nicht gleichmäßig über die Erde verteilt. Meist wird das Öl nicht dort gefunden, wo es gebraucht wird.

Die größten Vorräte besitzen Saudi-Arabien und die Länder um den persischen Golf. Sie verbrauchen viel weniger Öl als sie fördern können. Die Staaten Europas und andere Industrieländer brauchen sehr viel Erdöl, haben aber selbst nur ganz geringe Vorräte. Die fehlenden Mengen werden in über 30 verschiedenen Ländern eingekauft. Das führt zu politischen Abhängigkeiten. Man schätzt, dass die Erdölvorräte auf der Erde nur noch 30 bis 50 Jahre reichen werden.

Merke:
- Erdöl ist zurzeit der wichtigste Energieträger der Industriestaaten.
- Die Erdöllagerstätten sind auf der Erde nicht gleichmäßig verteilt.
- Die Erdölvorkommen sind begrenzt.

1 **Fragen zum Text: a)** Wozu wird die in Erdölprodukten gespeicherte Energie verwendet? **b)** In welcher Region der Erde sind die meisten Lagerstätten zu finden?

2 Stelle anhand der Abbildung 1 die drei Staaten mit der größten Fördermenge und die drei Staaten mit dem größten Verbrauch von Erdöl fest.

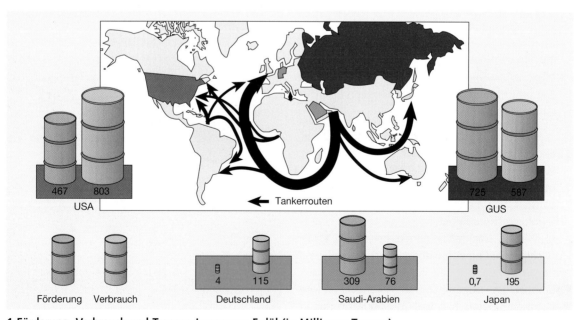

1 Förderung, Verbrauch und Transportwege von Erdöl (in Millionen Tonnen)

➡️ Betrachte Versteinerungen aus der Biologie-sammlung deiner Schule.

1.7 Fossile Rohstoffe

Fossilien. In vielen Museen sind Steinplatten aus-gestellt, auf denen die Form eines Blattes oder einer ganzen Pflanze zu sehen ist. Andere zei-gen Knochen oder Umrisse von Tieren. Diese viele Millionen Jahre alten Zeu-gen vom Leben auf der Erde nennt man Fossilien. Auch Kohle, Erdöl und Erd-gas sind aus den Überres-ten der Lebewesen jener Zeit entstanden. Deshalb nennt man diese Stoffe heute **fossile Rohstoffe.**

1 Versteinertes Blatt

Entstehung von Erdöl und Erdgas. Vor Millionen von Jahren waren andere Teile der Erde von riesigen Meeren bedeckt als heute. Darin lebten ungeheure Mengen von kleinen Lebewesen (A). Starben sie, sanken ihre Körper auf den Grund der Meere. Bakterien zersetzten sie dort zu Faulschlamm. Diese Ablagerungen wurden von Sand, Geröll und Schlamm zugedeckt, den Flüsse in die Meere spülten. Im Laufe der Zeit wurden diese Schichten immer dicker. Dadurch nahm der Druck stark zu und die Temperatur stieg (B). Die Überreste der Lebewesen wurden flüssig und zum Teil auch gasförmig. Erdgas und Erdöl bildeten sich. Später entstanden durch Erdbewegungen feine Risse im darüber liegenden Gestein. Erdgas und Erdöl stiegen nach oben, bis sie sich unter einer undurchlässigen Gesteinsschicht sammelten (C und D).

Entstehung von Kohle. Vor rund 300 Millionen entstand Kohle in ähnlicher Weise. Riesige Sumpf-wälder bedeckten damals die Kontinente. Umstür-zende Bäume und andere Pflanzenreste versanken im Schlamm. Flüsse schwemmten Sand und Geröll heran, die sich darüber ablagerten. Durch den Druck wurden die pflanzlichen Überreste immer mehr zusammengepresst und verwandelten sich in Braunkohle, Steinkohle und Anthrazit.

Blick in die Zukunft. Die Umwandlung von tieri-schen und pflanzlichen Überresten in Erdöl, Erd-gas und Kohle dauerte viele Jahrmillionen. Die Menschheit verbraucht heute weitaus mehr Erdöl als sich nachbilden kann. Man schätzt daher, dass die Vorräte an Erdöl bis zum Jahr 2050 größtenteils erschöpft sein. Deshalb muss man mit den fossilen Energieträgern sparsam umgehen und auch andere Möglichkeiten zur Energiegewinnung nutzen.

⌒⌒⌒⌒⌒⌒⌒⌒⌒⌒⌒⌒⌒⌒⌒⌒⌒⌒⌒⌒⌒⌒⌒⌒⌒⌒

Merke:

● **Erdöl, Erdgas und Kohle nennt man fossile Rohstoffe.**

● **Fossile Rohstoffe sind vor Jahrmillionen aus Überresten von Lebewesen entstanden.**

● **Erdöl und Erdgas entstanden aus tierischen Ablagerungen am Grund der Meere.**

1 **Fragen zum Text: a)** Was versteht man unter fossilen Rohstoffen?
b) Beschreibe, wie Erdöl und Erdgas entstanden sind.

2 Warum sind Erdöl, Erdgas und Kohle keine Bei-spiele für nachhaltige Rohstoffe?

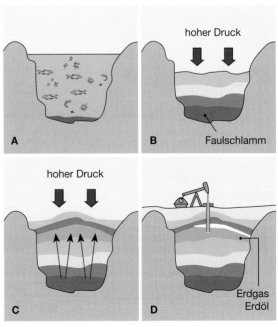

2 Entstehung von Erdöl und Erdgas

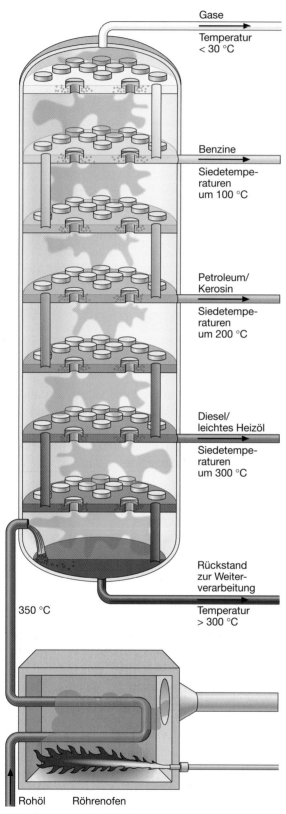

Gase
Temperatur
< 30 °C

Benzine
Siedetempe-
raturen
um 100 °C

Petroleum/
Kerosin
Siedetempe-
raturen
um 200 °C

Diesel/
leichtes Heizöl
Siedetempe-
raturen
um 300 °C

Rückstand
zur Weiter-
verarbeitung
Temperatur
> 300 °C

350 °C

Rohöl   Röhrenofen

1 Aufbau eines Destillationsturms

1.8 Vom Rohöl zum Treibstoff

Trennung eines Stoffgemisches. Erdöl ist kein einheitlicher Stoff, sondern ein **Stoffgemisch.** Um daraus Benzin oder Heizöl zu gewinnen, muss es erst aufgetrennt werden. Die einzelnen Bestandteile des Erdöls haben unterschiedliche Siedetemperaturen. Man kann sie durch Destillation voneinander trennen. So einfach wie bei der Destillation einer Salzlösung geht das aber nicht.

Fraktionierte Destillation. Wenn man Erdöl erhitzt, entweichen nach und nach Gase. Leitet man sie ab und kühlt sie, so kondensieren sie wieder zu Flüssigkeiten. Diese unterscheiden sich in Farbe, Geruch, Flüchtigkeit und Fließverhalten. Bei dieser *fraktionierten Destillation,* wie man dieses Verfahren auch nennt, erhält man keine Reinstoffe. Die Destillate sind Stoffgemische mit eng beieinander liegenden Siedetemperaturen. Diese Gemische werden **Erdölfraktionen** genannt.

Rohölaufbereitung in der Raffinerie. Wenn das Erdöl aus dem Boden kommt, enthält es meist noch Wasser und Sand. Es wird gereinigt und kann dann in **Raffinerien** verarbeitet werden.
Dort wird das Erdöl in einem Röhrenofen auf etwa 350 °C erhitzt. Dabei verdampft ein großer Teil des Öls. Das Gemisch aus Öldampf und flüssigem Öl wird in einen **Destillationsturm** geleitet. Dieser über 50 Meter hohe Turm ist durch Zwischenböden in Stockwerke eingeteilt. Die Böden enthalten Öffnungen, die mit glockenartigen Deckeln versehen sind.
Die Temperaturen nehmen von unten nach oben ab. Steigen die Öldämpfe im Destillationsturm auf, kühlen sie dabei ab und werden nach und nach flüssig. Je nach Siedetemperatur geschieht das in unterschiedlichen Höhen des Turms. Von den Zwischenböden werden die **Fraktionen** laufend abgezogen und in Lagertanks gefüllt. So gewinnt man zum Beispiel Benzin und Heizöl.

Die bei 350 °C noch flüssigen Bestandteile sammeln sich am Boden des Turms als Rückstand. Bei noch höheren Temperaturen würden sich diese Stoffe zersetzen. Deshalb wird der Rückstand bei vermindertem Druck zwischen 200 und 250 °C

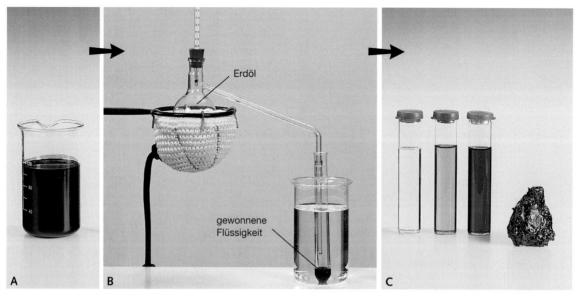

1 Trennung von Erdöl. A *Erdöl;* **B** *Modellversuch zur Trennung von Erdöl;* **C** *Erdölfraktionen*

erneut destilliert. Der geringere Druck lässt die Stoffe früher sieden. So erhält man schweres Heizöl und Schmieröle. Auch hier bleibt ein nicht verdampfbarer Teil übrig: Bitumen, das im Straßenbau als Asphalt verwendet wird.

> **Merke:**
>
> - **Erdöl ist ein Gemisch von Stoffen mit unterschiedlichen Siedetemperaturen.**
> - **In Raffinerien wird Erdöl im Destillationsturm in verschiedene Fraktionen aufgetrennt.**

1 **Fragen zum Text: a)** Durch welches Verfahren lässt sich das Gemisch Erdöl zerlegen?
b) Auf welcher Stoffeigenschaft beruht dieses Trennverfahren?
c) Wie nennt man die dabei gewonnen Stoffgemische?
d) Worin unterscheiden sich die gewonnenen Flüssigkeiten?

LV

2 In einen Rundkolben mit seitlichem Ansatz werden etwa 50 ml Rohöl eingefüllt. Dazu gibt man einige Siedesteine. Der Kolben wird mit einem Stopfen verschlossen, in dessen Bohrung ein Thermometer steckt. Das Erdöl wird mit einem Heizpilz erhitzt. Die entstehenden Gase lässt man in Reagenzgläsern kondensieren. Nach jeweils etwa 50 °C Temperaturerhöhung wird das betreffende Reagenzglas ausgetauscht und mit einem Gummistopfen verschlossen. Die gewonnenen Erdölfraktionen werden zur weiteren Verwendung aufbewahrt.

3 Nenne Unterschiede zwischen der Destillation
★ im Schulversuch und dem Destillationsverfahren der Industrie.

4 Die Erdölfraktionen mit einer hohen Siede-
★ temperatur werden bei vermindertem Druck destilliert. Was wird damit erreicht?

1 Produkte aus Erdöl

1.9 Verwendung der Erdölfraktionen

Gasförmige Fraktionen. Kein echter Camper kommt ohne Gaskocher aus. In den kleinen, meist blauen Kartuschen ist **Butan**. Die größeren, nachfüllbaren Campinggasflaschen enthalten **Propan**. Propan und Butan sind unter Normaldruck Gase. Sie lassen sich durch Druck leicht verflüssigen. Deshalb werden sie auch **Flüssiggase** genannt. Beide Gase kann man aus Erdöl gewinnen, sie sind in dem Erdöl gelöst. Aufgrund ihrer niedrigen Siedetemperaturen entweichen sie bei der Destillation von Erdöl als erstes. Auch im Erdgas sind diese beiden Gase enthalten.

Flüssige Fraktionen. Mit *Benzin* werden viele Kraftfahrzeuge betrieben. Diese Stoffgemische aus dem Erdöl haben Siedebereiche um 100 °C. Waschbenzine werden zum Lösen von Fetten und Ölen verwendet. Sie haben noch niedrigere Siedebereiche. Auch Kerosin, der Treibstoff für Flugzeuge, wird aus Erdölfraktionen gewonnen. LKW und viele PKW fahren mit Dieselöl. Auch viele Schiffe fahren mit Dieselöl oder so genanntem *schweren Heizöl*. In vielen Haushalten wird mit *leichtem Heizöl* geheizt. Auch als Motoren- oder *Schmieröl* spielen die Fraktionen mit hoher Siedetemperatur eine große Rolle. Kraftwerke nutzen die Energie aus Dieselöl zur Stromgewinnung.

Feste Fraktionen. Die Bestandteile des Erdöls, die sich auch unter vermindertem Druck nicht verdampfen lassen, werden *Bitumen* oder Teer genannt. Es wird als dichtender Anstrich für die Außenseite von Kellerwänden, bei der Herstellung von Dachpappe oder als Straßenbaumaterial verwendet.

Erdölfraktionen als Rohstoffe. Die Erölvorkommen auf der Erde werden immer knapper. Der größte Teil des Erdöls wird aber weiterhin als Brennstoff oder Treibstoff verwendet. Dabei ist Erdöl eigentlich viel zu schade zum Verbrennen. Die Bestandteile des Erdöls dienen nämlich als wichtige Rohstoffe für die chemische Industrie. So werden daraus zum Beispiel Kunststoffe, Farbstoffe, Kunstfasern, Arzneimittel und vieles mehr hergestellt.

Merke:

- Butan und Propan finden als Flüssiggase in Brennern Verwendung.
- Die flüssigen Fraktionen des Erdöls werden als Treibstoffe, zum Heizen oder als Schmiermittel verwendet.
- Bitumen benötigt man im Straßenbau oder als Dichtungsmaterial.
- Erdölfraktionen sind ein wichtiger Rohstoff für die chemische Industrie.

1 **Fragen zum Text: a)** Nenne Beispiele für gasförmige Erdölfraktionen.
b) Wozu werden die flüssigen Bestandteile des Erdöls verwendet?
c) Wie nennt man die festen Bestandteile des Erdöls und wozu werden sie verwendet?
d) Nenne Produkte, zu deren Herstellung Erdöl als Rohstoff benötigt wird.

2 Erstelle eine Tabelle mit den hier genannten Erdölbestandteilen (Butan, Benzin, ...) und recherchiere ihre Siedebereiche.

Erdöl als Rohstoff

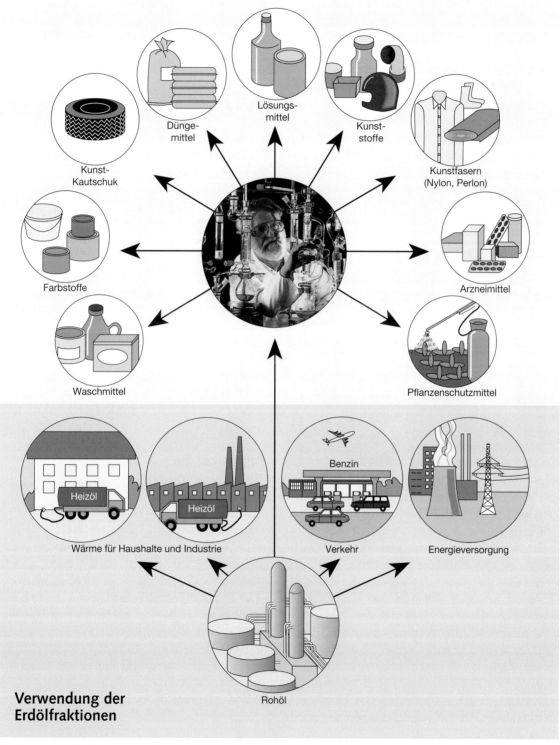

Kunst-
Kautschuk

Dünge-
mittel

Lösungs-
mittel

Kunst-
stoffe

Kunstfasern
(Nylon, Perlon)

Farbstoffe

Arzneimittel

Waschmittel

Pflanzenschutzmittel

Wärme für Haushalte und Industrie

Benzin

Verkehr

Energieversorgung

Heizöl

Heizöl

**Verwendung der
Erdölfraktionen**

Rohöl

1 Nutzung von Erdöl

Praktikum

Eigenschaften der Erdölfraktionen

V1. Verdunstung

Material: 3 Rundfilter; 3 Pipetten; Waschbenzin; Heizöl; Motoröl; Klebestreifen.

Durchführung: Gib mit der Pipette jeweils einen Tropfen der Proben auf je ein Filterpapier und befestige diese mit Klebestreifen am Fenster.

Aufgabe: Beobachte die Veränderungen der Proben einige Minuten lang. Welche Unterschiede stellst du fest?

V2. Entflammbarkeit

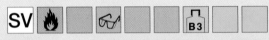

Material: 3 feuerfeste Schalen; Waschbenzin; Heizöl; Motoröl; Pipette; langer Holzspan; Feuerzeug; Deckel zum Löschen.

Durchführung: Tropfe mit der Pipette etwa 10 Tropfen Waschbenzin in eine der feuerfesten Schalen. Verschließe die Flasche mit dem Waschbenzin sofort und stelle sie weg. Nähere dann den brennenden Holzspan von oben her an die Oberfläche des Waschbenzins. Wiederhole anschließend den Versuch mit Heizöl und Motoröl. Die Flammen kannst du mit dem Deckel ersticken.

Aufgaben: a) Beschreibe möglichst genau, was du beim Zünden des Benzins beobachtest.
b) Welche Unterschiede stellst du bei den anderen Proben fest?

V3. Untersuchung der Flamme

Hinweis: Wenn kein Abzug vorhanden ist, kann man den Versuch auf dem Schulhof durchführen.

Material: 2 feuerfeste Schalen; lange Holzspäne; Feuerzeug; Pipette; Waschbenzin, Petroleum; Heizöl; Tiegelzange; Papiertuch.

Durchführung: Tropfe mit der Pipette etwa 10 Tropfen Waschbenzin in eine feuerfeste Schale und entzünde es mit dem Holzspan. Halte die zweite Schale mit der Tiegelzange in die Flamme.

Aufgaben: a) Beobachte die Flamme und den Niederschlag an der zweiten Porzellanschale.
b) Beseitige den Niederschlag mit dem Putztuch. Was kannst du beobachten?
c) Führe denselben Versuch mit den anderen Proben durch.
d) Welchen Unterschied zwischen Waschbenzin und den anderen Stoffen stellst du fest?
e) Welchen Stoff kannst du bei jeder Probe nachweisen?

V4. Fließverhalten

Material: 30 cm langer Glasstab; Waschbenzin; Heizöl; Motoröl; Pipette; Klebeband; Schere; Stoppuhr.

Durchführung: Markiere mit dem Klebeband eine etwa 25 cm lange Strecke am Glasstab. Halte den Glasstab senkrecht und tropfe mit der Pipette nacheinander je einen Tropfen der Flüssigkeiten an die obere Markierung.

Aufgaben: a) Stoppe und notiere die Laufzeit jeder Flüssigkeit vom Start bis zum Ziel.
b) Wie lassen sich die Unterschiede erklären?

Erdöl – Gefahr für die Umwelt

„Ölquelle steht in Flammen" – „Tanker auf Riff aufgelaufen" – „Tausende Seevögel verendet" – immer wieder kann man solche Schlagzeilen in der Zeitung finden oder als Meldungen in den Nachrichten hören.

So bedeutend Erdöl für die Industrie und die Haushalte ist, so gefährlich kann es für die Umwelt werden. Das beginnt bereits mit Unfällen, die bei der Förderung geschehen. Wenn eine Ölquelle brennt, wird die Umwelt vor allem durch Ruß belastet. Dieser kann dann durch Wind verbreitet werden und große Landstriche verschmutzen. Wird eine Bohrstelle im Meer undicht, gelangen gewaltige Mengen Erdöl ins Wasser.

Durch kilometerlange Röhren wird das Erdöl von der Bohrstelle zur Verladestation gepumpt. Diese Pipelines können undicht werden. Obwohl Sperren eingebaut sind, laufen erhebliche Mengen Öl aus, versickern im Erdreich und schädigen die Pflanzen- und Tierwelt auf lange Zeit.

Die größten Katastrophen geschehen aber beim Transport des Öls über das Meer. So gelangen im Jahr etwa fünf Millionen Tonnen Öl durch Tankerunfälle ins Meer. Da diese Unglücke fast immer in Küstennähe geschehen, hat das für die Umwelt unabsehbare Folgen. Direkt betroffen sind die Wasservögel. Das Öl verklebt das Gefieder. Sie versuchen, ihr Federkleid zu reinigen und nehmen dabei giftige Stoffe auf. Auch die im Wasser lebenden Tiere sind durch die giftigen Ölbestandteile bedroht.

Viele Tanker leiten auch Wasser ins Meer, das beim Reinigen von leeren Tanks mit Ölrückständen verseucht wurde. Diese Verschmutzer sind nur schwer zu finden.

Auch auf dem Weg zum Verbraucher können Unfälle geschehen. So läuft zum Beispiel aus beschädigten Tanklastwagen Öl aus und versickert im Erdreich. Dadurch wird das Grundwasser gefährdet. Ein Liter Heizöl kann etwa eine Million Liter Trinkwasser ungenießbar machen.

1 Umweltverschmutzung durch Erdöl.
A *brennende Ölquellen;* **B** *Tankerunfall;*
C *verölter Seevogel*

1.10 Erdöl – ein Gemisch von Kohlenwasserstoffen

Kohlenwasserstoffe. Beim Verbrennen von Campinggas (Butan) oder Benzin entstehen stets zwei Verbrennungsprodukte: Kohlenstoffdioxid und Wasser. Diese Stoffe bilden sich auch beim Verbrennen anderer Erdölfraktionen.

Kohlenstoffdioxid entsteht, wenn Kohlenstoff-Atome mit Sauerstoff-Atomen reagieren. Wasser ist das Reaktionsprodukt aus Wasserstoff-Atomen und Sauerstoff-Atomen. Daraus kann man schließen, dass Erdöl aus Verbindungen mit Kohlenstoff-Atomen und Wasserstoff-Atomen besteht. Man nennt solche Verbindungen deshalb **Kohlenwasserstoffe**. Erdöl ist also ein Gemisch aus verschiedenen Kohlenwasserstoffen.

Eigenschaften. Kohlenwasserstoffe sind brennbar. Einige bilden mit Luft explosive Gemische. Sie mischen sich nicht mit Wasser. Sie sind gesundheitsschädlich und können sogar Krebs verursachen. Trotz dieser negativen Eigenschaften sind sie von sehr großer Bedeutung für die chemische Industrie. Man kann aus ihnen unzählige gesundheitlich unbedenkliche Produkte herstellen, die wir in unserem täglichen Leben nutzen.

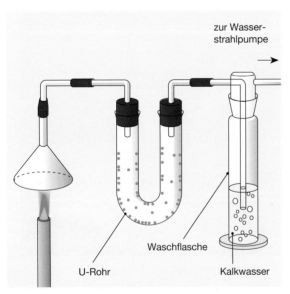

1 Nachweis der Verbrennungsprodukte von Kohlenwasserstoffen

zur Wasserstrahlpumpe

Waschflasche

U-Rohr

Kalkwasser

> • **Kohlenwasserstoffe sind Verbindungen, die aus Kohlenstoff- und Wasserstoff-Atomen aufgebaut sind.**
> • **Erdöl ist ein Gemisch aus verschiedenen Kohlenwasserstoffen.**

1 **Fragen zum Text: a)** Welche Stoffe entstehen beim Verbrennen von Benzin?
b) Was lässt sich daraus über den chemischen Aufbau von Benzin schließen?
c) Wie nennt man die Verbindungen, aus denen Erdöl besteht?

SV

2 Gieße etwa 1 cm hoch Kalkwasser in einen Standzylinder. Dann tropfe etwa 10 Tropfen Waschbenzin in einen Verbrennungslöffel, entzünde das Benzin und lasse es im Standzylinder abbrennen. Verschließe den Standzylinder anschließend schnell mit einer Abdeckplatte und schwenke den Inhalt vorsichtig.
a) Was lässt sich während der Verbrennung an der Wand des Standzylinders beobachten?
b) Wie verändert sich das Kalkwasser?
c) Welche Stoffe sind bei der Verbrennung des Benzins entstanden?

LV

3 Man baut eine Versuchsapparatur wie in Abb. 1 auf. Sobald die Wasserstrahlpumpe läuft, hält man die kleine Flamme des Gasbrenners unter den Trichter. Der Niederschlag im U-Rohr wird anschließend mit wasserfreiem Kupfersulfat untersucht. Anschließend wiederholt man den Versuch mit einer Kerzenflamme und brennendem Waschbenzin.
a) Beobachte den Trichter, das U-Rohr und das Kalkwasser. Welche Veränderungen stellst du fest?
b) Welche Verbrennungsprodukte werden nachgewiesen?

1 In sumpfigen Reisfeldern entsteht Biogas

1.11 Methan, der einfachste Kohlenwasserstoff

Vorkommen von Methan. Methan ist ein Bestandteil von **Biogas**. Biogas entsteht, wenn organisches Material in einer Umgebung ohne Sauerstoff zersetzt wird – zum Beispiel durch Methan-Bakterien. Diese leben im Schlamm von Seen, im sumpfigen Untergrund von Reisfeldern, auf Mülldeponien, in Faultürmen von Kläranlagen, aber auch im Magen von Rindern. Methan-Bakterien zersetzen organisches Material, dabei bildet sich als Abfallprodukt **Methan.** Dieses Gas gehört zu den sogenannten *Treibhausgasen*, die zur Erwärmung unserer Atmosphäre beitragen.

Biogas wird zur Energiegewinnung auch in Biogasanlagen hergestellt. Methan kommt aber nicht nur in Biogas vor, sondern auch als Grubengas in Kohlebergwerken. Auch **Erdgas** besteht zum größten Teil aus Methan.

Eigenschaften von Methan. Methan ist ein farbloses und geruchloses Gas, das leichter als Luft ist. Es ist leicht entzündlich und verbrennt mit bläulicher Flamme. Mit Luft bildet Methan explosive Gemische. Wenn Erdgas aus defekten Leitungen strömt und sich mit Luft vermischt, genügt ein Funke, um eine gewaltige Explosion zu verursachen. Auch die gefürchteten *Schlagwetter* in Bergwerken sind Explosionen von Methan-Luft-Gemischen.

Verwendung von Methan. Über 90 % des Methans werden als Heizgas verbrannt. Nur ein geringer Teil wird in der chemischen Industrie als Rohstoff zur Herstellung anderer Produkte verwendet.

Das Methan-Molekül. Methan ist der einfachste Kohlenwasserstoff. Jedes Methan-Molekül besteht aus einem Kohlenstoff-Atom, das mit vier Wasserstoff-Atomen verbunden ist. Als *Summenformel* schreibt man CH_4. In einem Molekül-Modell lässt sich die räumliche Anordnung der Atome im Molekül veranschaulichen. Das Kohlenstoff-Atom sitzt in der Mitte des Moleküls. Der Einfachheit halber ordnet man bei der *Strukturformel* die vier Wasserstoff-Symbole kreuzförmig um das Kohlenstoff-Symbol an.

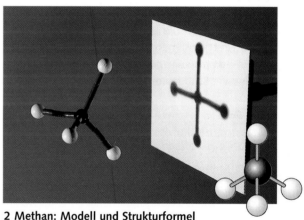

2 Methan: Modell und Strukturformel

Merke:

- Erdgas und Biogas bestehen vorwiegend aus Methan.
- Methan ist der einfachste Kohlenwasserstoff.
- Die Summenformel für Methan lautet CH_4.

1 **Fragen zum Text: a)** Beschreibe einige Eigenschaften von Methan.
b) Wo kommt Methan vor?
c) Wie ist das Methan-Molekül aufgebaut? Schreibe auch die Strukturformel und die Summenformel auf.

2 Welche Gase entstehen bei der Verbrennung von Methan? Begründe deine Antwort.

1.12 Alkane – das 1x1 der organischen Chemie

Die Stoffgruppe der Alkane. Du weißt bereits, dass es im Erdgas und im Erdöl eine ganze Reihe von Kohlenwasserstoff-Verbindungen gibt: Methan, Propan, Butan und andere. Alle ihre Namen enden mit der Silbe **–an**. Sie bilden die Stoffgruppe der **Alkane**.

Die Reihe der Alkane. Die Alkane lassen sich nach der Anzahl ihrer im Molekül enthaltenen Kohlenstoff-Atome ordnen. Rechts sind Modelle der ersten vier abgebildet. Wie die Reihe fortgeführt wird, siehst du in der Tabelle unten. Bei den Alkanen unterscheidet sich das folgende Molekül vom vorhergehenden immer durch ein zusätzliches Kohlenstoff- und zwei zusätzliche Wasserstoff-Atome. Durch diese Kettenverlängerung erhält man eine Reihe von Molekülen ähnlicher Bauart, eine **homologe Reihe.**

Schreibweise für Alkane. Es gibt verschiedene Möglichkeiten, die Formeln von Alkanen anzugeben. Die **Summenformel** für ein Alkan mit fünf Kohlenstoff-Atomen lautet C_5H_{12}. Aus dieser Schreibweise kann man die Anzahl der Atome im Molekül, nicht aber ihre Anordnung ablesen. Für C_5H_{12} ergibt sich beispielsweise die folgende **Strukturformel:**

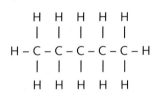

Dieses Kohlenwasserstof heißt Pentan.

Methan CH_4

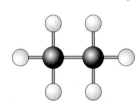

Ethan C_2H_6

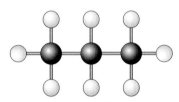

Propan C_3H_8

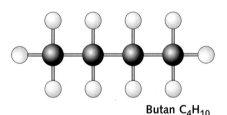

Butan C_4H_{10}

Name	Summen-formel	Schmelz-temp. (°C)	Siede-temp. (°C)
Methan	CH_4	-182	-162
Ethan	C_2H_6	-183	-89
Propan	C_3H_8	-188	-42
Butan	C_4H_{10}	-138	-1
Pentan	C_5H_{12}	-130	36
Hexan	C_6H_{14}	-95	69
Heptan	C_7H_{16}	-90	98
Octan	C_8H_{18}	-57	126
Nonan	C_9H_{20}	-54	151
Decan	$C_{10}H_{22}$	-30	174
Hexadecan	$C_{16}H_{34}$	18	287
Eicosan	$C_{20}H_{42}$	37	343

1 Die Reihe der Alkane

Merke:

- Kohlenwasserstoffe mit der Endsilbe –an bilden die Stoffgruppe der Alkane.
- Alkane lassen sich mit Summen- und Strukturformeln schreiben.

1 Fragen zum Text: a) Nenne Beispiele für Alkane. **b)** Wodurch unterscheiden sich aufeinanderfolgende Glieder in der Reihe der Alkane? **c)** Erkläre den Begriff homologe Reihe.

2 Schreibe die Namen, die Strukturformeln und die Summenformeln der ersten zehn Alkane auf. Die Tabelle links hilft dir dabei.

3 Welche Alkane sind bei Zimmertemperatur gasförmig, welche flüssig? Die Tabelle links hilft dir.

✱ 1.13 Die allgemeine Summenformel der Alkane

Ist bei einem Alkan-Molekül die Anzahl der Kohlenstoff-Atome bekannt, so lässt sich daraus auf die Anzahl der Wasserstoff-Atome schließen. Betrachten wir die Strukturformeln verschiedener kettenförmiger Alkane einmal genauer:

Die beiden Kohlenstoff-Atome an den Enden jedes Moleküls sind mit je drei Wasserstoff-Atomen verbunden. Alle anderen Kohlenstoff-Atome sind mit zwei Wasserstoff-Atomen verbunden. Will man die Anzahl der Wasserstoff-Atome berechnen, so verdoppelt man die Anzahl der Kohlenstoff-Atome und addiert 2.

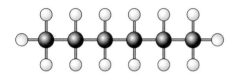

Beispiel: Das Alkan Hexan hat 6 C-Atome. Demnach muss Hexan 2 x 6 + 2 = 14 H-Atome haben. Die Summenformel für Hexan ist demnach C_6H_{14}. Die allgemeine Summenformel der Alkane lautet

$$C_n H_{2n+2}$$

Dabei ist n eine natürliche Zahl (n = 1, 2, 3, ...).

> **Merke:**
> - Die allgemeine Summenformel für die Alkane lautet $C_n H_{2n+2}$.

1 **Fragen zum Text: a)** Wie viele Wasserstoff-Atome hat ein Alkan mit 9 Kohlenstoff-Atomen?
b) Schreibe die Summenformel für ein Alkan mit 12 Kohlenstoff-Atomen auf.
c) Wie viele Kohlenstoff-Atome hat ein Alkan mit 10 Wasserstoff-Atomen?

Exkurs **E**

Molekülmodelle

Moleküle und Atome sind so klein, dass man sie auch unter dem Mikroskop nicht sehen kann. Ein Modell eines Moleküls zeigt aber, wie wir sie uns vorstellen können.

Zum Bau einfacher Modelle von Kohlenwasserstoffen brauchst du: Wattekugeln in zwei Größen, Pinsel, Wasserfarbe, Zahnstocher und Klebstoff. Male die großen Kugeln schwarz an. Verbinde die Kugeln mit den Zahnstochern untereinander, zum Beispiel Propan: 3 Kohlenstoff-Atome (schwarze Kugeln), 8 Wasserstoff-Atome (weiße Kugeln). Benetze dabei die Enden der Zahnstocher mit Klebstoff.

1 **a)** Lasse eine Mitschülerin oder einen Mitschüler herausfinden, welches Molekül du als Modell nachgebaut hast.
b) Baut in Arbeitsgruppen einen Teil der Reihe der Alkane nach.

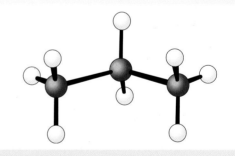

1 Räumliches Modell von Propan

2 Vereinfachtes Modell von Propan

★ 1.14 Iso-Alkane – eine verzweigte Angelegenheit

Isomerie. Baut man mithilfe eines Molekülbaukastens Modelle für das Molekül Butan, so ergeben sich zwei verschiedene Baumöglichkeiten: ein unverzweigtes und ein verzweigtes Molekül. Beide haben die Summenformel C_4H_{10} und kommen so im Erdöl auch tatsächlich vor. Aufgrund ihres unterschiedlichen Molekülbaus haben die beiden Butansorten auch unterschiedliche Eigenschaften.

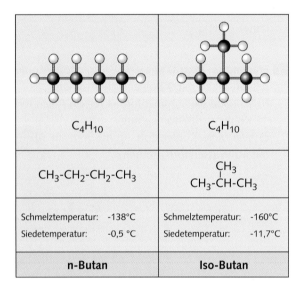

C_4H_{10}	C_4H_{10}
$CH_3\text{-}CH_2\text{-}CH_2\text{-}CH_3$	$CH_3\text{-}\overset{\displaystyle CH_3}{\underset{\displaystyle}{CH}}\text{-}CH_3$
Schmelztemperatur: -138°C Siedetemperatur: -0,5 °C	Schmelztemperatur: -160°C Siedetemperatur: -11,7°C
n-Butan	**Iso-Butan**

Stoffe, welche die gleiche Summenformel, aber unterschiedliche Strukturformeln haben, nennt man **Isomere.** Zur Unterscheidung bezeichnet man die Alkane mit einer unverzweigten Kohlenwasserstoffkette als **normale Alkane** oder auch **n-Alkane.** Solche mit verzweigter Kette nennt man **Iso-Alkane.**

Vielfalt der Isomere. Je größer die Anzahl der Kohlenstoff-Atome im Molekül ist, desto mehr Isomere mit gleicher Summenformel gibt es. So gibt es für Butan nur 2 Isomere, für Pentan 3 Isomere, für Dekan sogar 75 verschiedene Isomere. Für Eicosan, dem Alkan mit 20 Kohlenstoff-Atomen, gibt es sogar über 360 000 Baumöglichkeiten.

Isomere für besseres Benzin. Jede Benzinsorte ist ein Gemisch aus hunderten von verschiedenen Kohlenwasserstoffen. Im Motor muss ein Benzin-Luft-Gemisch zu einem bestimmten Zeitpunkt mög-

lichst gleichmäßig verbrennen. Zündet das Gemisch zu früh, hört man ein klopfendes Geräusch. Solche unkontrollierten Verbrennungen können den Motor schädigen. Alkane mit unverzweigten Molekülen entzünden sich leicht und neigen daher zum Klopfen.

Iso-Alkane dagegen sind klopffester und deshalb von besserer Qualität.

Octanzahl. Ein Maß für die **Klopffestigkeit** von Benzin ist die *Octanzahl* (OZ). Je höher die Octanzahl, desto klopffester ist das Benzin. n-Heptan, das die geringste Klopffestigkeit besitzt, hat man die Octanzahl 0 zugeordnet. Superbenzin mit OZ 95 ist klopffester als Normalbenzin mit OZ 92.

Reformieren. Im Benzin aus der Erdöldestillation liegen größtenteils unverzweigte Alkan-Moleküle vor. Durch technische Verfahren kann man sie in verzweigte, klopffestere Moleküle umwandeln. Diesen Vorgang nennt man *Reformieren*.

> **Merke:**
>
> - Isomere sind Stoffe mit gleicher Summen-, aber unterschiedlicher Strukturformel.
> - Unverzweigte Alkane werden n-Alkane genannt.
> - Alkane mit verzweigten Molekülen heißen Iso-Alkane.
> - Benzin aus vielen verzweigten Molekülen ist klopffester.

1 Fragen zum Text: a) Was haben die Isomere eines Alkans gemeinsam und worin unterscheiden sie sich?
b) Zeichne die Strukturformel von n-Hexan und alle Isomere dieses Alkans.
c) Warum reformiert man unverzweigte Alkanmoleküle für ihre Verwendung als Benzin?

★ 1.15 Molekülbau und Stoffeigenschaften

Propan ist bei Zimmertemperatur gasförmig, das im Benzin vorkommende Octan dagegen flüssig und Paraffin sogar fest. Bei allen drei Stoffen handelt es sich um Alkane. Was sind die Gründe für diese unterschiedlichen Eigenschaften?

Gegenseitige Anziehung. Zwischen Molekülen wirken **Anziehungskräfte.** Je größer die Moleküle sind, desto stärker sind auch die Kräfte, die zwischen ihnen wirken. Octan-Moleküle sind größer als Propan-Moleküle. Die Anziehungskräfte zwischen Octan-Molekülen sind demnach stärker als die zwischen Propan-Molekülen.

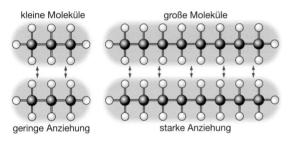

kleine Moleküle — große Moleküle

geringe Anziehung — starke Anziehung

1 Anziehung zwischen unterschiedlich großen Alkan-Molekülen

Aggregatzustände der Alkane. Die Anziehungskräfte zwischen Alkan-Molekülen mit einem bis vier Kohlenstoff-Atomen sind gering. Deshalb sind diese Stoffe bei Zimmertemperatur gasförmig. Die Schmelz- bzw. Siedetemperaturen der Alkane hängen von ihrer Kettenlänge ab. Je länger das Alkan-Molekül, desto größer sind die Anziehungskräfte und desto höher ist seine Schmelz- und Siedetemperatur.

Verdunstung bei Alkanen. Benzin riecht man schon aus einiger Entfernung, zähflüssiges Motorenöl dagegen nicht. Leichtbenzin mit 5 bis 7 Kohlenstoff-Atomen pro Molekül verdunstet sehr leicht, weil zwischen diesen kleinen Molekülen die Anziehungskräfte ziemlich gering sind. Dieselöl und Motorenöl bestehen aus viel größere Molekülen, sie hinterlassen bleibende Flecken. Hier halten die größeren Anziehungskräfte die Moleküle zusammen.

Fließverhalten von Alkanen. Benzin ist dünnflüssig wie Wasser, Motorenöl dagegen zähflüssig wie Honig oder Sirup. Auch dies ist auf die Größe der Moleküle zurückzuführen. Je länger die Alkankette ist, desto zähflüssiger ist der Stoff.

Entflammbarkeit. Dämpfe von Brennstoffen lassen sich leicht entzünden. Weil Benzin bereits bei Zimmertemperatur verdunstet, kann man die Dämpfe dieser kurzkettigen Moleküle mit einem Streichholz entzünden. Deshalb ist das Rauchen an Tankstellen verboten. Diesel- oder Motorenöl enthalten längerkettige Moleküle. Sie entflammen nicht so leicht.

2 Kein Motor läuft ohne Schmieröl

Merke:
- **Die Anziehungskräfte zwischen Molekülen hängen von der Molekülgröße ab.**
- **Schmelz- und Siedetemperaturen von Alkanen hängen von der Molekülgröße ab.**
- **Fließverhalten, Verdunstung und Entflammbarkeit von Alkanen sind von der Kettenlänge der Moleküle abhängig.**

1 **Fragen zum Text: a)** Warum ist Ethan bei Zimmertemperatur gasförmig, Decan dagegen flüssig?
b) Warum ist das Rauchen an Tankstellen verboten?
c) Stelle einen Zusammenhang zwischen der Größe von Alkan-Molekülen und ihren Eigenschaften her. Bilde dabei Sätze wie „Je größer das Alkan-Molekül ist, desto …"

Trainer · Trainer · Trainer · Trainer · Trainer · Trainer · Trainer · Trainer · Trainer

1 a) Gib an, was nachwachsende Rohstoffe von fossilen Rohstoffen unterscheidet.
b) Nenne für beide Gruppen Beispiele.

2 Nachwachsende Rohstoffe kann man sowohl stofflich als auch energetisch nutzen. Nenne jeweils einige Beispiele hierzu.

3 Erkläre am Beispiel der Holzernte, was man unter dem Begriff Nachhaltigkeit versteht.

4 Holz ist ein vielseitiger nachwachsender Rohstoff. Zähle einige Produkte auf, die aus Holz gewonnen werden.

5 Viele Forscher führen die Erwärmung der Erdatmosphäre auf die Verbrennung fossiler Rohstoffe zurück. Erläutere dies.

6 Der Einsatz von Biodiesel ist vor allem in umweltsensiblen Bereichen sinnvoll. Erläutere dies anhand von Beispielen.

7 Ein großflächiger Anbau von Ölpflanzen zur energetischen Nutzung bringt landwirtschaftliche Probleme mit sich. Begründe dies.

8 ★ Beschreibe mit eigenen Worten die Extraktion von Sonnenblumenöl aus den Samen. Begründe die einzelnen Arbeitsschritte.

9 ★ Auch bei nachwachsenden Rohstoffen ist kein geschlossener Kohlenstoffdioxidkreislauf vorhanden, da Ernte, Verarbeitung und Transport mit berücksichtigt werden müssen. Nimm Stellung zu dieser Aussage.

10 Erkläre die Entstehung von Erdöl und Erdgas.

11 Wodurch unterscheiden sich die einzelnen Fraktionen der Erdöldestillation?

12 Erläutere den Begriff „Kohlenwasserstoffe".

13 Warum nennt man Methan auch „Faulgas", „Grubengas" oder auch „Biogas"?

14 Schreibe die Summen- und Strukturformeln für Pentan und Decan auf.

15 ★ a) Welche Alkane sind hier abgebildet?

```
    H   H   H   H   H              H   H
    |   |   |   |   |              |   |
H – C – C – C – C – C – H      H – C – C – H
    |   |   |   |   |              |   |
    H   H   H   H   H              H   H
```

b) Zeichne die Strukturformel zu folgenden Alkanen: Methan, Butan, Octan, Hexadecan.
c) Ergänze die Summenformeln folgender Alkane: $C_{14}H_?$, $C_?H_{34}$, $C_?H_4$, $C_{10}H_?$, $C_?H_{10}$, $C_3H_?$

16 ★ Wodurch unterscheidet sich die Strukturformel eines Iso-Alkans von der eines entsprechenden n-Alkans? Verdeutliche deine Antwort durch eine Zeichnung.

17 ★ Welche Eigenschaften der Alkane hängen von der Länge der Moleküle ab?

Auf einen Blick

- Nachwachsende Rohstoffe sind forst- oder landwirtschaftlich erzeugte Produkte, die nicht der Ernährung dienen. Man kann sie als Rohstoffe oder energetisch nutzen. Beispiele: Holz, Fasern, Stärke, Pflanzenöle, Zucker und andere.

- Mit zunehmendem Kohlenstoffdioxidgehalt in der Atmosphäre steigt die Temperatur auf der Erde an (Treibhauseffekt). Dies führt zu Klimaveränderungen.

- Nachwachsende Rohstoffe sind umweltverträglich und produzieren kein zusätzliches Kohlenstoffdioxid. Sie tragen damit zum Klimaschutz bei.

- ✳ Öle lassen sich durch Extraktion aus den entsprechenden Samen herstellen.

- Kohle, Erdöl und Erdgas sind fossile Rohstoffe.

- Erdöl besteht aus einem Gemisch von Kohlenwasserstoffen.

- Erdöl wird durch fraktionierte Destillation in seine Bestandteile zerlegt. Die Produkte der Destillation werden als Brennstoffe, Treibstoffe und als Rohstoffe für die chemische Industrie verwendet.

- Kohlenwasserstoff-Moleküle sind aus Kohlenstoff-Atomen und Wasserstoff-Atomen aufgebaut. Methan ist der einfachste Kohlenwasserstoff:

$$\text{Methan} \qquad \begin{array}{c} H \\ | \\ H - C - H \\ | \\ H \end{array}$$

- Kohlenwasserstoffe mit der Endsilbe –an bilden die Stoffgruppe der Alkane. Sie bilden eine homologe Reihe:

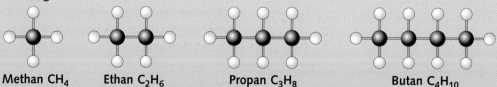

Methan CH_4 Ethan C_2H_6 Propan C_3H_8 Butan C_4H_{10}

- ✳ Alkane sind Kohlenwasserstoffe mit der allgemeinen Summenformel C_nH_{2n+2}.

- ✳ Die Eigenschaften der Alkane hängen von der Größe und der Struktur der Kohlenwasserstoff-Moleküle ab.

1 Kunststoffe im Auto

2. Kunststoffe

➡ Betrachte dein Mäppchen und seinen Inhalt einmal genauer. Welche Teile sind aus Naturstoffen, welche aus Kunststoffen?

2.1 Kunststoffe – Werkstoffe unserer Zeit

Naturstoffe. Stein, Metall, Holz, Glas, Leder und Papier waren vor 100 Jahren die Werkstoffe, aus denen die meisten Geräte, Werkzeuge, Fahrzeuge und Bauwerke hergestellt wurden. Kleidung wurde aus Naturstoffen wie zum Beispiel Wolle, Baumwolle, Seide, Leder und Leinen hergestellt.

Vielseitige Kunststoffe. Heute dagegen sind in vielen Bereichen **Kunststoffe** im Einsatz. Sie haben unterschiedliche Eigenschaften und sind deshalb auf die vielfältigste Weise zu verwenden. Sie eignen sich beispielsweise als Folien zum Verpacken von Lebensmitteln, weil sie flexibel sind und sich jeder Form anpassen können. Flaschen aus Kunststoff für Getränke oder Reinigungsmittel sind stabil, bruchfest und dabei sehr leicht. Spielzeug aus Kunststoff lässt sich in leuchtenden Farben einfärben.

Manche Kunststoffe lassen sich zu dünnen Fasern ausziehen. Aus ihnen stellt man Hosen, Jacken, Pullover und vor allem wetterfeste Sportbekleidung her. Diese Kleidung ist leicht und einfach zu pflegen.

In einem modernen Mittelklassewagen sind rund 160 kg Kunststoff verarbeitet. Von den rund 5000 Bauteilen eines Autos bestehen ungefähr 1500 aus unterschiedlichen Kunststoffen. Die Innenauskleidung, Sitze, Reifen, die Dichtungen, der Tank, Stoßstangen, Schläuche und Leitungen sind nur einige Beispiele.

Die moderne Medizin kommt nicht ohne Kunststoffe aus. Ihr Einsatz reicht von Einwegspritzen, Wundpflastern, Schläuchen, Blutkonservenbeutel über Herzklappen, künstliche Hüftgelenke bis hin zu Zahnfüllungen und unzähligen anderen Einsatzmöglichkeiten.

Das alles sind maßgeschneiderte Kunststoffe. Sie können Naturstoffe nicht nur ersetzen, sie sind ihnen in vielen Bereichen sogar überlegen! Heute werden ganz gezielt neue Kunststoffe mit genau festgelegten Eigenschaften entwickelt.

Nachteile der Kunststoffe. Manche Kunststoffe haben aber auch Nachteile: Ihre Oberfläche ist nicht kratzfest. Werden sie dem Licht und Witterungseinflüssen ausgesetzt, können Farben verblassen. Mit der Zeit verlieren sie ihre Elastizität und können brechen. Schaumstoffe können zerbröseln. Außerdem sind die meisten Kunststoffe biologisch nicht abbaubar.

> **Merke:**
> - **Kunststoffe sind vielseitige Werkstoffe.**
> - **Kunststoffe sind leicht, gut formbar und preiswert.**
> - **Die Eigenschaften eines Kunststoffes sind für seine Verwendung entscheidend.**
> - **Manche Kunststoffe verändern mit der Zeit ihre Eigenschaften, viele sind biologisch nicht abbaubar.**

1 **Fragen zum Text: a)** Nenne Gegenstände aus der Küche, die aus Kunststoffen bestehen.
b) Nenne Vor- und Nachteile von Kunststoffen.

2 Warum sind Kunststofffolien für Vakuumverpackungen geeignet?

2.2 Kunststoffe für verschiedene Aufgaben

Riesenmoleküle. So unterschiedlich die Eigenschaften der einzelnen Kunststoffe auch sind, im Bau ihrer Moleküle weisen sie dennoch einige Gemeinsamkeiten auf.

Die Grundbausteine eines Kunststoffes sind immer viele Moleküle einer oder weniger Sorten. Diese Bausteine werden durch chemische Bindungen miteinander verknüpft. Dabei entstehen *Riesenmoleküle*. Man nennt sie auch **Makromoleküle oder Polymere** (die Vorsilbe poly bedeutet viel, meros heißt Teil).

Thermoplaste sind Kunststoffe, die in der Wärme plastisch sind und geformt werden können. Dann sind sie weich und zähflüssig wie Honig. Die Ketten der Makromoleküle liegen zum größten Teil nebeneinander. Beim Erwärmen bewegen sich die Molekülketten praktisch ungehindert und gleiten aneinander vorbei, weil zwischen den großen Molekülen keine Verbindungen bestehen. Man kann sie beliebig oft erweichen und erhärten. Aus Thermoplasten bestehen zum Beispiel Schüsseln, Eimer, Plastiktüten und Abwasserrohre.

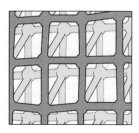

Duroplaste sind Kunststoffe, die in erwärmtem Zustand nicht umgeformt werden können. Bei sehr großer Hitze zersetzen sich diese Kunststoffe sogar. Die Molekülketten der Duroplaste sind engmaschig miteinander vernetzt. Die einzelnen Molekülketten können sich nicht aneinander vorbei bewegen. So können beispielsweise Radblenden manchen Stoß aushalten. Selbst bei hohen Temperaturen behalten sie ihre Form. Auch elektrische Schalter, Steckdosen, hitzebeständige Lager und die Gehäuse der elektrischen Küchengeräte bestehen aus Duroplasten.

Elastomere sind Kunststoffe, die sich leicht verformen lassen, nach der Verformung aber wieder ihre ursprüngliche Gestalt annehmen. Ihre Molekülketten sind weitmaschig miteinander vernetzt. Durch Druck kann man sie kurzzeitig verschieben. Lässt aber die Kraft nach, nehmen sie ihre ursprüngliche Form wieder ein. Bei großer Hitze zersetzen sie sich. Stoßstangen aus Elastomeren verhalten sich ähnlich wie Gummi. Nach einem Stoß verformen sie sich kurz, sehen dann aber schnell wieder so aus wie vorher. Schaumgummi und Matratzenfüllungen sind Elastomere.

Merke:
- **Die Hauptgruppen der Kunststoffe sind Thermoplaste, Duroplaste und Elastomere.**
- **Ihre Eigenschaften sind von der Verbindung der Makromoleküle untereinander abhängig.**

1 **Fragen zum Text: a)** Nenne die drei Hauptgruppen der Kunststoffe.
b) Worin unterscheidet sich der Aufbau der Thermoplaste von dem der Duroplaste?
c) Zähle Gegenstände auf, die aus Elastomeren hergestellt werden.
d) Warum lassen sich Thermoplaste in der Wärme verformen?

2 In einem 250 ml-Becherglas werden 1,6 - Diaminhexan mit 0,5 g Natriumcarbonat in 50 ml Wasser gelöst und mit einer Lösung von 3 ml Hexandisäuredichlorid in 100 ml Heptan überschichtet. Mit einer stumpfen Pipette zieht man die Haut, die sich an der Grenzfläche beider Flüssigkeiten bildet, vorsichtig aus dem Becherglas und wickelt den Faden langsam um einen Glasstab.
a) Beschreibe deine Beobachtungen. Wie sieht der Nylon-Faden aus?
b) Recherchiere, wie Nylon industriell hergestellt wird.

Praktikum

 ## Eigenschaften von Kunststoffen

V1. Verhalten beim Erwärmen

Material: Kunststoffproben aus Polyethylen (PE), Polypropen (PP) und Polystyrol (PS); Schere; Hammer; starke Aluminiumfolie; Plätzchenförmchen aus Metall; Silikonöl; elektrische Kochplatte; Tiegelzange.

Durchführung: Forme aus der Aluminiumfolie einen Boden für die Förmchen. Drücke die überstehende Folie am Außenrand der Förmchen gut fest. Bestreiche die Förmchen innen dünn mit Silikonöl. Zerkleinere die Kunststoffproben mit Hammer und Schere und fülle je eine Sorte in ein Förmchen. Stelle sie auf die Kochplatte und erhitze sie vorsichtig. Nimm die Förmchen mit der Tiegelzange von der Kochplatte, lasse sie abkühlen und löse die Proben aus den Förmchen.

Aufgaben: a) Beobachte die Veränderungen der Proben. Zu welcher Gruppe von Kunststoffen gehört die jeweils untersuchte Probe?
b) Welche Möglichkeiten ergeben sich daraus für die Verwendung und Wiederverwertung dieses Kunststoffs?

V2. Untersuchung der Wärmeleitfähigkeit

Material: Becher aus Porzellan, Metall, Styropor, Polyethylen (PE) oder Polypropen (PP); heißes Wasser; Thermometer.

Durchführung: Gieße heißes Wasser in die verschiedenen Becher. Fasse die Becher von außen an. Miss nach 5 und 10 Minuten die Temperatur des Wassers in den verschiedenen Bechern.

Aufgaben: a) Schildere deine Beobachtungen.
b) Wie sind die Temperaturunterschiede zu erklären?

V3. Elektrische Leitfähigkeit

Material: 4,5 V-Batterie oder Netzgerät; Glühlampe mit Fassung; 3 Kabel; 4 Krokodilklemmen; verschiedene Gegenstände aus Metall und Kunststoff wie Becher, Verpackungen, Folien, …

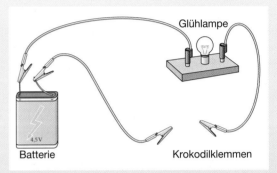

Durchführung: Baue einen Stromkreis entsprechend der Skizze auf. Prüfe die elektrische Leitfähigkeit der Kunststoffproben.

Aufgaben: a) Was lässt sich über die elektrische Leitfähigkeit von Kunststoffen aussagen?
b) Wofür eignen sich Kunststoffe deshalb besonders gut?

V4. Elastizität und Ritzhärte

Material: Haushaltsschwamm, Proben von Polypropen, Styropor und Polyurethan (z. B. Verpackungsmaterial); starker Nagel.

Durchführung: Versuche die Proben durch Biegen oder Drücken zu verformen. Dann ritze mit dem Nagel die Oberfläche der Proben an.

Aufgaben: a) Berichte, wie sich die Proben beim Verformen verhalten.
b) Wie sehen die Proben nach dem Einwirken der Kraft aus?
c) Wie verhalten sich die Proben beim Ritzen mit einem Nagel?

Kunststoffe, die jeder kennt

PC. Aus **Polycarbonat** werden zum Beispiel **C**ompact **D**isks hergestellt. Eine CD erhält die Informationen als winzige Vertiefungen, Pits genannt, in der Kunststoffoberfläche. Pits sind nur etwa 0,002 Millimeter lang und 0,0002 Millimeter tief. Nur weil das erwärmte Polycarbonat extrem dünnflüssig ist, lassen sich die Pits exakt übertragen. Beim Abspielen tastet ein Laserstrahl die Pit-Spuren durch den Kunststoff hindurch ab. Der Laserstrahl registriert die Vertiefungen. Die Lichtreflexe werden in elektrische Impulse und dann in Töne oder Bilder umgewandelt. Eine CD wiegt nur 16 Gramm, hat aber eine Speicherfähigkeit von 300 000 beschriebenen DIN A4-Seiten. Aus gebrauchten CDs kann man Gefäße oder Computergehäuse herstellen.

PVC. Polyvinylchlorid findet vor allem in der Bauindustrie vielseitige Verwendung. PVC ist wetterfest und kann überall dort eingesetzt werden, wo schwer entflammbare Baustoffe vorgeschrieben sind. Fensterrahmen, Fußbodenbeläge, aber auch Kabelisolierungen werden aus PVC hergestellt. Es kann sehr preisgünstig produziert werden. Schwermetallhaltige Zusätze und Weichmacher verbessern die Eigenschaften des an sich harten, spröden Stoffes.

Der Einsatz von PVC wird zunehmend kritisch beurteilt, weil es bei der Abfallbeseitigung viele Nachteile hat. Bei der Verbrennung von PVC entstehen aggressive Salzsäuredämpfe, die ausgewaschen werden müssen. Außerdem können beim Verbrennen Krebs erregende Dioxine entstehen.

PET. Polyethylenterephthalat wird schon seit vielen Jahren zur Herstellung moderner Textilfasern verwendet. Besonders regenabweisende, atmungsaktive, leichte Sportkleidung besteht zum größten Teil aus PET-Fasern. 1990 begann der zweite Siegeszug des PET als Getränkeverpackung. Mithilfe eines neuen Verfahrens können die Molekülketten aus PET stark verlängert werden. Dadurch ist es möglich, bruchfeste, hauchdünne, extrem leichte, form- und temperaturstabile Flaschen herzustellen. Heute werden schon mehr als 50 % aller Erfrischungsgetränke in PET-Flaschen abgefüllt. PET-Flaschen kann man leicht reinigen und mehrfach benutzen. PET kann zu 100% wiederverwertet werden.

Exkurs

* ### Kunststoffe werden vielfältig verwendet

Polyethylen PE
Tragetaschen, Eimer,
Flaschenkästen, Folien

Polypropen PP
Rohrleitungen, Kofferschalen
Verpackungsbehälter

Polystyrol PS
Joghurtbecher, Verpackungen,
Wärmedämmplatten

Melamin-Schichtpressstoff MF/PF
Oberfläche für Tische,
Arbeitsplatten für Küchen

Phenolharz PF
Topfgriffe, Drehknöpfe,
Gehäuse von Elektrogeräten

Polyurethan PUR
Polster, Matratzen, Schuhsohlen,
atmungsaktive Bekleidung, Ski

Kunststoffsymbole

Verpackungen aus Kunststoff werden mit Symbolen gekennzeichnet. Das Symbol besteht aus einem Dreieck aus Pfeilen. Darin steht eine Ziffer oder eine Buchstabenkombination.

PS

02 oder PE-HD:	Polyethylen (hart)
03 oder PVC:	Polyvinylchlorid
04 oder PE-LD:	Polyethylen (weich)
05 oder PP:	Polypropen
06 oder PS:	Polystyrol

1 Welche der im Exkurs genannten Kunststoffe sind deiner Meinung nach Elastomere? Begründe deine Auswahl.

2 Suche die Kennzeichnung für die verschiedenen Kunststoffe auf Verpackungen und erstelle eine Liste.

3 Welche Eigenschaften muss ein Kunststoff haben, damit er für die Beschichtung einer Küchenarbeitsplatte geeignet ist?

4 Im Klassenzimmer sind Gegenstände aus Kunststoff zu finden. Kennzeichne die Gegenstände mit Namensschildern der entsprechenden Kunststoffe.

2.3 Kunststoff-Recycling – nicht ohne Probleme

Kunststoffe werden in immer größeren Mengen produziert, daher nehmen auch die Kunststoffabfälle zu. In Deutschland fallen pro Jahr rund 4 Millionen Tonnen Kunststoffabfälle an. Davon können mehr als 75 % sinnvoll verwertet werden – die restlichen Abfälle werden auf Mülldeponien eingelagert.

Werkstoffrecycling. Sind die Kunststoffabfälle sortenrein und sauber, kann man die Abfälle zu neuen Formen umschmelzen. Man schätzt, dass durch dieses Verfahren rund 20 % der Kunststoffabfälle wieder verwendet werden. Von dem Kunststoff Styropor werden heute bereits 40% wieder verwertet. Meist liegen die Kunststoffe aber nicht sortenrein, sondern als Gemische vor. Gemische sind durch Umschmelzen nur sehr begrenzt wieder verwertbar. Aus solchen Kunststoffgemischen stellt man beispielsweise Parkbänke her.

Rohstoffrecycling ist ein aufwändiges und daher teures Verfahren, bei dem das Kunststoffgemisch zerkleinert und anschließend unter Luftabschluss bei über 400 °C geschmolzen wird. Die Molekülketten der Kunststoffe werden dabei in kurze Bruchstücke aufgespalten. Man nennt dies *Pyrolose.* Es entstehen verschiedene Öle und Gase. So spaltet sich zum Beispiel Chlorgas aus dem Kunststoff PVC ab. Die verschiedenen entstehenden Produkte müssen durch aufwändige Destillationen getrennt werden. Es bleiben außerdem etwa 5 % Rückstände, die deponiert werden müssen.

Thermische Verwertung. In Müllverbrennungsanlagen werden Kunststoffe zusammen mit anderen Stoffen verbrannt und so zur Gewinnung von Energie in Form von Wärme und Strom genutzt. Die Kunststoffe verbrennen vor allem zu Kohlenstoffdioxid und Wasser. Allerdings können bei der Verbrennung mancher Kunststoffe auch Chlorwasserstoffgase und hochgiftige Dioxine entstehen. Die Abluft muss deshalb in aufwändigen Filteranlagen gereinigt werden.

Merke:

- Beim Werkstoffrecycling werden Kunststoffabfälle zu neuen Formen umgeschmolzen.
- Beim Rohstoffrecycling werden Kunststoffmoleküle in kleinere Moleküle zerlegt.
- Bei der thermischen Verwertung werden Kunststoffe zur Energiegewinnung verbrannt.

1 **Fragen zum Text: a)** Wie müssen Kunststoffabfälle vorliegen, damit sie problemlos umgeschmolzen werden können?
b) Welche Nachteile hat das Rohstoffrecycling bei Kunststoffen?
c) Was versteht man unter thermischer Verwertung von Kunststoffabfällen?

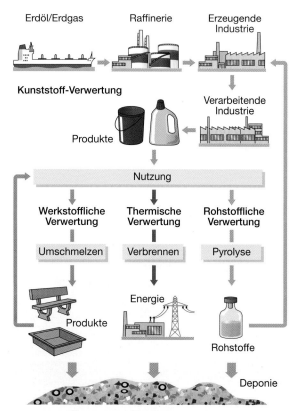

1 Kunststoff-Verwertung

➡ In welchen Verpackungen werden bei uns Getränke verkauft?

★ 2.4 Ökobilanz einer PET-Flasche

Die Rohstoffe unserer Erde stehen nicht unbegrenzt zur Verfügung. Unser hoher Energieverbrauch ist mitverantwortlich für die Klimaveränderungen auf der Erde und der Ausstoß von Schadstoffen belastet unsere Umwelt. Immer mehr Menschen erkennen diese Probleme und möchten sich daher umweltgerecht verhalten.

Ökobilanz. Man kann die Umweltauswirkung eines Produkts während seines gesamten „Lebenswegs" betrachten und bewerten. Eine solche Analyse nennt man auch **Ökobilanz.** Eine der am häufigsten benutzten Getränkeverpackungen ist die PET-Flasche. Betrachten wir mal die Auswirkungen dieses modernen Kunststoffprodukts auf die Umwelt!

Rohstoffe. Die Ausgangsprodukte für den Kunststoff PET werden aus Erdöl hergestellt. Die Erdöllagerstätten in Deutschland sind jedoch nicht nur klein, sondern auch selten. Sie müssen daher zum Großteil importiert werden. Auf dem weiten Transportweg kann es zu gefährlichen, die Umwelt stark belastenden Unfällen kommen.

Energieverbrauch bei der Herstellung. Aus rund 2 kg Rohöl entstehen etwa 1 kg PET – das Material für 20 Liter-Flaschen. Dafür ist ein Energieaufwand von rund 23 Kilowattstunden nötig. Mit demselben Energieaufwand könntest du 160 Stunden fernsehen oder über 3000 Toastbrote toasten.

Transport des Produkts. PET-Flaschen verursachen nur geringe Transportkosten, weil große Getränkeabfüller keine ausgeformten Flaschen, sondern kleine Rohlinge aus PET erhalten. Diese reagenzglasgroßen Röhrchen werden erst am Abfüllort thermoplastisch in ihre endgültige Größe und Form gebracht. Dadurch spart man Transportkapazitäten. Außerdem ist PET sehr viel leichter als Glas. Lastkraftwagen benötigen daher für ihre Fahrten weniger Treibstoff als wenn sie Glasflaschen transportieren.

Recycling. PET-Flaschen könnten bis zu 20-mal gereinigt und wieder gefüllt werden. Die durchschnittliche Zahl der Wiederverwendung ist aber deutlich geringer. PET-Flaschen werden meist sofort nach der Rückgabe geschreddert. Die Bruchstücke werden geschmolzen und zu Granulat verarbeitet. Daraus lassen sich wieder neue PET-Flaschen herstellen. Das Granulat wird aber auch nach China verkauft, wo das PET beispielsweise zu Fasern für Fleece-Pullover verarbeitet wird.

1 PET-Flaschen – leicht und stabil

2 Auch diese Produkte sind aus PET

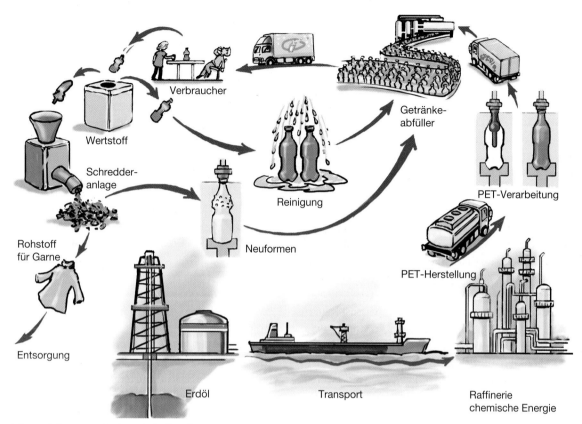

Verbraucher

Wertstoff

Schredder-anlage

Reinigung

Getränke-abfüller

PET-Verarbeitung

Rohstoff für Garne

Neuformen

PET-Herstellung

Entsorgung

Erdöl

Transport

Raffinerie chemische Energie

1 Der „Lebensweg" einer PET-Flasche

Schadstoffe und Wasserverbrauch. Will man die Ökobilanz eines Produkts berechnen, spielen nicht nur der Rohstoff- und Energieverbrauch eine Rolle. Auch die Entstehung und Freisetzung von Schadstoffen bei Produktion und Entsorgung müssen beachtet werden. Weiterhin werden der Wasserverbrauch und die Belastung der Abwässer zur Reinigung einer Mehrwegflasche aus PET einbezogen.

Merke:

- **Die Ökobilanz untersucht die Umweltwirkungen eines Produkts von seiner Entstehung bis zu seiner Entsorgung.**
- **Für die Ökobilanz spielen Faktoren wie Rohstoffe, Transport, Energieverbrauch, Herstellungsverfahren, Wiederverwendung und Schadstoffbelastung eine wichtige Rolle.**

1 **Fragen zum Text: a)** Was versteht man unter der Ökobilanz eines Produkts?
b) Nenne die Faktoren, die bei einer Ökobilanz beachtet werden müssen.
c) Was lässt sich über die Wiederverwendbarkeit von PET sagen?

2 **a)** Getränkeflaschen gibt es nach wie vor auch aus Glas. Sammelt im Internet Informationen zum Lebensweg einer Glasflasche und vergleicht sie mit dem Lebensweg von PET-Flaschen.
b) Welche Rohstoffe werden benötigt und wo findet man sie?
c) Wie hoch ist der Energiebedarf zur Herstellung von 1 kg Glas?
d) Wie werden Mehrwegflaschen aus Glas gereinigt?
e) Was geschieht mit Glasmüll?

3 Diskutiert in einem Streitgespräch die Vor- und Nachteile von PET- und Glasflaschen.

E Exkurs

Chemie im Kleiderschrank: Mikrofasern

Die Seidenraupe spinnt die feinste natürliche Textilfaser, doch die Chemie kann es besser. Aus Kunststoffen lassen sich Fäden herstellen, die halb so dick sind wie ein Seidenraupenfaden. Diese Fasern nennt man Mikrofasern. Ein Faden entlang des Äquators würde nur wenige Kilogramm wiegen, ein Seidenraupenfaden dagegen ein Vielfaches.

Viel wichtiger als das geringe Gewicht sind andere Eigenschaften. Mikrofasern lassen sich zu Geweben verarbeiten, die Wind und Regen abhalten, gleichzeitig aber den Schweiß nach außen hin durchlassen. Der Grund dafür sind die feinen Poren im Fasergewebe. Ein einzelner Regentropfen ist etwa 3000-mal so groß wie eine Pore im Gewebe. Deshalb kann Wasser von außen nicht hindurch. Andererseits sind die Poren im Mikrofasergewebe etwa 3000-mal größer als ein Wassermolekül. Einzelne Wassermoleküle aus dem Schweiß können deshalb problemlos durch die Poren nach außen entweichen. Das Mikrofasergewebe bezeichnet man deshalb auch als „atmungsaktiv". Kleidung, die wetterfest und leicht sein soll, wird deshalb aus diesem Gewebe hergestellt.

Ein Nachteil hat diese Kleidung: Sie kann nicht verrotten. Ist sie abgetragen oder beschädigt, muss sie wie Kunststoffmüll entsorgt werden.

Trainer · Trainer · Trainer · Trainer · Trainer · Trainer · Trainer · Trainer · Traine

1 Nenne je fünf Beispiele aus den Bereichen Sport, Medizin und Haushalt für die Verwendung von Kunststoffen.

2 Nenne Vor- und Nachteile von Kunststoffen.

3 a) In welche 3 Hauptgruppen werden Kunststoffe eingeteilt?
b) Um welche Kunststoffgruppen handelt es sich bei den folgenden Abbildungen?

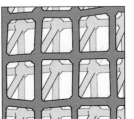 

4 Nenne drei Verwendungszwecke für Duroplaste.

5 Was passiert mit Kunststoffabfällen?

6 a) Erkläre den Begriff „thermisch Verwertung".
b) Welche Probleme treten dabei auf?

7 a) Nenne einige Faktoren, die für die Ökobilanz
★ eines Produktes wichtig sind.
b) Welche Umweltauswirkungen können beim Transport von Getränkeflaschen auftreten? Vergleiche Glas- und PET-Flaschen.
c) Nenne Vorteile der PET-Flaschen gegenüber den Glasflaschen.

Auf einen Blick

- Kunststoffe sind wichtige Werkstoffe unserer Zeit.

- Die Eigenschaften eines Kunststoffes können seiner späteren Verwendung angepasst werden.

- Man teilt Kunststoffe in Thermoplaste, Duroplaste und Elastomere ein. Die Eigenschaften der jeweiligen Kunststoffe sind von der Verknüpfung der Moleküle untereinander abhängig.

Thermoplaste schmelzen beim Erhitzen und lassen sich dann verformen.

Duroplaste sind hart und spröde. Sie lassen sich nicht plastisch verformen.

Elastomere sind gummi-elastisch.

- Beispiele für wichtige Kunststoffe sind Polyethylen (PE), Polyvinylchlorid (PVC), Polycarbonat (PC) und Polyethylenterephthalat (PET).

- Kunststoffmüll belastet die Umwelt, da er nicht verrottet. Kunststoffe werden deshalb wiederverwertet:

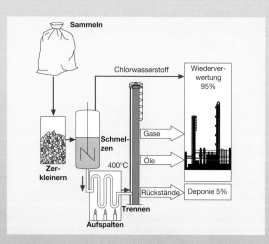

- **Werkstoffrecycling:** Abfälle werden zu neuen Produkten umgeschmolzen.
- **Rohstoffrecycling:** Durch Aufspaltung in kleinere Moleküle lassen sich Rohstoffe gewinnen. Dies ist aber sehr aufwändig und daher teuer.
- **Thermische Verwertung:** Kunststoffe werden verbrannt, um Energie zu gewinnen.

* **Die Ökobilanz eines Produktes untersucht die Umweltwirkungen von der Entstehung bis zur Entsorgung.** Wichtige Faktoren sind dabei Rohstoffe, Transport, Energieverbrauch, Schadstoffbelastung und Recycling.

Kraft und Bewegung

Der schnellste Zug der Welt ist die japanische Magnet-schnellbahn Maglev. Ende 2003 fuhr sie auf ihrer Test-strecke zwischen den Städten Tsuru und Otsuki eine Geschwindigkeit von 581 Kilometern pro Stunde! Es soll allerdings noch fast 20 Jahre dauern, bis dieser Zug auch im öffentlichen Nahverkehr eingesetzt wird.

Das schnellste Flugzeug der Welt ist der amerikanische Militarjet Lockheed SR-71 A. Es schafft etwa 3530 $\frac{km}{h}$ und ist so fast dreimal schneller als der Schall. Die höchste Geschwindigkeit eines bemannten Raumschiffs, der Apollo 10, betrug 40 000 $\frac{km}{h}$. Das sind etwa 11 Kilometer pro Sekunde.

Das schnellste Säugetier der Welt ist der Gepard. Auf der Jagd nach Beute erreicht er kurzeitig 120 $\frac{km}{h}$, kann diese Geschwindigkeit aber nur 400 Meter durchhalten.

Der schnellste Vogel der Welt ist der Wanderfalke. Beim Sturzflug kann er Fluggeschwindigkeiten bis zu 290 $\frac{km}{h}$ erreichen. Der schnellste Fisch, aus der Gattung der Fächerfische schwimmt mit 110 $\frac{km}{h}$ Höchstgeschwindigkeit durch das Wasser! Unsere menschlichen Fähigkeiten wirken dagegen richtig bescheiden. Ein flotter Spaziergang bringt uns gerade mal 6 Kilometer in der Stunde vorwärts. Ein Weltklassesprinter erreicht ungefähr 40 $\frac{km}{h}$ Höchstgeschwindigkeit

Die schnellste Pflanze der Welt ist der Bambus. Er wächst bis zu 91 cm pro Tag.

Das schnellste Landfahrzeug der Welt ist das ThrustSSC. Seine Entwicklung kostete rund 10 Millionen Euro. ThrustSSC ist zwar ein Auto, wird aber von zwei 106 000 PS starken Flugzeug-Düsentriebwerken angetrieben.1997 raste der Brite Andy Green mit unglaublichen 1228 Kilometern pro Stunde durch die Black-Rock-Wüste in den USA.

1. Beschleunigen, fahren, bremsen

1.1 Geschwindigkeit – genauer betrachtet

1 Mofa: Die Grenze liegt bei 25 $\frac{km}{h}$

Rolltreppen oder Beförderungsbänder laufen immer mit der gleichen Geschwindigkeit. Man sagt in der Physik, die Bewegung ist **gleichförmig**. Solche gleichförmigen Bewegungen findet man auch bei Modelleisenbahnen, die man mit der stets gleichen Geschwindigkeit im Kreis fahren lassen kann. Auch bei Produktionsmaschinen in Fabriken laufen Fließbänder mit gleich bleibender Geschwindigkeit. Im Alltagsverkehr kommt die **gleichförmige Geschwindigkeit** so gut wie nicht vor. Ein Autofahrer beispielsweise muss häufig abbremsen und wieder beschleunigen, die Geschwindigkeit behält selten länger den gleichen Wert.

Merke:

- Bei der täglichen Fortbewegung unterscheidet man Momentangeschwindigkeit und Durchschnittsgeschwindigkeit.
- Manche technischen Geräte wie Rolltreppen und Fließbänder bewegen sich mit gleichförmiger Geschwindigkeit.

Viele Jugendliche freuen sich darauf, mit 15 Jahren mit einem Mofa mobil zu sein. Damit kann man sich ohne Anstrengung mit 25 Kilometern pro Stunde fortbewegen. Mofas sind auf diesen Wert der Geschwindigkeit begrenzt.

Will man als Rad- oder Mofafahrer die Geschwindigkeit überprüfen, wirft man einfach einen Blick auf den Tachometer. Dabei stellt man fest, dass sich der Geschwindigkeitswert oft verändert. Was man am Tachometer abliest, ist die Geschwindigkeit, mit der man sich in diesem Moment bewegt. Man spricht daher von **Momentangeschwindigkeit**. Bei einem Hobbyradler schwankt dieser Wert auf ebener Strecke zwischen 15 und 30 Kilometern pro Stunde.

Wer wissen will, wie lange man für eine bestimmte Strecke braucht, für den ist die **Durchschnittsgeschwindigkeit** wichtig. Dieser Wert wird aus der gefahrenen Strecke und der dafür benötigten Zeit ermittelt. Legt ein Radfahrer 40 km in 2 Stunden zurück, so beträgt seine Durchschnittsgeschwindigkeit 20 km pro Stunde. Ein Profiradler erzielt übrigens ein durchschnittliches Tempo von über 40 $\frac{km}{h}$.

1 **Fragen zum Text: a)** Wo kann man die Momentangeschwindigkeit ablesen?
b) Wie ermittelt man die Durchschnittsgeschwindigkeit?
c) Wo findet man die gleichförmige Geschwindigkeit?

2 Rolltreppe mit gleichförmiger Geschwindigkeit

1 Wer ist am schnellsten?

1.2 Geschwindigkeiten kann man ermitteln

Die Geschwindigkeit gibt an, wie schnell sich jemand oder etwas bewegt. Beim 100-m-Sprint ist derjenige der Schnellste, der für die Strecke die kürzeste Zeit benötigt. Geschwindigkeit hängt somit mit der **Zeit** und der zurückgelegten **Strecke** zusammen.

Ein einfaches Beispiel soll den Zusammenhang verdeutlichen: Stefanie benötigt für die 100-m-Strecke 16 Sekunden. Um die Durchschnittsgeschwindigkeit zu ermitteln wird die Strecke, der Naturwissenschaftler sagt dazu Weg, durch die benötigte Zeit dividiert:

$$\text{Weg : Zeit = Geschwindigkeit}$$
$$100 \text{ m} : 16 \text{ s} = 6{,}25 \tfrac{m}{s}.$$

Die Geschwindigkeit beträgt in unserem Beispiel 6,25 Meter pro Sekunde ($\tfrac{m}{s}$).

Die **Maßeinheit** für die Geschwindigkeit ist **Meter pro Sekunde ($\tfrac{m}{s}$).** Dir ist allerdings eine andere Einheit geläufiger, nämlich **Kilometer pro Stunde** oder kurz $\tfrac{km}{h}$. Ermitteln wir auch diese Geschwindigkeitseinheit an einem einfachen Beispiel: Ein Interregio legt die Strecke München – Kaufbeuren (90 km) in 1 Stunde zurück:

$$\frac{90 \text{km}}{h} = 90 \, \tfrac{km}{h}$$

Die Berechnung der Geschwindigkeit lässt sich mit einer Formel ausdrücken. Dazu verwendet man Abkürzungen. Die Geschwindigkeit wird mit „v" abgekürzt, der Weg mit „s" und die Zeit mit „t". Die Formel zur Berechnung der Geschwindigkeit lautet somit:

$$v = \frac{s}{t}$$

Merke:

- Zur Berechnung der Geschwindigkeit teilt man den zurückgelegten Weg durch die benötigte Zeit.
- Die Formel lautet: v = s : t
- Als Einheiten verwendet man $\tfrac{m}{s}$ und $\tfrac{km}{h}$.

1 **Fragen zum Text: a)** Wie errechnet man die Geschwindigkeit?
b) Nenne die Maßeinheiten für die Geschwindigkeit.
c) Wie lautet die Formel für die Berechnung der Geschwindigkeit?

2 Ein Interregio verlässt München um 8.10 Uhr und erreicht das 75 km entfernte Buchloe um 8.55 Uhr. Wie hoch ist die Durchschnittsgeschwindigkeit?

3 Unter günstigen Bedingungen benötigt der Jumbo-Jet für die Strecke von Frankfurt nach New York (ca. 5600 km) 7 Stunden. Berechne die Durchschnittsgeschwindigkeit.

2 Wie schnell fliegt ein Jumbo-Jet?

Methode

Wir rechnen $\frac{m}{s}$ in $\frac{km}{h}$ um

Für viele Berechnungen im Schulumfeld messen wir die Strecken in Meter und messen die Zeit in Sekunden. Als Einheit der Geschwindigkeit erhalten wir Meter pro Sekunde ($\frac{m}{s}$). Wir können uns aber die Geschwindigkeit besser mit der uns bekannten Einheit Kilometer pro Stunde ($\frac{km}{h}$) vorstellen. So kann man $\frac{m}{s}$ in $\frac{km}{h}$ umrechnen:

Ein Schüler durchläuft 100 m in 20 s. In einer Sekunde kommt er 100 m : 20 = 5 m weit (d. h. die Geschwindigkeit beträgt 5 $\frac{m}{s}$). Um diesen Wert in $\frac{km}{h}$ umzurechnen, fragt man zunächst: Wie weit käme er in einer Stunde? Ergebnis: 3600-mal so weit, weil 1 Stunde aus 3600 Sekunden besteht. Wir rechnen daher:

5 m · 3600 = 18 000 m. Der Schüler legt in einer Stunde also 18 000 m zurück.

Nun muss dieser Wert noch in Kilometer umgewandelt werden: 18 000 m = 18 km. Wenn der Schüler nun in *einer* Stunde 18 km zurücklegt, dann besitzt er die Geschwindigkeit 18 Kilometer pro Stunde, also 18 $\frac{km}{h}$.

Zusammengefasst: Zuerst muss man den $\frac{m}{s}$-Wert mit 3600 multiplizieren und dann durch 1000 dividieren. Oder kürzer: Um die Geschwindigkeit von der Einheit $\frac{m}{s}$ in die Einheit $\frac{km}{h}$ umzuwandeln, braucht man den $\frac{m}{s}$-Wert nur mit 3,6 zu multiplizieren.

Praktikum

Wir erstellen ein Zeit-Weg-Diagramm

Mithilfe eines Weg-Zeit-Diagramms lassen sich Messwerte von bewegten Körpern zeichnerisch darstellen.

Zur Veranschaulichung stellen wir die Fahrt eines ICE von Göttingen nach Augsburg dar. Der ICE verlässt um 9.00 Uhr Göttingen und erreicht um 9.20 Uhr das 44 km entfernte Kassel. Nach weiteren 30 min und 90 km Strecke kommt der Zug in Fulda an. Für die 92 km nach Würzburg braucht er 30 min. Die 215 km lange Etappe nach Augsburg legt der ICE in 1 h 40 min zurück.

Zuerst trägt man die Strecken mit den dazugehörigen Zeiten in die Tabelle ein. Anschließend kann man jedem Zeit-Weg-Wert genau einen Punkt im Diagramm, das du am besten auf Millimeterpapier zeichnest, zuordnen.

1 Welche Bedeutung haben die Linien zwischen den Punkten?

2 Was bedeutet es, wenn die Linien steiler bzw. flacher sind?

3 Rechne für jede Teilstrecke die Durchschnitts-Geschwindigkeit aus.

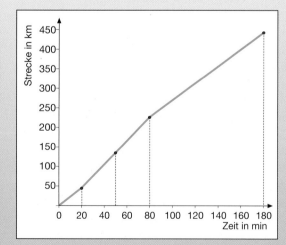

1 Der Radlerin wird immer schneller

1.3 Was ist Beschleunigung?

Wenn du bei einer Fahrradtour nach einem langen Anstieg endlich den höchsten Punkt erreicht hast, kannst du dich auf eine flotte Abfahrt freuen. Du lässt dein Fahrrad einfach losrollen und merkst, wie sich die Geschwindigkeit ständig steigert.

Die Zunahme der Geschwindigkeit eines Körpers bezeichnet man als **Beschleunigung.** Körper können jedoch auch langsamer werden, beispielsweise beim Bremsen. In diesem Fall spricht der Physiker von einer **verzögerten Bewegung.**

Ein Versuch soll dir eine beschleunigte Bewegung deutlich machen. Da das Versuchsfahrzeug jedoch keinen Tachometer besitzt, messen wir die Zeit und den Weg, um die Geschwindigkeiten zu ermitteln. Stelle ein Metronom auf Sekundentakt. Halte den Wagen fest und markiere den Ort des Vorderrades mit einem Stift. Ein Mitschüler zählt die Metronomschläge folgendermaßen mit: 3 – 2 – 1 – 0 – 1 – 2 – 3 – 4....... Gib bei Null den Wagen frei. Setze bei 1 – 2 – 3 usw. jeweils einen Strich auf die Papierleiste. Das Ergebnis kannst du in eine Tabelle eintragen.
In die erste Zeile trägst du die Zeit in Sekunden ein, in die zweite Zeile den bis dahin jeweils zurückgelegten Weg. In die dritte Zeile kommt der jeweilige Geschwindigkeitswert, den du aus den ersten bei-

den Angaben mithilfe der Formel $v = \frac{s}{t}$ errechnen kannst.
Wir stellen fest, dass bei einer **beschleunigten** Bewegung die **Geschwindigkeit** stets **zunimmt.** Bei der **verzögerten** Bewegung **nimmt** die Geschwindigkeit ständig **ab.**

Merke:

- **Beschleunigung ist die Zunahme der Geschwindigkeit eines Körpers.**
- **Wird ein Körper immer langsamer, spricht man von einer verzögerten Bewegung.**

1 **Fragen zum Text: a)** Was ist die Beschleunigung?
b) Wie nennt man das Gegenteil der Beschleunigung?

2 **a)** Erstelle ein Zeit-Weg-Diagramm zu der Tabelle bei Abb. 2.
b) Führe selbst einen Versuch zur beschleunigten Bewegung durch, wie im Text beschrieben. Erstelle auch dazu ein Zeit-Weg-Diagramm.

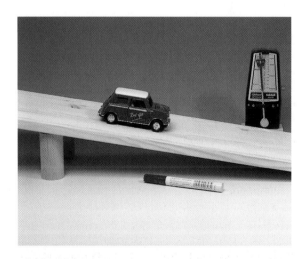

Zeit t (in s)	1	2	3	4
Weg s (in cm)	3	12	27	48
$v = \frac{s}{t}$ (in $\frac{cm}{s}$)	3	6	9	12

2 Beschleunigung im Versuch

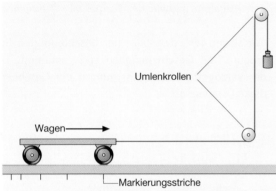

1 Welche Kraft wirkt hier?

2 Die Beschleunigungskraft wird verändert

1.4 Ohne Kraft keine Beschleunigung

Warum wird eigentlich ein Skifahrer oder ein Radfahrer immer schneller, wenn er einen Hang hinuntergleitet? Wann wird ein Körper beschleunigt?

Wir bauen dazu einen Versuch entsprechend der Abbildung 1 auf und markieren jeweils nach jeder Sekunde den Standort des Vorderrades, nachdem wir den Wagen loslassen und ihn vom Gewicht ziehen lassen. Du wirst feststellen, dass es sich um eine **beschleunigte Bewegung** handelt, da der Abstand der Striche immer größer wird.

Um ein Fahrzeug zu beschleunigen, benötigt man eine **Kraft.** In unserem Versuch liefert das Wägestück an der Schnur diese Kraft. Es ist letztlich die *Erdanziehungskraft,* die über eine Rolle umgelenkt wird. Hängt man nun ein *schwereres* Wägestück an die Schnur, wirkt eine *größere* Beschleunigungskraft. Und je größer die Kraft ist, umso größer ist auch die Beschleunigung. Der Wagen erreicht also eine größere Geschwindigkeit. Allgemein: Je **größer** die **Beschleunigungskraft,** desto **größer** ist die **Beschleunigung.**

Verändert man die Masse des Fahrzeugs, zum Beispiel durch Auflegen von Wägestücken, so stellt man fest, dass die Markierungsstriche nicht mehr so weit voneinander entfernt sind wie zuvor. Das Fahrzeug hat sich also *langsamer* bewegt; das heißt, es hatte eine *kleinere* Beschleunigung. Je **größer** die **Masse** des zu beschleunigenden Körpers ist, desto **kleiner** ist die **Beschleunigung.**

Es ist *immer* eine Kraft notwendig, um eine Beschleunigung zu bewirken. Die Kraft, die Skifahrer und Radfahrer beim Bergabfahren beschleunigt, ist die Erdanziehungskraft. Auch ein Auto benötigt eine Kraftquelle, die es beschleunigt, es ist der Motor. Ein Aufzug wird durch die Kraft eines Elektromotors beschleunigt.

Merke:

- **Es ist immer eine Kraft nötig, um einen Körper zu beschleunigen.**
- **Je größer die Beschleunigungskraft, desto größer ist die Beschleunigung (bei gleich bleibender Masse).**
- **Je größer die Masse des zu beschleunigenden Körpers, desto kleiner ist die Beschleunigung (bei gleicher Beschleunigungskraft).**

1 **Fragen zum Text: a)** Wovon hängt es ab, ob ein Fahrzeug mehr oder weniger beschleunigt wird? Beschreibe die Zusammenhänge mit „je… desto…".

b) Was hat die Masse des Körpers mit der Beschleunigung zu tun? Beschreibe die Zusammenhänge mit „je… desto…".

2 Welche Kraft bewirkt die Beschleunigung des Balles beim Fußballspielen?

3 Warum haben Sprinter muskulösere Beine als Langstreckenläufer?

Schwerer = schneller?

V 1. Ein Fahrzeug auf der schiefen Bahn

Material: Eine geneigte Bahn; ein Fahrzeug, auf das man Gewichte auflegen kann; ein Papierstreifen zum Markieren; Stoppuhr oder Metronom.

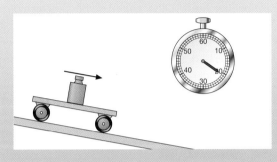

Durchführung: Lass auf einer geneigten Bahn ein Fahrzeug hinunterrollen. Markiere im Sekundenabstand die Position des Vorderrades. Achte darauf, dass die Neigung nicht zu steil ist. Wiederhole das Experiment, indem du auf das Fahrzeug nacheinander unterschiedliche Gewichte legst.

Aufgaben: a) Bei welchem Fahrzeug ist die Beschleunigung am größten?
b) Warum ist ein schwerer Skifahrer schneller als ein leichter Skifahrer? Beantworte die Frage, indem du die Begriffe Kraft und Beschleunigung verwendest.

Von 0 auf 100 in 12 Sekunden: Beschleunigung im Alltag

Neue Autos werden regelmäßig von Autozeitschriften getestet. Dabei werden technische Daten wie Leistung, Höchstgeschwindigkeit, aber auch Beschleunigung gemessen. Bei der **Beschleunigung** werden verschiedene Werte untersucht, vor allem die Beschleunigung aus dem Stand bis zur Geschwindigkeit 100 $\frac{km}{h}$ und die Beschleunigung von 80 bis 120 $\frac{km}{h}$ im höchsten Gang.
Warum bestimmt man diese beiden Werte? Beim Beschleunigen aus dem Stand auf Tempo 100 $\frac{km}{h}$ wird die Fähigkeit des Fahrzeugs untersucht, sich z. B. an Einmündungen oder Einfädelspuren möglichst rasch in den Verkehrsfluss einzugliedern. Sportwagen bringen es auf einen Wert von ca. 6 Sekunden, um von Tempo 0 auf 100 $\frac{km}{h}$ zu beschleunigen. Normale PKW besitzen Beschleunigungswerte von 12 bis 20 Sekunden.
Die **Elastizität**, der Beschleunigungswert von 80 auf 120 $\frac{km}{h}$ im höchsten Gang, testet die Fähigkeit des Autos, wie schnell damit ein Überholvorgang durchgeführt werden kann.

Beide Werte dienen der Sicherheit: Rasches Einfädeln in die Autobahn verhindert gefährliche Bremsmanöver des fließenden Verkehrs. Gute Beschleunigungswerte zwischen 80 und 120 $\frac{km}{h}$ ermöglichen ein zügiges Überholen. Allerdings wird gutes Beschleunigungsvermögen eines Autos von manchen Fahrern missbraucht, um an der Ampel einen „Kavalierstart hinzulegen".

Modell	A	B	C
Beschleunigung			
0–50 $\frac{km}{h}$	5 s	4 s	4,5 s
0–100 $\frac{km}{h}$	16 s	12 s	15 s
Elastizität			
60–100 $\frac{km}{h}$ (4. Gang)	15 s	12 s	14 s
80–120 $\frac{km}{h}$ (4. Gang)	16 s	14 s	15 s
80–120 $\frac{km}{h}$ (5. Gang)	29 s	20 s	21 s

✱ 1.5 Geschwindigkeit und Beschleunigung mathematisch gesehen

Verhältnis Weg – Zeit. Stellt Herr Simon den Tempomaten seines Autos ein, fährt sein Auto mit gleichförmiger Geschwindigkeit, ohne dass er auf das Gaspedal treten muss. Bei 120 $\frac{km}{h}$ in 1 Stunde fährt er genau 120 Kilometer weit. In 10 Minuten legt er 20 Kilometer zurück, in 20 Minuten 40 Kilometer:

Weg in km	20	40	60	80	100	120
Zeit in min	10	20	30	40	50	60

Die Geschwindigkeit ist demnach das Verhältnis des zurückgelegten Weges in einer bestimmten Zeit. Überträgst du diese Werte in ein Koordinatensystem, erhältst du folgendes Bild:

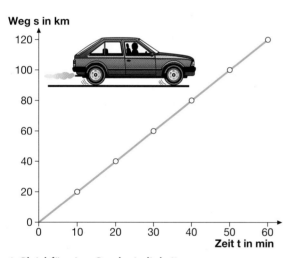

1 Gleichförmige Geschwindigkeit

Gleichförmige Geschwindigkeit. Der Graph unseres Beispiels beschreibt eine lineare Funktion und ist eine Gerade mit der Steigung 2. Eine gleichförmige Geschwindigkeit lässt sich also durch eine Gerade im Koordinatensystem erkennen. Die Formel für die Geschwindigkeit v ist $v = \frac{s}{t}$. Die Steigung der Geraden wird durch das Verhältnis $\frac{s}{t}$, also durch das Verhältnis von Weg und Zeit, bestimmt. Je steiler die Gerade ist, desto höher ist die Geschwindigkeit.

Der Idealfall einer gleich bleibenden Geschwindigkeit ist im Alltag nur sehr schwer zu erreichen, da sich Geschwindigkeiten ständig ändern. Damit die

Geschwindigkeit immer gleich bleibt, müssen auch alle beteiligten Kräfte gleich bleiben. Es muss ständig eine gleich bleibende Kraft gegen einen gleich bleibenden Reibungswiderstand wirken, um die Geschwindigkeit gleichförmig zu erhalten.

Beschleunigte Geschwindigkeit. Nehmen wir an, ein Körper könnte völlig ohne Reibung bewegt werden. Wirkt auf diesen Körper eine **konstante** (gleich bleibende) Kraft, dann nimmt seine Geschwindigkeit konstant zu. Er beschleunigt. In der Wirklichkeit muss jeder Körper Kraft aufwenden, um die Reibung zu überwinden. Erst wenn diese Kraft größer als der Reibungswiderstand ist, beschleunigt der Körper.

2 Beschleunigung bei konstanter Antriebskraft

s in mm	20	80	180	320	500	720
t in s	1	2	3	4	5	6
t² in s²	1	4	9	16	25	36
$\frac{s}{t^2}$ in $\frac{mm}{s^2}$	20	20	20	20	20	20

Überträgt man die Werte für Weg und Zeit in ein Koordinatensystem, ergibt sich eine Kurve, die **Parabel** genannt wird. Eine Parabel beschreibt eine quadratische Funktion.

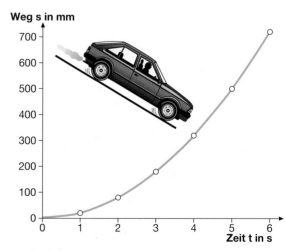

3 Gleichförmig beschleunigte Geschwindigkeit

Man erkennt, dass die Kurve mit der Zeit immer steiler wird: Wird ein Wagen durch eine konstante Kraft gleichförmig beschleunigt, nimmt seine Geschwindigkeit zu.

Teilt man den Wert für den Weg (s in m) durch den Wert der Zeit im Quadrat (t^2 in s^2), erhält man den Wert für die Beschleunigung ($\frac{s}{t^2}$ in $\frac{mm}{s^2}$). Da die Beschleunigung in unserem Beispiel gleichförmig ist, ist auch ihr Wert mit 20 $\frac{mm}{s^2}$ immer gleich.

Für die **konstante Beschleunigung a** gilt:

$$a = \frac{s}{t^2} \quad \text{oder} \quad a = \frac{v}{t}$$

Das heißt, die Beschleunigung ist die Geschwindigkeitszunahme pro Zeit. Teilt man die Zunahme der Geschwindigkeit durch die benötigte Zeit und erhält man die Beschleunigung.

Die Einheit der Beschleunigung ist **1$\frac{m}{s^2}$** . Das bedeutet, dass in jeder Sekunde die Geschwindigkeit eines Fahrzeuges um 1$\frac{m}{s}$ zunimmt. Ist ein Fahrzeug im Stillstand und wird mit 1$\frac{m}{s^2}$ beschleunigt, dann hat es nach 1 Sekunde die Geschwindigkeit von 1$\frac{m}{s}$, nach 2 Sekunden die Geschwindigkeit von 1$\frac{m}{s}$ und so weiter.

> **Merke:**
>
> - **Die Geschwindigkeit ist das Verhältnis von Weg und Zeit: v = $\frac{s}{t}$.**
> - **Eine gleichförmige Geschwindigkeit wird im Koordinatensystem als Gerade dargestellt. Die Steigung entspricht der Höhe der Geschwindigkeit.**
> - **Die Beschleunigung ist die Geschwindigkeitszunahme pro Zeit: a = $\frac{v}{t}$.**
> - **Eine gleichförmig beschleunigte Geschwindigkeit wird im Koordinatensystem als Parabel dargestellt.**
> - **Die Einheit der Beschleunigung ist 1$\frac{m}{s^2}$.**

1 **Fragen zum Text: a)** Was ist eine konstante Geschwindigkeit?
b) Was ist der Unterschied zwischen Momentan- und Durchschnittsgeschwindigkeit?
c) Wie kann man die Beschleunigung berechnen?
d) Nenne die Einheit der Beschleunigung.

Exkurs **E**

Sportwagen oder fallender Stein – wer beschleunigt mehr?

Ein PKW beschleunigt in etwa 12 Sekunden von 0 auf 100 $\frac{km}{h}$. Sportwagen können sogar in 5 Sekunden von 0 auf 100 $\frac{km}{h}$ beschleunigen. Was bedeutet das in Meter pro Sekunde?

100 $\frac{km}{h}$ = 100 000 m / 3600 s ~ 28 $\frac{m}{s}$

Der Sportwagen fährt nach 5 Sekunden also 28 Meter in der Sekunde. Ist die Beschleunigung konstant, können wir die Geschwindigkeit durch die Zeit teilen und erhalten den Wert für die Beschleunigung:

$$a = \frac{v}{t} = \frac{28\frac{m}{s}}{5s} = 5{,}6 \ \frac{m}{s^2}$$

Der Sportwagen beschleunigt mit 5,6 $\frac{m}{s^2}$.

Fallende Gegenstände wie zum Beispiel Steine werden von der Erdanziehungskraft beschleunigt. Diese Erdbeschleunigung beträgt 9,81 $\frac{m}{s^2}$. Sie werden also fast doppelt so stark beschleunigt, wie es ein Sportwagen durch seine Motorkraft schafft! Nach wie vielen Sekunden besitzt der fallende Stein eine Geschwindigkeit von 100 $\frac{km}{h}$?

$$a = \frac{v}{t} \leftrightarrow t = \frac{v}{a} = \frac{28\frac{m}{s}}{9{,}81\frac{m}{s^2}} = 2{,}8 \ s$$

Was der Sportwagen in 5 Sekunden schafft, erreicht ein fallender Stein sogar in 2,8 Sekunden!

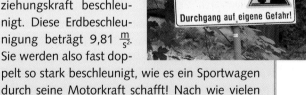

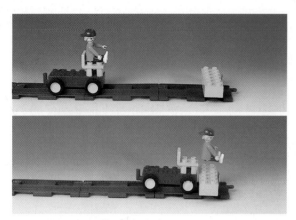

1 Ein „fliegender Autofahrer"

2 Ein Ruck – und der „Fahrer" bleibt zurück

1.6 Was ist Trägheit?

Autos müssen mit Sicherheitsgurten ausgestattet sein, damit die Insassen im Fall eines Aufpralls nicht nach vorne geschleudert werden.

Dieses Phänomen lässt sich durch einen einfachen Versuch demonstrieren (s. Abb. 1). Die Spielzeugfigur auf dem Fahrzeug fliegt nach vorne, wenn es abrupt gestoppt wird. Der Grund für dieses Verhalten von Körpern ist die **Trägheit.** Ist der Wagen in Bewegung, bewegt sich der Gegenstand mit gleicher Geschwindigkeit mit. Wird der Wagen abgebremst, bewegt sich der Gegenstand in der ursprünglichen Richtung mit derselben Geschwindigkeit weiter.

Das Gleiche gilt für die Insassen in einem Auto. Alle Körper, die nicht fest mit dem Auto verbunden sind, bewegen sich nach dem Abbremsen weiter. Ist der Bremsvorgang sehr stark, zum Beispiel durch einen Aufprall, werden die Insassen nach vorne geschleudert. Der Sicherheitsgurt hält sie aber im Autositz fest.

In der Physik werden die beschriebenen Verhaltensweisen von Körpern als **Trägheitsgesetz** formuliert: Ein Körper bleibt so lange in seinem Bewegungszustand, bis er von einer Kraft in einen anderen Bewegungszustand gezwungen wird. Konkret heißt das: Sitzt man in einem stehenden Auto, so befinden sich Auto und Insasse im Bewegungszustand der Ruhe. Fährt das Auto los, wird der Insasse in den Sitz gedrückt, da er sich ja eigentlich noch im Ruhezustand befindet. Der Sitz nimmt den Insassen gewissermaßen mit. Der in Abb. 2 dargestellte Ver-such beweist anschaulich, was mit dem Insassen passieren würde, wenn ihn der Sitz nicht mitnehmen würde. Beschleunigt man den Wagen sehr schnell, indem man kräftig an der Schnur zieht, bleibt die Spielzeugfigur zurück. Die Trägheit führt dazu, dass sie in ihrem ursprünglichen Bewegungszustand verbleibt.

Merke:

- **Trägheit bedeutet, dass ein Körper so lange in einem Bewegungszustand bleibt, bis ihn eine Kraft in einen anderen Bewegungszustand zwingt.**

1 Fragen zum Text: a) Was passiert mit einem Autofahrer, der bei einem Unfall nicht angeschnallt ist?
b) Was passiert mit einem Körper, der in einem beschleunigenden Fahrzeug sitzt?
c) Nenne das Trägheitsgesetz.

2 Was passiert mit Motorradfahrern bei einem Aufprall? Was hat das mit Trägheit zu tun?

3 Du fährst in einem schnellen Aufzug nach oben. Beim Anfahren hast du den Eindruck, dass du schwerer wirst, du gehst etwas in die Knie. Das liegt an der Trägheit. Versuche dies zu erklären.

Wir zaubern mit der Trägheit

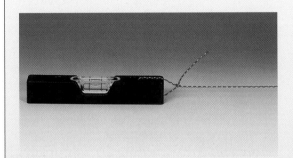

V1. Der Wasserwaagentrick

Material: Wasserwaage; Schnur; Klebeband.
Durchführung: Befestige mithilfe eines Klebebandstückes eine Schnur an einer Wasserwaage wie in der Abbildung links dargestellt. Beschleunige die Wasserwaage, indem du an der Schnur ziehst. Beobachte dabei die Luftblase in der Wasserwaage.
Aufgabe: Wie verhält sich die Luftblase und warum ist das so?

Münze

V2. Die fliegende Münze

Material: Sechs Spielwürfel; eine Münze; Kugelschreiber mit Druckknopf.
Durchführung: Baue aus den Würfeln einen Turm und setze in die Mitte die Münze ein. Halte nun einen Kugelschreiber mit gedrücktem Knopf an die Münze. Lasse den Knopf los.
Aufgabe: Warum stürzt der Turm nicht ein? Was passiert, wenn du die Münze mit dem Finger wegschnippen willst.

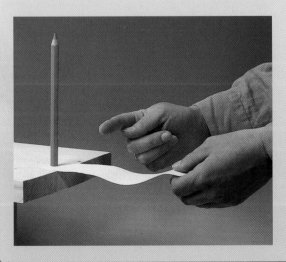

V3. Der träge Bleistift

Material: Ein Streifen Papier; Bleistift mit geradem Ende.
Durchführung: Lege den Papierstreifen so auf einen Tisch, dass gerade noch der Bleistift senkrecht stehend platziert werden kann (siehe Abbildung).
Aufgabe: a) Ziehe das Papier zunächst langsam fort. Was passiert mit dem Bleistift?
b) Schlage den Papierstreifen mit dem Finger rasch weg, wie in der Abbildung dargestellt. Wie verhält sich der Bleistift jetzt? Versuche, den Sachverhalt zu erklären.

1 Wer ist schneller?

✱ 1.7 Wie hängen Kraft und Masse zusammen?

Doppelte Masse. Ein Lastwagen ohne Ladung beschleunigt schneller als einer mit Ladung. Woran liegt das? Ein LKW mit Ladung besitzt eine viel größere Masse und ist daher schwerer! Nehmen wir an, ein LKW wiegt 10 Tonnen. Die Ladung wiegt ebenfalls 10 Tonnen. Wenn man den beladenen LKW ebenso beschleunigen möchte, wie den unbeladenen, so braucht man einen stärkeren Motor. Da die Masse m beim beladenen LKW doppelt so groß ist, benötigt man auch die doppelte Antriebskraft F. Die Kraft F ist direkt proportional zur Masse m: F ~ m

Doppelte Beschleunigung. Möchte man einen LKW *doppelt so schnell* beschleunigen wie einen anderen mit der gleichen Masse, muss man die doppelte Antriebskraft F aufwenden. Die Kraft F ist direkt proportional zur Beschleunigung a: F ~ a

NEWTONSCHES Kraftgesetz. Die zum Beschleunigen nötige Kraft F ist also von der Masse des Fahrzeugs sowie von der gewünschten Beschleunigung abhängig. Daraus ergibt sich das Kraftgesetz von NEWTON: F = m • a

Soll eine Masse m = 1 kg mit $a = 1 \frac{m}{s^2}$ beschleunigt werden, muss man eine Kraft von $F = 1 \text{ kg} \cdot \frac{m}{s^2} = 1 \text{ N}$ (NEWTON) aufwenden.

> **Merke:**
> - Um eine Masse m zu beschleunigen, benötigt man eine Kraft F.
> - Die nötige Kraft hängt von der Masse und der Beschleunigung ab: F = m • a

1 **Fragen zum Text: a)** Welche Kraft muss man aufwenden, wenn man die doppelte Masse beschleunigen möchte?
b) Welche Kraft muss man aufwenden, wenn man doppelt so stark beschleunigen möchte?
c) Was sagt das Kraftgesetz von NEWTON aus?
d) Wie lautet die Einheit für die Kraft?

2 Ein Mofafahrer mit der Masse m = 173 kg (Fahrzeug und Fahrer) beschleunigt in 4 Sekunden auf eine Geschwindigkeit von 25 $\frac{km}{h}$. Bestimme die dazu nötige Kraft.

Beispielrechnung. Ein Auto mit der Masse m = 1000 kg wird in 5 Sekunden aus der Ruhe auf die Geschwindigkeit v = 100 km/h beschleunigt. Wie berechnet man die dazu notwendige Kraft?

1. Die Geschwindigkeit in m/s umwandeln:

$$100 \frac{km}{h} = \frac{100\,000 \text{ m}}{3600 \text{ s}} = 27,77 \frac{m}{s}$$

2. Die Beschleunigung berechnen:

$$a = \frac{v}{t} = \frac{27,77 \frac{m}{s}}{5s} = 5,55 \frac{m}{s^2}$$

3. Die benötigte Kraft berechnen:

$$F = m \cdot a = 1000 \text{ kg} \cdot 5,55 \frac{m}{s^2} = 5550 \text{ N}$$

Das Auto beschleunigt mit einer Kraft von 5550 N. Das entspricht etwa der Kraft, die nötig ist, eine halbe Tonne hochzuheben.

1 Ein Auto braucht Zeit, bis es steht

1.8 Anhalte- und Bremsweg sind nicht gleich

In vielen Wohngebieten gibt es Tempo-30-Zonen. Man hat festgestellt, dass in diesen Zonen die Zahl der folgenschweren Unfälle drastisch zurückgegangen ist. Der Grund liegt darin, dass der Anhalteweg bei 50 $\frac{km}{h}$ mehr als doppelt so lang ist als bei einer Geschwindigkeit von 30 $\frac{km}{h}$.

Reaktionsweg. Bei jedem Menschen vergeht eine bestimmte Zeit zwischen dem Erkennen einer Gefahr und dem Betätigen der Bremse. Das hat zur Folge, dass das Fahrzeug erst mit einer gewissen Verspätung abgebremst wird. Diese **Reaktionszeit** ist bei einzelnen Menschen sehr verschieden. Normalerweise beträgt sie bis zu einer Sekunde, der so genannten *Schrecksekunde*. Während dieser Zeit fährt das Auto ungebremst weiter. Die Strecke, die das Fahrzeug in dieser Zeit zurücklegt, nennt man **Reaktionsweg.** Je höher die Geschwindigkeit ist, desto größer wird auch der Reaktionsweg.

Bremsweg. Erst *nach* der Reaktionszeit beginnen die Bremsen zu wirken. Der Weg vom Beginn des Bremsvorgangs bis zum Stillstand heißt **Bremsweg.** Achtung: Der Bremsweg nimmt mit steigender Geschwindigkeit sehr rasch zu.

Anhalteweg. So nennt man die Summe aus Reaktionsweg und Bremsweg. Sowohl Reaktionsweg als auch Bremsweg wachsen mit der Geschwindigkeit an. Fährt ein Autofahrer im Wohngebiet mit

30 $\frac{km}{h}$, legt er während der Reaktionszeit eine Strecke von etwa 8 m zurück, bevor er den Bremsvorgang einleitet, bei 50 $\frac{km}{h}$ legt er in der Schrecksekunde fast 14 m zurück. Hinzu kommt nun noch der Bremsweg, denn der Anhalteweg setzt sich ja aus Reaktionsweg und Bremsweg zusammen. Und der Bremsweg ist bei 50 $\frac{km}{h}$ fast viermal so lang wie bei 30 $\frac{km}{h}$. Tempo-30-Zonen in Wohngebieten haben also durchaus ihren Sinn.

Merke:

- Zwischen dem Erkennen einer Gefahr und dem Reagieren verstreicht die Reaktionszeit. Den Weg, den ein Fahrzeug in dieser Zeit zurücklegt, nennt man Reaktionsweg.
- Die Wegstrecke vom Beginn des Bremsens bis zum Stillstand heißt Bremsweg.
- Anhalteweg = Reaktionsweg + Bremsweg.

---

1 **Fragen zum Text: a)** Was ist der Bremsweg?
b) Woraus setzt sich der Anhalteweg zusammen?
c) Erkläre den Zusammenhang zwischen Reaktionsweg und Geschwindigkeit.

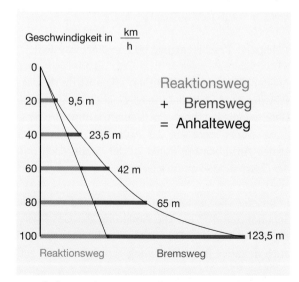

2 Anhalteweg bei verschiedenen Geschwindigkeiten. Bei steigender Geschwindigkeit werden der Reaktionsweg und vor allem der Bremsweg länger.

1.9 Auch wer bremst, beschleunigt!

Bei einer Vollbremsung eines Autos aus voller Fahrt verringert sich die Geschwindigkeit ziemlich schnell. Bis zum Stillstand dauert es aber einige Sekunden, in denen das Auto noch vorwärts fährt. Bewegt sich das Auto mit 72 $\frac{km}{h}$ (20 $\frac{m}{s}$) und bremst in 5 Sekunden gleichmäßig auf 0 $\frac{km}{h}$ herab, beträgt sein Bremsweg 60 Meter:

t in s	0	1	2	3	4	5
v in $\frac{m}{s}$	20	16	12	8	4	0
s in m	0	20	36	48	56	60

Überträgst du die Werte dieser verzögerten Bewegung in ein Koordinatensystem, erhältst du eine umgekehrte Parabel – genau das Gegenteil einer gleichförmig beschleunigten Geschwindigkeit:

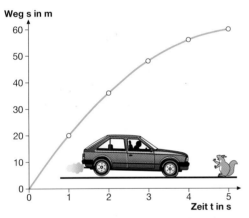

Weg s in m

1 Negative Beschleunigung im Koordinatensystem

An der Steigung des Graphen erkennst du die Geschwindigkeit. Am Anfang ist er noch steil und die Geschwindigkeit hoch. Im Verlauf nimmt die Steigung immer mehr ab, das Auto wird immer langsamer. Am höchsten Punkt ist der Graph flach und die Geschwindigkeit ist gleich Null.

In unserem Beispiel nimmt die Geschwindigkeit jede Sekunde um 4 $\frac{m}{s}$ ab. Die Änderung der Geschwindigkeit ist negativ. Die verzögerte Bewegung wird auch **negative Beschleunigung** genannt. Für sie gilt:

$$a = -4 \frac{m}{s^2} \text{ oder allgemein } a = -\frac{v}{t}$$

> **Merke:**
> - Die Geschwindigkeitsabnahme beim Bremsen wird verzögerte Bewegung oder negative Beschleunigung genannt.
> - Eine negative Beschleunigung wird im Koordinatensystem als umgekehrte Parabel dargestellt.
> - Für die negative Beschleunigung gilt:
>
> $$a = -\frac{v}{t}$$

1 **Fragen zum Text: a)** Wie wird die negative Beschleunigung noch genannt?
b) Beschreibe den Graphen der negativen Beschleunigung im Koordinatensystem.
c) Mit welcher Formel kannst du die negative Beschleunigung berechnen?

2 Wie kann man den zurückgelegten Bremsweg berechnen? Betrachte dazu die dritte Zeile der Tabelle.

3 Ein Motorrad mit einer Geschwindigkeit von v = 7 $\frac{m}{s}$ bremst in 2 Sekunden auf eine Geschwindigkeit von v = 3 $\frac{m}{s}$ herab. Berechne die (negative) Beschleunigung.

Massenkarambolage bei Nebel

„Grauenhaft, einfach nur grauenhaft", murmelt einer der Männer, die seit Stunden Tote und Verletzte aus den ineinander verkeilten Wagen bergen. Ca. 200 Autos waren auf der Autobahn aufeinander geprallt. Zu der Massenkarambolage war es gekommen, weil die Autofahrer mit unverminderter Geschwindigkeit in eine Nebelwand rasten. „Höchstens 60 km/h wären bei dieser Sichtweite zulässig gewesen", wettert ein Polizist.

1 Unfälle ereignen sich oft wegen überhöhter Geschwindigkeit

1.10 Zu schnelles Fahren kann Folgen haben

Unfälle, die durch überhöhte Geschwindigkeit verursacht werden, stehen an der Spitze der Unfall-Statistik. Vor allem junge und unerfahrene Autofahrer schätzen ihr Fahrkönnen oft falsch ein. Ein erfahrener oder umsichtiger Autofahrer wird seine Geschwindigkeit so wählen, dass er immer rechtzeitig anhalten kann. Man nennt das die **angepasste Geschwindigkeit.**

Grundsätzlich gilt, dass man bei schlechter Sicht, bei Regen, nachts oder bei Nebel, die Geschwindigkeit reduziert. Da der Fahrer nicht weiß, was außerhalb seiner Sicht geschieht, muss er immer damit rechnen, dass plötzlich ein Hindernis auftaucht. Die Faustformel für das **Fahren bei behinderter Sicht** lautet:

Abstand (Sichtweite) = $\frac{\text{Tacho}}{10}$ im Quadrat

Beispiele: Bei 50 $\frac{km}{h}$ beträgt der Abstand 25 m (5^2), bei 80 $\frac{km}{h}$ beträgt der Abstand 64 m (8^2) und bei 100 $\frac{km}{h}$ beträgt der Abstand 100 m (10^2).
Umgekehrt bedeutet das: Bei einer Sichtweite von 25 m darf nicht schneller als 50 $\frac{km}{h}$ gefahren werden, bei einer Sichtweite von 100 m nicht schneller als 100 $\frac{km}{h}$.

Häufig passieren Auffahrunfälle auch bei Kolonnenfahrten oder dichtem Verkehr. Auch hier gibt es eine Faustregel für die angepasste Geschwindigkeit oder den richtigen Sicherheitsabstand:

„Abstand = Halbe Tachoanzeige" in Metern.

Halbiere die Tachoanzeige. Das Ergebnis ist der Sicherheitsabstand in Metern. Beispiele: Tacho 50 $\frac{km}{h}$, Abstand: 25 m; Tacho 80 $\frac{km}{h}$, Abstand: 40 m. Oder anders ausgedrückt: Beträgt der Abstand zum vorausfahrenden Fahrzeug 25 m, so soll die Geschwindigkeit 50 $\frac{km}{h}$ nicht überschreiten.

Merke:

- Der Abstand zum Vorausfahrenden bzw. die Sichtweite bestimmen die angepasste Geschwindigkeit.
- Je geringer der Abstand bzw. die Sichtweite, desto geringer sollte auch die angepasste Geschwindigkeit sein.
- Mit Faustregeln kann man die angepasste Geschwindigkeit ermitteln.

1 Fragen zum Text: a) Was bedeutet „angepasste Geschwindigkeit"?
b) Wie lautet die Formel für das Fahren bei behinderter Sicht?
c) Wie groß sollte der Abstand zum Vordermann bei 120 $\frac{km}{h}$ sein?
d) Was ist in Kurven zu beachten?

✳ Die Bremsanlage von Fahrzeugen

Jedes Auto muss mit einer **Zweikreisbremsanlage** ausgerüstet sein. Sie heißt Zweikreisanlage, weil jeweils zwei Räder unabhängig voneinander gebremst werden können. Auch am Motorrad und sogar am Fahrrad haben wir zwei unabhängige Bremssysteme: die Vorderrad- und die Hinterrad-Bremse. Sollte ein „Kreis" ausfallen, muss das Fahrzeug mit dem anderen „Kreis" sicher angehalten werden können.

Bei den meisten Autos sind die Vorderräder mit Scheibenbremsen, die Hinterräder mit Trommelbremsen ausgestattet. Tritt der Fahrer auf das Bremspedal, übt er eine Kraft auf einen Kolben im Hauptbremszylinder aus. Der entstehende Druck wird mittels der Flüssigkeit in den Bremsleitungen auf die Radbremszylinder übertragen, sodass die Bremsbacken gegen eine Scheibe oder Trommel aus Stahl gedrückt werden. Je kräftiger das Bremspedal niedergedrückt wird, desto stärker werden die Bremsbacken gegen den Stahl gepresst: Durch die Reibung zwischen ihnen und dem Stahl wird entsprechend der Stärke des Andrucks die Drehung der Räder gehemmt.
Dosiert der Fahrer dann die Bremskraft nicht richtig, blockieren die Räder. Die Reifen rutschen, das Fahrzeug schlittert unkontrollierbar über die Fahrbahn. Das Fahrzeug ist nicht mehr lenkbar und der Bremsweg wird wesentlich länger.

Um ein Blockieren der Räder zu verhindern, werden viele Fahrzeuge mit einem **Anti-Blockier-System (ABS)** ausgerüstet. Unbemerkt vom Fahrer wird jeder Bremsvorgang durch eine Elektronikschaltung überwacht. Sensoren an der Vorder- und Hinterachse kontrollieren ständig die Drehzahl der Räder und melden diese an eine Steuereinheit. Unterschreitet die Drehzahl an einem Rad einen bestimmten Wert, löst das System an diesem für einen winzigen Moment die Bremse. Dieser Vorgang wiederholt sich viele Male in einer Sekunde, solange der Fahrer zu stark auf das Bremspedal drückt. Ein Blockieren der Räder wird so verhindert, jedes Rad kann weiterhin drehen und der Reifen rutscht nicht.

Hauptbremszylinder — ABS Warnanzeige — Geschwindigkeitssensoren — Bremspedal — Diagnosegerät — elektronisches Steuergerät — Bremsleitungen — Bremssattel — Bremsscheibe — Geschwindigkeitssensor — Bremsscheibe

2 Schleudern auf nasser Fahrbahn

Trainer · Trainer · Trainer · Trainer · Trainer · Trainer · Trainer · Trainer · Trainer

1 Welche Arten von Geschwindigkeiten unterscheidet man?

2 Ein Zug fährt die 60 km von Augsburg nach München in einer halben Stunde. Wie hoch ist die Durchschnittsgeschwindigkeit?

3 Wie viele $\frac{m}{s}$ fährt man bei 100 $\frac{km}{h}$?

4 Wie lautet der Fachbegriff für die Zunahme der Geschwindigkeit?

5 Was ist immer notwendig, dass die Geschwindigkeit eines Fahrzeugs zunimmt?

6 Ein Körper beschleunigt mit 2,5 $\frac{m}{s^2}$. Wie hoch
★ ist seine Geschwindigkeit in $\frac{km}{h}$ nach 3 Sekunden?

7 Was passiert mit einem Autofahrer, wenn das Fahrzeug bei einem Aufprall stehen bleibt und der Fahrer nicht angeschnallt ist? Was hat das mit der Trägheit zu tun?

8 Ein Rennwagen mit m = 750 kg beschleunigt
★ von 0 auf 200 $\frac{km}{h}$ in 6 Sekunden. Berechne die nötige Antriebskraft F.

9 Erkläre, warum Anhalteweg und Bremsweg nicht das Gleiche sind.

10 Ein Personenzug bremst von 210 $\frac{km}{h}$ auf
★ 120 $\frac{km}{h}$ herunter. Dazu benötigt er 25 Sekunden. Berechne die negative Beschleunigung!

11 Was versteht man unter dem Begriff „Angepasste Geschwindigkeit"?

Auf einen Blick

- **Die Durchschnittsgeschwindigkeit v ist abhängig von der zurückgelegten Strecke s und der dazu benötigten Zeit t: $v = \frac{s}{t}$ Einheiten: $\frac{m}{s}$ oder $\frac{km}{h}$.**

- **Ein Körper, dessen Geschwindigkeit zunimmt, wird beschleunigt. Beschleunigung wird immer von einer Kraft verursacht. Eine größere Kraft verursacht beim gleichen Körper eine größere Beschleunigung.**

- **Trägheit. Ein Körper bleibt so lange in einem Bewegungszustand, bis eine Kraft ihn in einen anderen Bewegungszustand zwingt.**

- ★ **Kraftgesetz von NEWTON. Die zum Beschleunigen benötigte Kraft F hängt von der Masse m und der Stärke der Beschleunigung a ab:**
  F = m • a

- ★ **Eine gleichförmige Geschwindigkeit wird im Koordinatensystem als Gerade dargestellt, eine gleichförmig beschleunigte Geschwindigkeit als Parabel. Je steiler die jeweilige Kurve ist ist, desto höher ist die Geschwindigkeit.**

- **Beim Bremsen gilt: Anhalteweg = Reaktionsweg + Bremsweg. Durch angepasste Geschwindigkeit kann man Unfälle im Straßenverkehr vermeiden.**

- ★ **Das Bremsen ist eine verzögerte Bewegung und wird auch negative Beschleunigung genannt.**

A Agenda 21

Die Agenda 21 ist ein politisches Aktionsprogramm für die nachhaltige Entwicklung im 21. Jahrhundert. 179 Staaten haben sich verpflichtet, in ihrer Wirtschafts-, Umwelt- und Entwicklungspolitik die Bedürfnisse der heutigen Generation zu befriedigen, ohne die Chancen künftiger Generationen zu beeinträchtigen. Nachhaltige Entwicklung – und damit die Agenda 21 – ist vielerorts zur Leitlinie öffentlichen Handelns geworden.

Alkan

Alkane sind Kohlenwasserstoffe mit der allgemeinen Summenformel C_nH_{2n+2} (Ausnahme: Cyclo-Alkane). Man nennt sie auch gesättigte Kohlenwasserstoffe. Es gibt normale Alkane, n-Alkane, mit unverzweigten Kohlenwasserstoff-Ketten und Iso-Alkane mit verzweigten Ketten. Je größer die Anzahl der Kohlenstoffmoleküle ist, desto mehr Iso-Alkane mit gleicher Summenformel gibt es.

Atom

Das Atom ist der kleinste, chemisch nicht weiter teilbare Baustein der Materie. Atome bestehen aus einem Atomkern und einer Atomhülle. Der Atomkern enthält mit den positiv geladenen Protonen und den neutralen Neutronen fast die gesamte Masse des Atoms. In der Atomhülle bewegen sich die negativ geladenen Elektronen.

B Beschleunigung

Beschleunigung ist die Änderung der Geschwindigkeit eines Körpers. Dabei ist es unwichtig, ob die Geschwindigkeit vermehrt (positive Beschleunigung) oder verringert (negative Beschleunigung) wird. Um einen Körper zu beschleunigen, ist immer eine Kraft notwendig.

Biodiesel

Biodiesel ist ein nachwachsender Kraftstoff, der grundsätzlich aus jeder Ölsorte hergestellt werden kann. In unseren Breiten wird er aus Raps gewonnen.

Bluterkrankheit

Die Bluterkrankheit wird auch Hämophilie genannt. Sie ist eine Erbkrankheit, bei der die Blutgerinnung gestört ist. Die Anlage zu dieser Krankheit liegt auf dem X-Chromosom. Da Männer nur ein X-Chromosom besitzen, sind sie öfter betroffen als Frauen, die zwei X-Chromosomen haben. Hier kann das X-Chromosom ohne Bluter-Anlage die Auswirkungen des anderen ausgleichen.

C Chromosomen

Chromosomen bestehen aus aufgewickelter DNA (Desoxyribonucleinsäure) und befinden sich im Zellkern jeder Zelle. Die Anzahl der Chromosomen ist bei jeder Art von Lebewesen unterschiedlich, die Menge der Chromosomen einer Art pro Körperzelle jedoch gleich. Der Mensch besitzt 23 Chromosomenpaare bzw. 46 einzelne Chromosomen.

D Diode

Die Diode ist ein Halbleiter-Bauelement, das elektrischen Strom nur in eine Richtung durchlässt. Sie besitzt zwei Anschlüsse, die beiden Elektroden Kathode und Anode, und lässt nur dann einen Stromfluss zu, wenn die Anode positiver ist als die Kathode.

DNA (Desoxyribonucleinsäure)

In der DNA (englisch für desoxyribonucleicacid) ist die Erbinformation gespeichert. Sie liegt im Zellkern und ist leiterförmig gebaut. Die Sprossen werden durch Basenpaare gebildet, in deren Abfolge der Aufbau von Proteinen (und damit der Bau von Organismen) codiert ist.

E Elektrische Leistung

Die elektrische Leistung P ist die Leistung, die elektrische Energie über einen bestimmten Zeitraum verrichtet. Je kürzer dieser Zeitraum bei einer bestimmten Menge an elektrischer Energie ist, je schneller eine Energiemenge umgesetzt wird, desto größer ist die Leistung. Die Einheit der Leistung ist Watt (W).

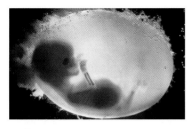

Embryo

Beim Menschen werden Kinder in ihrer ersten Wachstumsphase von der Befruchtung bis hin zur Ausbildung der inneren Organe als Embryo bezeichnet. Anschließend heißt das werdende Kind Fetus. Embryonen sind vollständig vom Mutterorganismus abhängig und kommen sowohl im Tierreich als auch im Pflanzenreich vor.

WIND ATOM ÖL WASSER GAS

BENZIN HOLZ SONNE

Die Qual... der Wahl.

Energie

Ganz allgemein beschreibt Energie die Fähigkeit, eine Veränderung in der Umwelt zu erreichen. Mit Energie kann man beispielsweise etwas bewegen, erwärmen oder beleuchten. Seit Jahrhunderten träumen die Menschen von dem Perpetuum Mobile, einer Maschine, die ihnen Energie in unbegrenzten Mengen liefert. Diese Maschine würde aber den Naturgesetzen widersprechen.

Energieentwertung

Energieentwertung tritt immer auf, wenn eine Energieform in andere Energieformen umgewandelt wird. Bei jeder Energieumwandlung entsteht auch Wärmeenergie, die nicht weiter verwendet werden kann. Sie ist für uns wertlos geworden.

Energieerhaltungssatz

Energie kann nicht verloren gehen oder aus dem Nichts entstehen. Sie wandelt sich immer vollständig von einer Energieform in eine oder mehrere andere um. Dabei können allerdings auch Energieformen auftreten, die wir nicht wahrnehmen oder nicht weiter nutzen können.

Energieformen

Energie kann in vielen verschiedenen Formen auftreten: Elektrische Energie kann Hilfe von elektrischen Ladungen oder Magnetfeldern erzeugt werden und lässt sich leicht in andere Energieformen umwandeln. Wärmeenergie kann mithilfe der Temperatur gemessen werden. Sie wird auch thermische oder innere Energie genannt. Weitere Energieformen: Bewegungsenergie, chemische Energie, Lageenergie oder auch potentielle Energie, Spannenergie, Strahlungsenergie.

Energieträger

Man unterscheidet fossile und erneuerbare Energieträger. Fossile Energieträger wie Erdöl, Erdgas und Kohle sind im Laufe von Jahrmillionen aus Pflanzen und Mikroorganismen entstanden. Ihre Menge ist endlich, weil Menschen in sehr kurzer Zeit mehr fossile Energieträger verbrauchen als nachgebildet werden können. Erneuerbare Energieträger wie Sonne, Wind oder Erdwärme sind nach menschlichen Maßstäben unerschöpflich. Auch nachwachsende Rohstoffe wie Holz oder Raps zählen zu diesen Energieträgern, weil sie schnell nachwachsen können.

Energiewandler

Ein Energiewandler wandelt eine Energieform in die nächste um. Der Energiewandler „Glühlampe" wandelt zum Beispiel elektrische Energie in Strahlungs- und Wärmeenergie um. Der Energiewandler „Fahrrad" wandelt mechanische Energie in Bewegungs- und Wärmeenergie um.

Erdöl

Erdöl ist ein hellgelbes bis schwarzbraunes Gemisch aus verschiedenen Kohlenwasserstoffen. Es ist vor Jahrmillionen aus organischem Material der Meere entstanden. Erdöl ist zurzeit unser wichtigster Energieträger.

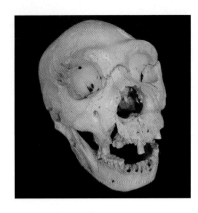

Evolution

Auch Stammesgeschichte genannt. Evolution ist die einmalige historische Entwicklung der Lebewesen im Laufe der Erdgeschichte. Der Mensch entwickelte sich von dem „Südaffen", der bereits Werkzeuge benutzte und vermutlich wenigstens zeitweise aufrecht ging, über den Homo erectus, der als „aufrecht gehender Mensch" bereits Feuer machen konnte, zum Homo sapiens sapiens. Er wird auch „Jetztmensch" genannt und ist die Bezeichnung für die heute lebenden Menschen.

F Fraktionierte Destillation

Bei der fraktionierten Destillation wird ein Stoffgemisch, zum Beispiel Erdöl, in Stoffgruppen mit bestimmten Siedebereichen getrennt. Man erhält dabei keine Reinstoffe, sondern wiederum Stoffgemische aus Stoffen mit eng beieinander liegenden Siedepunkten, die Fraktionen.

G Gedächtnis

Ein Teil der Informationen aus der Umwelt wird im Gehirn gespeichert. Je nach Bedeutung der einzelnen Information, gelangt sie von dem Sekundengedächtnis über das Kurzzeitgedächtnis in das Langzeitgedächtnis – oder geht auf dem Weg verloren.

Gentechnik

Auch Gentechnologie genannt. Als Gentechnik bezeichnet man Methoden und Verfahren der Biotechnologie, in denen Gene gezielt verändert und neu kombiniert werden. Als Produkt entstehen gentechnisch veränderte Organismen (GVO).

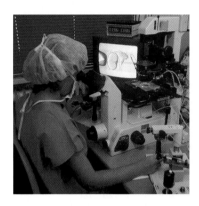

Geschwindigkeit

Als Geschwindigkeit v bezeichnet man die zurückgelegte Strecke s pro Zeit t. Die Momentangeschwindigkeit ist die Geschwindigkeit, die ein Körper zu einem bestimmten Zeitpunkt besitzt. Die Durchschnittsgeschwindigkeit ist die Geschwindigkeit, die ein Körper über eine bestimmte Strecke oder einen bestimmten Zeitraum besitzt.

H Halbleiter

Ein Halbleiter ist ein Stoff, der den elektrischen Strom abhängig von der Temperatur leiten oder auch nicht leiten kann. Es gibt Heißleiter, deren elektrische Leitfähigkeit mit steigender Temperatur zunimmt, und Kaltleiter, deren elektrische Leitfähigkeit mit steigender Temperatur abnimmt.

Halbwertszeit

Halbwertszeit nennt man die Zeit, in der die Hälfte der Kerne eines radioaktiven Elements zerfallen. Die Halbwertszeit kann mehrere Milliarden Jahre (Uran-238) oder auch nur einige Minuten (Iod-128) betragen.

I Ion

Ionen entstehen, wenn Atome Elektronen aufnehmen oder abgeben. Geben sie Elektronen ab, entstehen positiv geladene Ionen, die Kationen. Nehmen sie Elektronen auf, entstehen negativ geladene Ionen, die Anionen.

Isomere

Isomere sind Stoffe mit gleicher Summen-, aber unterschiedlicher Strukturformel.

Isotop

Isotope sind Atome des gleichen Elements, die sich in der Zahl ihrer Neutronen unterscheiden. Sie zeigen gleiches chemisches Verhalten, haben aber unterschiedliche Massen.

K Klonen

In der Tier- und Pflanzenzucht bezeichnet man mit Klonen die Erzeugung genetisch identischer Organismen. Das Schaf Dolly war das erste geklonte Säugetier.

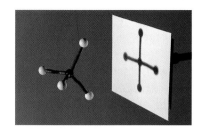

Kohlenwasserstoff

Verbindungen aus Kohlenstoff und Wasserstoff nennt man Kohlenwasserstoffe. Der einfachste Kohlenwasserstoff ist Methan (CH_4), ein Kohlenwasserstoff aus einem Kohlenstoff- und vier Wasserstoff-Atomen. Methan ist gasförmig und zum Beispiel in Erdgas oder Biogas enthalten.

Koitus

Auch Geschlechtsverkehr genannt. Der Koitus ist die körperliche Vereinigung von Mann und Frau.

Kraft

Eine Kraft ist ein Einfluss auf den Bewegungszustand oder die Form eines Körpers. Es gilt die Formel $F = m \cdot a$. Sie sagt aus, dass die Stärke der Kraft F der Änderung der Bewegung a einer Masse m entspricht. Das bedeutet: Um einen Körper zu beschleunigen, benötige ich Kraft.

Kraftwerk

Kraftwerke wandelt nichtelektrische Energie in elektrische Energie um. Kohlekraftwerke nutzen dazu die chemische Energie der Kohle, Solarkraftwerke die Strahlungs- oder Wärmeenergie der Sonne, Windkraftwerke die Bewegungsenergie des Windes, Geothermie-Kraftwerke die Wärmeenergie der Erde, Atomkraftwerke nutzen die Energie, die bei der Kernspaltung von Atomen entsteht.

Kunststoff

Synthetisch hergestellte Verbindungen aus Makromolekülen heißen Kunststoff. Je nach Art der Vernetzung und Zusammensetzung der Moleküle haben Kunststoffe verschiedene Eigenschaften. Thermoplaste können in der Wärme verformt werden. Duroplaste zersetzen sich bei starker Hitze. Elastomere lassen sich auf Druck leicht verformen, nehmen danach aber ihre ursprüngliche Gestalt an.

M MENDELsche Regeln

Der österreichische Augustinermönch entdeckte durch Kreuzungsversuche die Uniformitätsregel sowie die Spaltungsregel. Die Uniformitätsregel besagt, dass die Nachkommen reinerbiger Eltern untereinander immer gleich sind. Die Spaltungsregel sagt aus, dass sich bei Lebewesen, die in einem bestimmten Merkmal mischerbig sind, nach einer Kreuzung die Merkmale in einem bestimmten Verhältnis aufspalten.

Mischerbigkeit

Individuen, die auf den beiden Chromosomen eines Chromosomenpaars unterschiedliche Anlagen für ein Merkmal tragen, bezeichnet man als mischerbig.

Modifikation

Modifikationen sind nichterbliche Änderungen des Erscheinungsbildes von Pflanzen und Tieren, die durch Umwelteinflüsse entstehen. So färben sich verschiedene Fellbereiche des Russenkaninchens schwarz, wenn es in kalten Ställen lebt. Lebt das Kaninchen in einem warmen Stall bleibt es weiß.

Molekül

Moleküle sind die kleinsten gleichförmigen Bausteine eines Stoffes. Sie setzen sich aus zwei oder mehreren miteinander verbundenen Atomen zusammen.

Mutation

Mutationen sind erbliche Veränderungen in den Chromosomen. Sie gehen auf Veränderungen der Basenabfolge in der DNA zurück.

N Nachhaltigkeit

Das Prinzip der Nachhaltigkeit kommt aus der Forstwirtschaft. Um nachfolgenden Generationen die Nutzung des Waldes zu ermöglichen, darf demnach in einem Wald nur soviel Holz entnommen werden, wie auch wieder nachwächst. Heute wird der Begriff auch in anderen Bereichen verwendet.

Nährwert

Als Nährwert bezeichnet man den für uns verwertbaren Teil von Lebensmitteln. Diese Energie, die wir aus den Lebensmitteln beziehen, wird in der Einheit Joule (J) angegeben. Eine veraltete Einheit ist die Kilokalorie (kcal).

Nerv

Die Nerven sind ein Informationssystem des Körpers. Sie nehmen Informationen, zum Beispiel von den Sinneszellen auf und leiten Befehle an die Organe und die Muskeln weiter. Nerven enthalten einzelne Nervenfasern, die zum Teil stark verzweigt sind und den gesamten Körper durchziehen.

Newtonmeter

Newtonmeter (Nm) ist die mechanische Einheit der Energie. Wenn man der Kraft von einem Newton einen Meter weit entgegenwirkt, gibt man die Energie von einem Newtonmeter = ein Joule = eine Wattsekunde ab.

Ö Ökobilanz

Mit einer Ökobilanz werden die Umweltwirkungen von Produkten während ihres gesamten Lebensweges systematisch untersucht. Dazu gehören alle Auswirkungen auf die Umwelt während der Produktion, der Nutzungsphase und der Entsorgung des Produktes.

P Pearl Index

Der Pearl Index gibt die Anzahl der Frauen an, die schwanger werden, obwohl sie ein Jahr lang mit einer bestimmten Methode verhütet haben. Dieser statistische Wert kann auch unter 1 liegen. Je geringer er ist, desto sicherer ist die Verhütungsmethode.

Periodensystem der Elemente

Das Periodensystem der Elemente (PSE) ordnet alle chemischen Elemente anhand der Zahl ihrer Protonen (Ordnungszahl) und ihrer chemischen Eigenschaften. Innerhalb der waagerechten Gruppen nimmt die Zahl der Protonen und der Elektronen immer um eine zu. Elemente einer senkrechten Gruppe weisen ähnliche Eigenschaften auf.

R Radioaktivität

Radioaktivität ist die Eigenschaft instabiler Atomkerne, sich spontan unter Energieabgabe umzuwandeln. Die freiwerdende Energie wird in Form von radioaktiver Strahlung (α-, β- und γ-Strahlung) abgegeben. Radioaktive Strahlung kann natürlich vorkommen oder künstlich erzeugt werden. Sie lässt sich mit einem Geiger-Müller-Zähler messen.

Reflex

Reflexe sind schnelle, unbewusste Handlungen. Sie werden vom Rückenmark gesteuert. Die meisten Reflexe wie der Lidschlussreflex oder der Kniesehnenreflex sind Schutzreflexe, die uns vor Gefahren bewahren.

Reinerbigkeit

Individuen, die über mehrere Generationen in einer Anlage gleich bleiben, bezeichnet man als in dieser Anlage reinerbig. Sie haben auf beiden Chromosomen eines Chromosomenpaars die gleiche Anlage.

S Sensor

Das Wort Sensor kommt aus dem Lateinischen und bedeutet „fühlen" oder „empfinden". Ein Sensor ist ein technisches Bauteil, das bestimmte chemische oder physikalische Eigenschaften wie Wärme, Druck oder Schall erfassen kann. Diese Größe wird anschließend in ein elektrisches Signal umgewandelt.

Sinnesorgane

Unsere Sinnesorgane sind Augen, Ohren, Zunge, Nase und Haut. Die Sinnesorgane nehmen bestimmte Informationen (Reize) aus der Umwelt auf, leiten sie weiter und verarbeiten sie durch die Sinneszellen. In den Sinneszellen werden die Informationen aus der Umwelt in elektrische Impulse umgewandelt und über einen Nerv an das Gehirn weitergegeben.

Sterilisation

Eine endgültige Form der Empfängnisverhütung ist die operative Sterilisation. Bei der Frau werden die Eileiter durchtrennt und versiegelt. Beim Mann unterbricht man die beiden Samenleiter, welche die Spermien von den Hoden in den Penis transportieren.

T Trägheit

Aufgrund ihrer Trägheit verharren Körper in ihrem Bewegungszustand (auch in Ruhelage), solange keine äußere Kraft auf sie einwirkt. Je größer die Masse eines Körpers ist, umso weniger beeinflusst eine auf ihn einwirkende Kraft seine Bewegung.

T Transistor

Transistoren sind elektronische Halbleiter-Bauelemente, die elektrische Signale schalten oder verstärken können. Sie haben einen Arbeits- und einen Steuerstromkreis. Änderungen im Steuerstromkreis können zu einer Verstärkung des Stroms im Arbeitskreis führen und so zum Beispiel einen Lautsprecher aktivieren. Transistoren sind ein typisches Bauteil der Elektronik.

Treibhauseffekt

Der Treibhauseffekt bewirkt die Erwärmung der Erde auf eine durchschnittliche Temperatur von 15,5 °C. Er wird durch Wasserdampf und Treibhausgase, vor allem Kohlenstoffdioxid, hervorgerufen. Die Atmosphäre enthält derzeit 0,04 % Kohlenstoffdioxid. Durch menschliche Einflüsse steigt dieser Wert zurzeit deutlich an und kann eine Erwärmung der Erdatmosphäre zur Folge haben.

U Umweltaudit

Betriebe, die sich ihre Umweltverträglichkeit bescheinigen lassen wollen, können ein Umweltaudit durchführen. Voraussetzungen für die freiwillige Teilnahme sind die Umsetzung eines Umweltmanagementsystems, regelmäßige Durchführung von Umweltbetriebsprüfungen und öffentliche Bereitstellung von Informationen über den betrieblichen Umweltschutz (Umwelterklärung). Ist das Audit erfolgreich, erhält das Unternehmen ein Zertifikat, mit dem es werben darf.

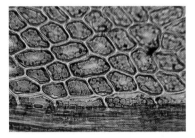

V Verzögerte Bewegung

Der Bremsvorgang wird in der Physik auch als verzögerte Bewegung oder auch negative Beschleunigung bezeichnet. Wie bei der Bescheunigung ist dazu ebenfalls eine Kraft notwendig, die allerdings gegen die Bewegungsrichtung des Körpers gerichtet ist.

W Wärmetauscher

Wärmetauscher übertragen die Wärmeenergie eines Stoffkreislaufes auf einen anderen. In Kraftwerken wird Energie auf diese Weise zwischen verschiedenen Wasserkreisläufen übertragen. Auch Heizkörper sind Wärmetauscher: Sie übertragen die Wärmeenergie von Wasser auf die Raumluft.

Wirkungsgrad

Der Wirkungsgrad η (sprich: eta) ist das Verhältnis von genutzter Energie zu zugeführter Energie. Hat ein Wärmekraftwerk einen Wirkungsgrad von 0,42, heißt das: 42 % der zugeführten chemischen Energie werden in die gewünschte elektrische Energieform umgewandelt.

Z Zelle

Zellen sind die Bausteine der Lebewesen. Tierzellen, zu denen auch die menschlichen Zellen gehören, haben einen Zellkern, Zellplasma und Mitochondrien. Sie sind nur von einer dünnen Zellmembran umgeben. Pflanzenzellen besitzen zusätzlich eine steife Zellwand aus Zellulose, eine flüssigkeitsgefüllte Vakuole und Blattgrünkörnchen.

Zentralnervensystem

Gehirn und Rückenmark bilden das Zentralnervensystem. Es verarbeitet Informationen aus dem Körper oder aus der Umgebung und veranlasst die Reaktionen darauf. Das Gehirn besteht aus mehreren Teilen und wird von den Schädelknochen umschlossen. Das Rückenmark verläuft vom Gehirn bis in den Lendenbereich. Es ist liegt gut geschützt im Wirbelkanal der Wirbelsäule.

Bildquellenverzeichnis

Trotz entsprechender Bemühungen ist es nicht in allen Fällen gelungen, den Rechtsinhaber ausfindig zu machen. Gegen Nachweis der Rechte zahlt der Verlag für die Abdruckerlaubnis die gesetzlich geschuldete Vergütung.

125.1B: dpa picture-alliance, Frankfurt; 126.1A: Schneider-Rank; 126.1B: Bayer AG, Leverkusen; 127.1: Behring Werke, Marburg; 128.2: Mauritius, Mittenwald; 128.3: Phototake/Mauritius, Mittenwald; 132.1: NAS/Omikron/Okapia KG, Frankfurt; 133.1, 134.1B, 134.2: Tegen, Hambühren; 136.1: Britische Botschaft, Bonn; 137.2: Deutsches Museum, Bonn; 137.3: Simper, Wennigsen; 137.4: Hasenkopf/Mauritius, Mittenwald; 140.1: imagebroker/Mauritius, Mittenwald; 146.1: RWE, Essen; 147.1: maxppp/dpa picture-alliance, Frankfurt; 148.1: Tegen, Hambühren; 148.2: Technorama; 148.3: Tegen, Hambühren; 151.1: Steeb/Stern 29/92, S. 14, Hamburg; 152.1: Visions/Flora Press, Hamburg; 152.2: Meyers/TopicMedia Service, Ottobrunn; 153.1: Informationskreis Kernenergie, Bonn; 153.2: AKG, Berlin; 154.2: Tegen, Hambühren; 156.1+2: dpa picture-alliance, Frankfurt; 157.1A+B: Bundesamt für Strahlenschutz, Salzgitter; 160.1: Frühauf, Braunschweig; 160.2: dpa picture-alliance, Frankfurt; 161.3: Sodapix/Vario Images, Bonn; 164.1: Vario Images, Bonn; 164.2: Bildermehr/Waldhaeusl; 164.3: Bromhall/Okapia KG, Frankfurt; 165.1: Harald Eisenberger/LOOK-foto, München; 165.2: AKG, Berlin; 165.3: MCPHOTO/die bildstelle, Hamburg; 165.4: Kunt Schulz, Hamburg; 166.1: Minkus, Isernhagen; 166.2: SuperStock/Mauritius, Mittenwald; 167.1: Bildagentur-online, Burgkunstadt; 168.1: Minkus, Isernhagen; 169.1: Rühmekorf, Bonn; 170.2+3: L. Nilsson, aus: "Ein Kind entsteht"/Mosaik Verlag, München; 171.1: Bromhall/Okapia KG, Frankfurt; 171.2: dpa picture-alliance, Frankfurt; 172.1: Helga Lade/dpa picture-alliance, Frankfurt; 174.1: VCL/Getty Images, München; 174.2: Tatja B./plainpicture, Hamburg; 175.1: Fabian, Hannover; 175.2: Hubatka/Mauritius, Mittenwald; 176.1: Wolfgang Weinhäupl/Mauritius, Mittenwald; 176.2: Institut Pasteur/CNRI/Okapia KG, Frankfurt; 177.2: Zartbitter Köln e.V.; 178.1: Mike Schroeder/argus, Hamburg; 180.1: Minkus, Isernhagen; 180.2: Guigoz/Petit Format, Paris; 180.3+4: Edelmann/SPL/Focus, Hamburg; 181.1: Minkus, Isernhagen; 181.2: Hank Morgan/Science Source/Okapia KG, Frankfurt; 181.3+4: Minkus, Isernhagen; 181.5: Derek Bromhall/OSF/Okapia KG, Frankfurt; 181.7: imagebroker/Mauritius, Mittenwald; 182.1: united-archives/mcphoto/dpa picture-alliance, Frankfurt; 183.1, 184: take five J. Seifried, Essen; 184.1: Reader/Science Photo Library/Focus, Hamburg; 185.1B+C: take five J. Seifried, Essen; 185.2: Stephan, Munderkingen; 187.4: The Cleveland Museum of Natural History; 188.1: Photo Researchers/Mauritius, Mittenwald; 189.1: Scharf, Dillingen; 190.1: Hugo van Lawick, In the Shadow of Man/Collins Publishers, London; 190.2: dpa picture-alliance, Frankfurt; 192.1: Bildagentur-online, Burgkunstadt; 192.2: Jürgen Heinrich/ecopix Fotoagentur; 193.1: Michael Klein/Fotoagentur Visum, Hamburg; 193.2: Focus, Hamburg; 193.3: Rainer Raffalski, Waltrop; 194.2, 195.1: BASF, Limburgerhof; 195.2: Simper, Wennigsen; 195.3: IMA, Hannover; 195.4: Simper, Wennigsen; 195.5: Schroedel Archiv; 198.1: Ekholm/Mauritius, Mittenwald; 198.2: dpa picture-alliance, Frankfurt; 198.3: Raimund Linke/Mauritius, Mittenwald; 198.4: KWB - Kraft und Wärme aus Biomasse GmbH, St. Margarethen Österreich; 199.1: Karnath, Wiesbaden; 200.1A+B: Simper, Wennigsen; 200.2: Joerg Boethling/agenda, Hamburg; 201.1: Simper, Wennigsen; 203.1: Haupt/Natur-Museum Senckenberg; 205.1A-C, 206.1: Tegen, Hambühren; 207.1: Bayer AG, Leverkusen; 208.1: Tegen, Hambühren; 209.1A: Agence France/dpa picture-alliance, Frankfurt; 209.1B: All action/action press, Hamburg; 209.1C: Abbas/Magnum/Focus, Hamburg; 211.1: Vidler/Mauritius, Mittenwald; 211.2A, 213.1: Tegen, Hambühren; 214.2: Simper, Wennigsen; 215.2: Aral AG/MMB, Bochum; 216.1: Bildagentur-online, Burgkunstadt; 216.2: sinopictures/viewchina; 216.3: Bernd Blume, Klitzschen; 216.4: Hermann Erber / LOOK-foto, München; 217.1: Simper, Wennigsen; 217.2: BASF, Limburgerhof; 217.3: Schroedel Archiv; 217.4: Simper, Wennigsen; 217.5: IMA, Hannover; 218.1: Adam Opel AG, Rüsselsheim; 221.1: Walter Geiersperger/Okapia KG, Frankfurt; 221.2: Wolfgang Weinhäupl/Okapia KG, Frankfurt; 221.3: imagebroker/Mauritius, Mittenwald; 222.1: Sieve, Melle; 222.2: Schultze + Schultze/Mauritius, Mittenwald; 222.3: Ilona Backhaus/Okapia KG, Frankfurt; 222.4: Melaplast GmbH, Schweinfurt; 222.5: MEV, Augsburg; 222.6: Mauritius, Mittenwald; 224.1: wissen.s.wert, Wolfsburg; 224.2: dpa picture-alliance, Frankfurt; 226.1: Hoechst AG, Frankfurt; 227.1A-C: Simper, Wennigsen; 228.1: Vario Images, Bonn; 228.2: NASA/Corbis, Düsseldorf; 228.3: M. Harvey/Wildlife, Hamburg; 229.1A: Ronald Wittek /Mauritius, Mittenwald; 229.1B: McPhoto/blickwinkel, Witten; 229.2: Gunther Michel/Biosphoto; 229.3: Handout/Getty Images, München; 230.1: Kerscher/Topic Media Service, Ottobrunn; 230.1A+2: Simper, Wennigsen; 231.1: Geisser/Mauritius, Mittenwald; 231.2: PP/Getty Images, München; 233.2: Simper, Wennigsen; 237.2: www.BilderBox.com, A-Thening; 238.1+2, 239.1-3: Simper, Wennigsen; 242.2: dieKleinert/Mauritius, Mittenwald; 242.3: imagebroker/Mauritius, Mittenwald; 243.1: dpa picture-alliance, Frankfurt; 244.2: fact/Mauritius, Mittenwald; 245.1: Simper, Wennigsen; 246.2: Wolfgang Deuter, Willich; 247.1: Photri/Mauritius, Mittenwald; 247.2: Martin Guhl/dieKleinert, München; 248.2: Dietmar Gust, Berlin; 248.3: Pölking/Topic Media Service, Ottobrunn; 249.1: Tegen, Hambühren; 249.2: RWE, Essen; 249.3: Claudius Thiriet/Biosphoto 250.2: Jochen Zick/Keystone, Hamburg